U0510680

THE POLITICAL COMMUNITY

# 卢梭政治共同体
# 建构理论新论

刘华云　著

中国社会科学出版社

图书在版编目（CIP）数据

卢梭政治共同体建构理论新论/刘华云著. —北京：中国社会科学出版社，
2021.8

ISBN 978 - 7 - 5203 - 8875 - 7

Ⅰ.①卢…  Ⅱ.①刘…  Ⅲ.①卢梭( Rousseau,Henri 1844 - 1910)—政治哲学—
研究  Ⅳ.①B565.26

中国版本图书馆 CIP 数据核字(2021)第 162806 号

| | | |
|---|---|---|
| 出 版 人 | 赵剑英 | |
| 责任编辑 | 孔继萍 | |
| 责任校对 | 王 龙 | |
| 责任印制 | 郝美娜 | |

| | | |
|---|---|---|
| 出 版 | 中国社会科学出版社 | |
| 社 址 | 北京鼓楼西大街甲 158 号 | |
| 邮 编 | 100720 | |
| 网 址 | http://www.csspw.cn | |
| 发 行 部 | 010 - 84083685 | |
| 门 市 部 | 010 - 84029450 | |
| 经 销 | 新华书店及其他书店 | |

| | |
|---|---|
| 印刷装订 | 北京市十月印刷有限公司 |
| 版 次 | 2021 年 8 月第 1 版 |
| 印 次 | 2021 年 8 月第 1 次印刷 |

| | |
|---|---|
| 开 本 | 710 × 1000  1/16 |
| 印 张 | 17 |
| 插 页 | 2 |
| 字 数 | 279 千字 |
| 定 价 | 98.00 元 |

凡购买中国社会科学出版社图书,如有质量问题请与本社营销中心联系调换
电话:010 - 84083683
版权所有　侵权必究

# 摘　　要

　　代议制民主作为民主理论的第二次转向，它创新地将代表制与民主制结合起来。虽然二者的结合过程几近两百年的时间，历经曲折，终促使代议制民主成为当代主要的民主模式。但是，随着现代民主制度的运转，其理论和制度自身内部的弊端不断呈现，这使得代议制民主面临着巨大的挑战。这场挑战的核心问题之一是能否将代表制中的少数人统治与人民主权原则相融洽，而这也是政治理论界一个经久不衰的话题。作为现代人民主权理论的倡导者——卢梭，也成为这场争论中的关键人物，对其政治理论的解读也愈发显得重要。

　　鉴于卢梭对人民主权原则的支持，以及对代表制的批驳和反对，参与式民主理论家将其解读为实质民主的倡导者、代议制民主的批判者，偏好直接民主。自由主义民主者则从人民主权理论出发，认为卢梭所提倡的人民直接行使主权制度及其所构建的共同体不啻是一种空想和乌托邦，在现实政治生活中将导致巨大的政治灾难，走向极权统治和专制政治。上述两种对卢梭政治理论的极端对立解读时至今日仍有着巨大影响力。然而，他们的解读是将卢梭的政治理论割裂开来，忽视了卢梭政治理论的系统性和一致性，混淆了卢梭的政治权利原理和政治制度设计。本书以卢梭政治理论的一致性为前提，从政治共同体建构的主权与治权两个维度出发，讨论卢梭的人民主权与代表制政府理论，重新解读并试图还原卢梭政治理论的全貌。

　　卢梭政治理论首先从人性问题出发，人性是政治共同体建构的逻辑起点。鉴于当时的舆论气候，卢梭采用了自然法学派对人性的研究方法，区分了自然状态与政治社会。他认为，自然人是善的，社会是人性堕落的来源，政治共同体的任务是如何实现自然人向公民的过渡，尽可能地在政治社会中保持人的自由与平等。卢梭将古代的共和主义传统与现代的意志论相结合，正当的政治共同体必须建立在公民的意志自由和公共意志基础之上。公意不是对个人意志的否定，而是公民的公共意志优先于个人的特殊意志。公共领域与私人领域的区分，以及个人权利的保留，使得卢梭的政治共同体区别于古代共同体，具有现代个人主义的关怀。

政治权利原理是共同体的核心，制度则是共同体得到维持和保障的工具。卢梭从主权与治权两个维度设计共同体的制度。依据他对人民主权与代表制的认识，卢梭区分了主权与行政代表制，否定了主权代表而接受了行政代表，从而设计了主权民主制和代表制政府。人民主权是共同体的灵魂，为了捍卫人民主权，卢梭采用人民直接行使主权制度。主权必须是人民以集体名义行使，而不能交由任何个人或少数人。主权具体表现为立法权，人民通过公民大会或人民集会行使立法权。人民主权原则与主权民主制存在着区别，在现实立法工作中，卢梭可能为了更好地坚持原则而做出相应的制度调整。如卢梭建议日内瓦共和国采用人民直接行使主权制度，但是，在科西嘉与波兰立法工作中则采用了主权代表制。原则是永恒的，但制度并不是一成不变的。

在治权领域，卢梭区分了主权者与政府。政府作为人民的行政代表，是主权者与公民之间的中介，它的职责是帮助主权者实施法律和社会治理。虽然卢梭坚持人民主权原则，但是，他反对人民作为主权者能够行使政府的职能，这也就使得卢梭的政治制度并不是古希腊的直接或纯粹民主。代表制政府的存在，克服了直接民主所带来的弊端，也避免了极端的平民主义和广场政治。由于政府力量的强大和与生俱来的对主权的野心，卢梭强调主权者要重申权威以威慑政府，同时辅之以政府内部的权力划分来实现权力制衡与约束行政机关。主权民主制与代表制政府共同保障了政治共同体的稳定，而不会滑向奴役与不平等。

卢梭不仅是一位从应然层面探讨政治权利原理的思想家，还是一位从现实出发构建政治共同体的立法者。为了更好地实现他的现实关怀和实践政治原理，卢梭承担了立法者这一角色，为日内瓦、科西嘉、波兰进行具体的创制工作。区别于理想共同体的建构和抽象政治原理的阐述，卢梭遵循现代立法者立法的艺术，依据特定环境和历史，从风尚、舆论、公民教育、政治制度等方面为这三个国家立法。立法实践工作中，卢梭取得了理想与现实的平衡，有限度地改造了人民直接行使主权的制度，并充分阐述了如何通过权力制衡制度来抑制政府的野心。

综上所述，本书立足人民主权与代表制政府，认为德性与制度共同支撑着卢梭构建的政治共同体。正是在主权与治权两个维度上，卢梭不仅批判了自由主义民主理论存在的危机，即精英和少数统治对人民主权带来的危害；还有与代议制民主理论存在着协调的可能性，如何从制度上保障公民的平等与自由。卢梭政治理论并不是抽象的理想主义与道德乌托邦，而是有着现实考量和可实践的共同体建构理论。

关键词：卢梭；政治共同体；社会公约；人民主权；代表制政府；立法者

# Abstract

As the second turning of democracy theory, representative democracy creatively connected representation and democracy together. Even though the combination process has nearly costed two hundred years, it prompted representative democracy becoming the major model of democracy. However, with the development of representative democracy, it's facing enormous challenges from its own drawbacks, including theory and institution. One of core issues of these challenges is whether it can maintain consistency of popular sovereignty and minority rule or not. Rousseau, as the advocator of the principle of popular sovereignty, became to be a critical role in this debate. Therefore, the interpretation of his political theory has important value.

Since Rousseau advocated the principle of popular sovereignty and opposed representation, scholars of participatory democracy interpreted him as the supporter of direct democracy and the critic of representative democracy. On the contrary, liberal argued that the institution of people exercise sovereignty directly which Rousseau has advocated would bring the political disaster, and lead to the autocracy or totalitarianism. These two interpretations have a huge influence on the development of Rousseau's political theory. However, they have separated Rousseau's political theory, neglected the systemic and consistency of his political theory, and garbled his political principle and political institution design. On the premise that Rousseau's political theory is consistency, the article discussed the popular sovereignty and representative government from two dimensions which are sovereignty and governance power, in order to restore the panorama of Rousseau's political theory.

Rousseau's political theory first starts from the human problem, humanity is the logical starting point for the political community building. According to the climate of public opinion in that time, Rousseau adopted the traditional natural law's methodology to make difference between the state of nature and civil society. He believed that the natural person is good, and humanity's degeneration comes from society. Therefore, the purpose of political community is to realize the transition from the natural person to the citizen. Rousseau combined ancient republicanism and modern voluntarism together, and hold on that the legitimate political community must be based on the individual's free will and consent. The general will is not mean the denial on the individual's will, but mean that the citizen's public will is priority over the private will in public. Due to the distinction between public and private areas, as well as the retention of personal rights, the political community which is full of modern individualism in Rousseau's theory is different from the ancient community.

The principle of political rights is the core of community, and the institution is the tool to safeguard and maintain community. Rousseau designed the community's institution both from the dimensions of sovereignty and governance power. According to his understanding of popular sovereignty and representation, Rousseau divided sovereign representation and execute representation. He denied the sovereign representation and adopted execute representation, and then designed the sovereign democracy and representative government for political community. Because popular sovereignty is the soul of community, Rousseau insisted on the institution that people exercise sovereignty directly. Sovereignty must be exercised in the name of the people, but not by any person or by a group of people. In the operation of community, the specific representation of sovereignty is the legislative power, and the people exercise the legislative power through the citizens' assembly or the popular assembly. However, there is a difference between the principle of popular sovereignty and sovereign democracy. Therefore, Rousseau could adjust the institution in constitutional practice for better insisting the principle. The principle is eternal, but the institution is not static.

Rousseau distinguished the sovereign and the government. He advocated that government, as the strength representative of the people, is the intermediary between the sovereign and the citizens. The duty of government aims at helping the sovereign to carry out law and realize good governance. Although Rousseau insisted on the principle of popular sovereignty, he opposed the opinion that people can execute government's power. Representative government has overcome the drawbacks of direct democracy, and avoided the extreme populism. Due to the power of the government and the innate ambition for usurping sovereignty, Rousseau stressed that the sovereign have to reaffirm the authority to deter the government, and achieve checks and balances power to constrain the administrative departments through dividing the government internal power. In a word, popular sovereignty and representative government guarantee the community's harmony and stability.

Rousseau is not only a thinker who explored the principle of political rights from the ideal level, but also a lawgiver who constructed the political community from the reality. In order to better achieve his reality concern and practice political principle, Rousseau undertook the role of lawgiver, and carried constitutional projects for Geneva, Corsica and Poland. Different from the construction of the ideal community and description of political principles, according to the special environment and history, Rousseau followed the art of modern lawgiver and engaged in constitutional work from the perspective of moral, public opinion and civic education. In the constitutional work, Rousseau achieved a balance between ideal and reality, conditionally adjusted the institution of people exercise the sovereignty directly, and described how to balance of power to suppress the government's ambition.

Through the study of popular sovereignty and representative government, this research argues that the virtue and institution together support the political community that constructed by Rousseau. From two dimensions of sovereignty and governance power, Rousseau not only criticized the crisis of liberal democratic theory, in other words, the harm brought by the minority rule, but pointed out the the possibility of coordination with the liberal representative democracy, and how to guarantee freedom and equality of citizens from design of institution.

**Key words**：Rousseau；Political Community；Social Convention；Popular Sovereignty；Representative Government；the Lawgiver

# 目　　录

# 第 一 章

# 绪　　论

## 第一节　选题依据

代议制民主作为民主理论的第二次转向，它极具创新地将代表制与民主制结合起来。虽然二者的结合过程几近 200 年的时间，历经曲折，终促使代议制民主成为当代主要的民主模式。但是随着现代民主制度的运转，其理论与制度自身内部的弊端不断呈现，这也使得代议制民主面临着巨大的挑战。如果说 20 世纪是民主胜利的年代，21 世纪则是民主受到挑战的时代。民主受到的挑战，不仅源自民主理论自身内部的分裂与多样化，也来自于政治实践中西方民主制度遇到的发展困境和受到西方政治文化影响的国家民主化转型的失败。这场挑战的核心问题之一是能否将代表制中的少数人统治与人民主权这一根本原则相融洽，而这也是政治理论界经久不衰的话题①。作为现代人民主权理论的倡导者——卢梭，成为这场争论的关键人物，对其政治理论的解读也愈发显得重要。在政治思想的漫长历史中，卢梭可谓是最具争议性的人物。不仅是在他的那个时代，其写作和思想引起了诸多论战；即使死后，其思想所蕴含的革命性，以及对自由与平等的热爱，使他成为革命的符号与象征，他的理论为世界各国人民争取自由和平等的理论渊源。作为政治思想家的卢梭，其理论一直是左与右争论的焦点，同时也是各家各派汲取养分的宝库。

---

① 现代西方代表理论研究的先驱者汉娜·皮特金在其晚年文章中认为自己早期的"代表"研究著作犯了一个典型错误，即将民主制与代表制等同起来，现在她对于代议制民主的前途已无盲目的自信。参见 Pitkin H. F. , "Representation and Democracy: Uneasy Alliance", *Scandinavian Political Studies*, Vol. 27, No. 2, August 2004, pp. 335 – 342.

　　长期以来，卢梭对人民主权原则的支持，对公民参与的呼吁，以及对代表制的批驳和反对，让研究者将其解读为民主主义者与代议制民主的批判者。参与民主理论的旗帜佩特曼认为，"在参与民主理论家中，卢梭或许可以被认为是最为卓越的代表。他在《社会契约论》中对政治体系本质的理解对于参与民主理论的贡献是非常重要的"①。然而，卢梭思想的复杂性使得对其民主理论的研究并没有呈现出单一的模式，特别是在其著作中多次出现看似相互矛盾和冲突的情形。相互冲突的文本使得我们在理解卢梭的民主理论时必须谨慎小心。如在《社会契约论》中，卢梭多次反复批评代表制，"代表的观念是近代的产物；它源于封建政府，起源于那种使人类屈辱并使'人'这个名称丧失尊严的、罪恶而又荒谬的政府制度。在古代的共和国里，而且甚至于在古代的君主国里，人民是从不曾有过代表的，他们并不知道有这样一个名词"②。这段话通常被理解是卢梭对代表制的痛诉，但是这能否理解为卢梭对直接民主的赞同呢？在同一书中，卢梭写道："就民主制这个名词的严格意义而言，真正的民主制从来就不曾有过，而且永远也不会有。多数人去统治而少数人被统治，那是违反自然秩序的。我们不能想象人民无休无止地开大会来讨论公共事务。"③ 同一著作出现的双重说法让不同解读者各取所需，这是否说明卢梭的民主理论自身相互矛盾呢？还是有着其他解读的可能性。

　　毫无疑问，民主问题是卢梭政治理论中极其重要的一环，也是最为引人注目的研究热点。但是，卢梭的政治理论有着宏大的构建，他不满足于成为一名民主理论家或政治思想家，而是想创建一门新的政治科学。政治学是他长期以来最感兴趣的学科，卢梭虽然先在伦理学领域一举成名，但这仅是拓宽和丰富了卢梭对政治学的见识。他的最终目的是希望通过对政治权利原理的发现，在这一原理基础上构建自由和平等的政治共同体。通过人类历史学的探究，他发现不论是欧洲中世纪的封建制度、君主制度，还是现代的自由主义制度，在这原理基础上构建的政治社会或共同体皆不能实现人类的自由与平等。专制制度建立在强力或暴力基础上，"朕即国家"的绝对君主制是将

---

① ［美］卡罗尔·佩特曼：《参与和民主理论》，陈尧译，上海人民出版社2006年版，第22页。
② ［法］卢梭：《社会契约论》，何兆武译，商务印书馆2008年版，第121页。
③ ［法］卢梭：《社会契约论》，何兆武译，商务印书馆2008年版，第84页。

整个共同体与人民服从于君主的私人意志；商业伦理与自由主义所构建的政治共同体虽然建立在个人意志自主基础之上，但是它并不能将人民真正团结起来，而是碎片化的社会与原子式的个人。理想的政治共同体，在卢梭看来，应该是有着共同利益，在公意与法律统治下的紧密社群。政治共同体不仅依赖于人民，人民也需要在共同体中寻找自身的价值和身份归属。当前的共同体主义或社群主义正是看到了卢梭对自由主义的批评，从卢梭的理论中汲取着营养。然而，法国大革命与第二次世界大战的历史印象并没有从人类的脑海中抹去，卢梭理论的批判者将其理论与各种革命运动、社会运动联系在一起，用现代的精细手术刀分析卢梭的核心概念。随着对卢梭政治理论研究的深入，类似于民主的争论，公民参与、人民主权等学说所引起的争议越来越多。卢梭及其思想的命运并没有随着历史长河的流逝而盖棺定论，相反，却始终成为人类思想中最具生命力的研究。

卢梭思想并不只是西方人的遗产，它更是人类的精神遗产。虽然卢梭写作的对象是西方人，他的理论是建立在对西方文明的批判之上，他所依据的是古希腊、罗马的文化源头，但是这不影响他的思想对人类所做的贡献和应有的价值。现代社会是多元的社会，多种文明之间既相互交流也相互冲突，交流与冲突的焦点是对西方文明的态度，对西方所带来的现代性的接受或否定。综观全球，已经没有哪一国、哪一民族没有受到现代性的影响，或是挑战，或是接受，或是冲突。施特劳斯学派将卢梭放入现代性的潮流中解读，认为他引领了第二波现代性思潮，同时也是第一位对现代性提出挑战的思想家，这就将卢梭及其思想提升到对整个人类现代命运的关注。在中国，卢梭及其思想的传入已有百年，其形象有着多种变化，其命运也更是多变。但不可否认的是，中国思想界对卢梭的每次热烈讨论都隐藏着对中国命运的关注，隐含着对中国问题的看法。在近代史上，"卢梭热"与中国知识分子寻求强国强民的诉求有着紧密的联系，需要借助革命性理论反对专制主义；在 20 世纪八九十年代，"卢梭热"与思想家对革命的反思相连，作为革命者的卢梭需要接受新的认知与审判；虽然21 世纪"卢梭热"已有些许冷却，研究逐渐转向学院内部而疏离现实，但它仍然与中国的现代性密切相关。然而，与卢梭研究热相映成趣的是，中国学界对卢梭思想却远没有统一的认知，三次"卢梭热"虽然争论的焦点不一，但是却从未有过观点上的绝对一致。

卢梭思想研究已有几百年的历史，中国学界对卢梭的研究也有百年，为什么一位思想家的个人命运及其思想时至今日仍然保持着研究热度。从宏观上来说，因为人类社会尽管有着几千年的历史，但是它所研究的问题始终是永恒的，不受时间、地域和空间的限制；从微观上看，这位思想家对人类社会的研究有着极其深刻的认识，要么提出了具有重大价值的问题或解决方案，要么是其理论对人类社会和历史事件产生了重大影响。具体到卢梭，首先，他的思想核心是对人的研究，是对现代文明的研究，他对现代人命运的诊断到今日仍然有着某种深刻的认知；其次，法国革命、中国革命、第二次世界大战与他的思想有着紧密的联系，若要弄清这些运动，就必然需要对他的思想和理论有着充分的研究。鉴于上述，笔者认为对卢梭思想的研究不仅有着重要的理论意义，帮助我们理解人类思想史上永恒的主题，理解现代人的命运；对于国人而言，它也有着更为重要的现实意义，帮助我们厘清现代中国如何发展而来，为何前人选择了今天的道路。与过往国内卢梭研究有着强烈的现实关怀不同，卢梭思想的研究需要转向学理上的探讨，从一个更为广阔、公正、客观的角度来看待卢梭的理论与他的著作。也许这项工作并不能带来对卢梭的统一认知，否则人类思想研究也就失去了生命力，但希望能为解读卢梭思想提供些许价值。

## 第二节　文献综述

卢梭，西方政治思想史上最重要的思想家之一，研究其生平、思想、影响力的著作和文献汗牛充栋。但是，在这位重要的思想家身上却出现了一个令人困惑的现象，即对他思想的解读却是如此的多样，甚至相互冲突和排斥。不夸张地说，卢梭可被解读者归之于任何政治谱系的分类之中：个人主义、集体主义、理性主义、浪漫主义、民主主义、共和主义、极权主义。如此多主义之冠名，随之也就产生了一个问题：为什么有如此多样的卢梭形象？卢梭思想是否具有真正统一性，如果存在统一性，则卢梭思想是什么？

### 一　国外研究综述

卢梭在世之时，围绕其思想已经产生多种争论。他不仅与百科全书派的哲学家们在思想上有着清楚的断裂，与耶稣会、天主教、基督教在宗教教义上也有着剧烈的冲突，其政治著作更是遭到了日内瓦政府、法国政府的焚毁。可以说，西方思想史上几乎找不到一位像其一样有着多舛命运的思想家，不断的论战、友谊的隔绝、政治的压迫，最终压垮了卢梭那敏感与脆弱的心理和神经，而陷入一种精神错乱的状态。在卢梭的自辩及其敌人的话语中，读者发现了多重的卢梭：他既是一位纯粹民主主义者，也是一位自然神论者，同时还是一位旨在推翻政府的革命者。随着法国大革命的爆发，卢梭及其思想被其追随者推至历史舞台的中心，他成了革命思想之父，同时也被保守主义和自由主义者称为历史的罪人。此时卢梭的命运，已经不再由自己掌握，而交给了读者与阐释者。每当有压迫和反抗产生之时，他成为自由、独立、平等的旗帜；而当政治出现混乱与极权专制时，他被归为专制主义、极权主义的先驱。因此，多样"卢梭的形象"的产生，重点不在于卢梭著作的文本及其研究的意图是什么，而是研究者出于什么预想和假设，希望从其文本中寻找和发现到什么。后文将从三个方面介绍西方对卢梭思想的研究现状。

（一）卢梭思想解读的两条路径

一般而言，学界对于卢梭思想的解读往往有着两条阐释路径：一是主要通过对卢梭著作文本的解读挖掘卢梭思想，早期这种解读方式往往集中于卢梭的两论和《社会契约论》等书，后来则将卢梭全部著作放置统一原则下解读；二是认为卢梭思想与其特殊的经历、精神状态有关，从心理学角度解读卢梭思想的形成与内容，主要依据的是《忏悔录》《对话录》和《梦》等卢梭自传性著作①。不同的解读方式和路径，带来的结果是卢梭思想研究的差异化和多样性。

首先，解读卢梭思想所依据的文本不同，导致不同的解读观点。早期卢梭研究的文本解读往往是从单一著作出发，其隐含的逻辑假设是卢梭著作之间存在着思想的断裂。从《论不平等》出发，解读者认为卢梭是作

---

① 传统上，学界将《论科学与艺术》称为第一论，《论人与人之间不平等的起源和基础》称为第二论。为叙述的方便，笔者将在后文中延续这种称呼。《对话录》原名是《卢梭评判让－雅克：对话录》，《梦》原名是《一个孤独的散步者的梦》，为行文简单，笔者将在后文中采用该种简称方式。

为自由主义和个人主义者而存在的,《爱弥儿》中也流露出该观念,卢梭的目的是对个人自由的追求和对政府的专制、压迫与奴役的反对,该类解读主要代表有德·迈斯特、博纳尔、荷尔德林等人;从《社会契约论》中,解读者则发现了"集体主义"的卢梭,共同体主义至上,个人在政治社会中应该完全服从主权者的意志,主要代表有贡斯当、亨利·梅因等。这种单一文本解读的方式随着时间的发展和卢梭文本研究的深入,简单的"个人主义"与"集体主义"的界限开始模糊,并出现了新的观点。伏汉在其编纂《让-雅克·卢梭政治著作集》的导言中,认为卢梭的思想并不是一成不变的,是随着时间而变动,其脉络是从抽象的个人主义走向具体的集体主义,抽象的权利原理走向具体的政治实践①。伏汉的这种见解虽然没有提出卢梭思想间的统一性,但是也为研究卢梭指出了一个新的方向:如何从整体上看待卢梭著作之间的关系,而不是从单一文本中断章取义的以偏概全。然而,由于20世纪极权主义研究的兴起,导致从学理上客观把握卢梭整体思想的倾向被迫中断,个人主义与集体主义之争走上了极端。由于《社会契约论》中公意、立法者以及共同体至上等理论与极权主义千丝万缕的关系,集体主义的身份彻底掩盖住了卢梭思想中的个人主义与自由观念,研究者认为卢梭政治思想中强迫的自由、公民宗教和公意至高无上是对公民自由和权利的压制,其主张的积极自由与直接民主最终走上彻底的专制和独裁②。罗素将卢梭称为伪民主极权主义者,塔尔蒙则直接将卢梭视为"极权主义民主"鼻祖。虽然科班试图强调卢梭的自由主义特征,但是当时并没有得到应有的重视。这种对《社会契约论》单一文本的解读直至20世纪中叶由施特劳斯学派的兴起而得以改变,学界尝试从整体上把握卢梭思想中潜在的主要原则,这也就逐渐摆脱或不局限于个人主义与集体主义之争。

其次,从卢梭生平出发研究卢梭思想的视角,跳出了从单一文本研究卢梭思想的原宥,但是由于该研究方法过于强调卢梭的内心与精神世界而

---

① Vaughan C. E. , *The Political Writings of Jean Jacques Rousseau*, Cambridge:Cambridge University Press, 1915, p. 2.

② 有关卢梭个人主义与集体主义争论,可参见 Dodge G. H. , *Jean-Jacques Rousseau:Authoritarian or Libertarian?* Boston:D. C. Heath & Company, 1971。

呈现一种主观性特征，因此此类研究的结果并没有减少卢梭思想研究的争议。由于卢梭命运的坎坷，以及其在晚年时期精神状态的不稳定，从该种研究视角出发的学者往往得出结论，认为卢梭"是个没有体系的理论家……不负责任的作家"①，甚至部分研究者认为卢梭思想缺乏条理，内部充斥着种种矛盾而支离破碎。白壁德将这种解读逻辑推至极致，认为卢梭对社会的批判源于个人在社会中的挫折与碰壁，卢梭混淆了其幻想的世界与真实的世界，是基于人类自然情感流露出来的想象力受到现实世界规范和理性的压制。卢梭的原始主义梦想是"现代人将超理性与潜理性混为一谈的一个例证。当认真研究一下这次所谓的转变时，人们从中发现的只是他对自己的青春，特别是对自己在安西和夏梅特生活的一种阿卡迪亚式的回忆的'潜意识突发'。同时也是在这些阿卡迪亚式的回忆与他在巴黎努力使自己适应一个水火不容的环境所忍受的可恶的限制之间的对比"②。最终，卢梭思想的整体性、严肃性被白壁德视为"危险的乌托邦"和"天真的梦想"。这种将传记、生平与卢梭思想生硬绑在一起的研究方法遭到了卡西勒的批评，认为它们描述的是卢梭内心的斗争，忽视了卢梭思想与卢梭本人的区别，最终"思想史有消失于传记之中的危险，而且它依次地表现为一种纯粹的编年史"③。虽然该种研究路径避免了卢梭著作文本之间的割裂，从政治心理学视角出发研究卢梭，可是其在研究之初已假设了卢梭存在着某种精神病态，并夸大卢梭的心理问题，并不能严肃、公正地对卢梭思想做出解读，反而视之为一名精神病人的喃喃自语④。心理学的这种分析直到斯塔罗宾斯基和布兰查德的研究才得以改变，他们不再纯粹地将卢梭视为一名精神病人，而是从卢梭的童年出发，强调卢梭的精神世界或理想世界与现实世界的差异。自然状态作为人类的

---

① 参见［德］恩斯特·卡西勒《卢梭问题》，王春华译，译林出版社2009年版，第13页。

② ［德］恩斯特·卡西勒：《卢梭问题》，王春华译，译林出版社2009年版，第47—48页。

③ ［德］恩斯特·卡西勒：《卢梭·康德·歌德》，刘东译，生活·读书·新知三联书店2002年版，第70页。

④ 虽然从卢梭的《对话录》来看，卢梭的精神已经接近崩溃，这似乎可以成为判断卢梭精神病态的佐证。但是从《对话录》和《梦》两书的行文逻辑和笔调来看，卢梭仍然保持着一种冷静、理性的态度在为自己做出辩护，特别是《梦》一书中，卢梭已经放弃为自己辩护，而主要阐述其对幸福的追求。因此，笔者认为如果单一从卢梭的心理和精神来解读卢梭思想，特别是一种负面和消极视角，并不能寻找其思想的本质。

理想状态，是政治或文明社会的标准，理想政治共同体的建构是以自然状态下的人为生活样本。

过往文本研究者注重两论与《社会契约论》，认为在它们中卢梭的思想得到了集中的阐述，《忏悔录》等三部自传性著作只是作为卢梭思想变迁的辅证；心理学研究者则重点强调《忏悔录》等自传性著作反映卢梭内心的精神活动和思想塑造，而相对忽视其他重要著作。两条卢梭思想研究路径长期保持着一种平行关系，但是由于20世纪中叶卢梭研究的重要转向——卢梭思想一致性或统一性的发现，两条路径开始结合并共同致力于卢梭思想的解读和阐释。德国学者迈尔和美国学者凯利在施特劳斯的影响下，将自传性著作与哲学著作结合起来，认为《忏悔录》等著作不仅是卢梭个人生活的经历记述，更是揭示了人性的变化，自然人的善如何转向社会的堕落，以及如何复归于人性的善。在他们的阐述下，卢梭的自传或生平不仅是个人心灵的撰写，更是一位哲学家的榜样人生。相较而言，史珂拉并不赞同上述二位的见解，虽然卢梭的自传是对人的心灵的描述，但这不是人类的榜样，它流露的是对人性的悲观①。无论如何，他们的观点较于过往有着显著的差异，摆脱了过往卢梭思想的割裂和冲突，而这源于卡西勒和施特劳斯所带来的卢梭研究的转向，寻找统领与贯穿卢梭思想或著作的根本原则。

（二）卢梭思想研究的转向

从卢梭著作所分布的领域来看，其涵盖了伦理学、政治学、语言学、教育学、音乐、小说等多种范围。如果从简单的学科领域出发，将难以寻找到卢梭思想的统一性。为了预防同时代的读者和后世读者的误解，卢梭对自己的思想有着清楚的说明。在《致马尔泽尔布的信》《忏悔录》与《对话录》中，卢梭多次提及其思想的统一性，认为在其著作中，都有"一大原则"显而易见。然而，卢梭的辩护却在历史的长河中被众多学者所忽视。这种误解直到20世纪中叶才得到澄清，由卡西勒的解读开始，

---

① ［美］凯利：《卢梭的榜样人生——作为政治哲学的〈忏悔录〉》，黄群等译，华夏出版社2009年版；［德］迈尔：《论哲学生活的幸福：对卢梭系列冥想的思考两部曲》，陈敏译，华夏出版社2014年版；Shklar J. N. , *Men and Citizens*: *A Study of Rousseau's Social Theory*, Cambridge: Cambridge University Press, 1969。

依赖施特劳斯的"魔眼"得以转变，彻底改变了过往认为卢梭思想内部充斥矛盾与割裂的定论①。

主张卢梭思想具有统一性的学者们抛开了此前先入为主的主义偏见，主张从同情的视角出发研究卢梭，并在伏汉的影响下从卢梭整体著作出发研究卢梭。盖伊从时间上将该种新的研究视角界定为20世纪初，认为先驱人物有古斯塔夫·朗松、赖特和卡西勒三人。虽然他们在卢梭思想根本原则的认识上有着分歧，但是他们却努力去挖掘和探索何为卢梭的"根本原则"。但依笔者看来，在此之前，涂尔干已经认识到卢梭政治理论的统一性，他认为《论不平等》中的自然状态与《社会契约论》所构建的公民社会之间存在着逻辑的一致性。涂尔干认为个人主义与集体主义的二元范畴在卢梭思想中是统一的，"个人主义和集体主义原则的共存，解释了卢梭被称为社会学的社会哲学以及政治学说的两个方面"②。卢梭的政治理论在于通过对理想自然状态的描述树立评估标准，努力构建完美政治共同体，实现自然自由与平等向公民自由与平等的转变。但是涂尔干的解读存在的最大问题是他过于简单化地理解了卢梭的公民社会，为了强调自然状态与公民社会的一致性而回避了二者的区别，如他认为"公民状态也是同样的情形，个体彼此没有联系；相互之间只有最小限度的个人关系"③。相似的见解也存在其他解读者中，认为公民社会中公民的独立性表现仅依赖于公意与共同体而缺乏社会交往。这种说法明显与卢梭对公民德性的要求相违背，因为公民必须是在家庭、公民之间和对共同体的义务和责任中实现他的德性。故而，涂尔干的这种解读不能得到赞同，但是他为其他学者提供了一种新的视角，让后来者重新审查卢梭思想中是否存在着一致性。

朗松认为卢梭哲学的问题是，"文明人怎样才能不返回自然状态，也

---

①　彼得·盖伊1954年在为卡西勒的《卢梭问题》英译本所撰写的导言中，针对卢梭思想研究的统一性和分歧做了简单的思想史回顾。详细内容可参见［德］恩斯特·卡西勒《卢梭问题》，王春华译，译林出版社2009年版，第1—27页。

②　［法］涂尔干：《孟德斯鸠与卢梭》，李鲁宁、赵立玮译，上海人民出版社2006年版，第61页。

③　［法］涂尔干：《孟德斯鸠与卢梭》，李鲁宁、赵立玮译，上海人民出版社2006年版，第92页。

不抛弃社会状态中的便利，就重新获得那如此天真幸福的自然人才有的好处"①。卢梭思想的中心是如何将人类能够转化为善良社会中的善良公民的，而这也就将第二论、《社会契约论》《爱弥儿》和《新爱洛伊丝》合为一体，互为支撑。赖特延续着朗松的方法，但是与后者强调"公民"不同的是，他从"自然"中找到了卢梭潜在的观念。赖特认为"必须通过人类的理性，按照人类自然的样子来使人类得以完善，这一根本观念贯穿卢梭的所有著作，并赋予其本质上的统一性"②。卡西勒则将卢梭研究提升到一个全新的、更高的层面，认为卢梭问题的指向并不仅是 18 世纪的法国，同样也是人类社会中永恒的问题，即如何实现人类的尊严。卡西勒不满足于传统的研究方法，即简单的局限于单一文本，而是将卢梭著作视为在统一思想或根本原则之下的一系列著作。简单的各种主义界定只能使得卢梭思想自身相互冲突与支离破碎。卡西勒认为卢梭的创造性在于从人内心省察中发现人的本性，寻找人的本质，即剥开人的伪装去寻找真实的自我。卢梭关注的焦点不在于政府权力是否受到限制或制约，而是寻求"人是什么"与"人应当是什么"这两个问题。在卡西勒的研究中，重要的不是政治共同体或公民的义务，而是卢梭思想中如何在共同体中重新实现"人"的本质。由于卡西勒的学术背景，他过于从新康德主义来解读卢梭，对"人"的本质的关注将卢梭从政治学中剥离出来，使伦理学或道德哲学成为卢梭思想的核心。这个结论潜在地与卢梭的写作意图相互冲突，因为卢梭著作的出发点是政治学，伦理学只是丰富他对政治学的思考。

施特劳斯不赞同卡西勒的康德色彩浓厚的研究，虽然卢梭的思想有着统一性，但是卢梭思想的核心在于如何实现由自然人向公民的转变。施特劳斯认识到政治社会与自然状态之间存在着紧张关系，可是这不意味着卢梭思想的分裂。相反，卢梭提出了解决冲突的方法，即在立法者的指导下建构理想的政治共同体，实现个人的自由的同时又能使政治社会具有合法

---

① 转引自 ［德］恩斯特·卡西勒《卢梭问题》，王春华译，译林出版社 2009 年版，第 15 页。

② 转引自 ［德］恩斯特·卡西勒《卢梭问题》，王春华译，译林出版社 2009 年版，第 16 页。

性。施特劳斯对卢梭的研究，源于他在卢梭思想中发现了古典政治哲学的精神，即卢梭从公民和立法者的双重角度看待政治，试图化解人与公民身份间的紧张：不是对公众的启蒙，而是通过哲学家作为立法者对公民社会的立法和指导①。施特劳斯对卢梭研究的贡献远不止于此，他对古典政治哲学的解读，特别是字里行间的阅读方法让后来的研究者在阅读卢梭的过程中发现了许多以往并未被认识到的东西。施特劳斯在《迫害与写作》一书中虽未点名卢梭，但是他的行文中，卢梭的身影却从中显露。"典型的前现代哲人与典型的现代哲人最显著的区别就在于，他们对'高贵的（或正当的）谎言'……持完全不同的态度"②。古典哲学家之所以采用谎言，是因为他们认为在"大众"与"智者"之间存在着智识的鸿沟，为了避免来自政府或社会的迫害，他们的写作中采用一种隐喻式的方式，利用文学技巧来避免迫害。研究者如果想要透彻地理解这些古典哲学著作，就必须区分此类著作的写作对象，把握作者最重要的写作意图。在施特劳斯的影响下，许多卢梭思想的研究者重新开始回到卢梭的文本当中，去寻找卢梭思想或理论最为核心也最为隐喻的部分③。但是，这种研究方式并不是毫无问题的，因为它潜在地将卢梭神秘化与神圣化，并且由于在不同研究者之间缺乏对文本的统一或者被认可的理解而造成卢梭研究的更多争议。因此，从某一方面来说，施特劳斯非但没有减少卢梭思想的争议性，反而由于其研究的神秘性和差异性而加剧了解读卢梭思想的歧义。另外，施特劳斯学派将卢梭视为哲学家与立法者的合一，指导缺乏理性的民众，也就暗含了卢梭所建构的政治共同体是建立在精英主义与不平等基础之上。施特劳斯的学生马斯特与吉尔丁在卢梭政治理论的解读中就直接阐

---

① Strauss L. , "On the Intention of Rousseau", *Social Research*, Vol. 14, No. 4, December 1947, pp. 455 –487.

② ［美］列奥·施特劳斯：《迫害与写作艺术》，刘峰译，华夏出版社2012年版，第29页。

③ 国内研究卢梭的学者往往忽视施特劳斯对卢梭研究所带来的影响，部分原因与施特劳斯的古典政治哲学解读在美国一直未受到应有的重视有关，部分原因则可归咎为施特劳斯学派对民主的态度。但是笔者认为，施特劳斯对卢梭的研究具有重要的学术意义，特别是其学生将其对政治哲学的研究方法发扬光大，出现了一大批对卢梭思想的解读著作，而这些著作大部分是在施特劳斯的解读和研究方法基础之上完成的。如阿兰·布鲁姆的《巨人与侏儒》、吉尔丁的《设计论证——卢梭的〈社会契约论〉》、普拉特纳的《卢梭的自然状态——〈论不平等的起源〉释义》、凯利的《卢梭的榜样人生——作为政治哲学的〈忏悔录〉》等。

述了立法者与普通公民在理性能力上的不平等，而这与卢梭的民主理念如何调适成为卢梭研究的新难题。

在卡西勒和施特劳斯的影响之下，西方学界对卢梭思想的统一性有了共识。但是，这种统一性的把握并没有终结对卢梭的研究，反而激起学界对卢梭研究更大的争论。卡西勒和施特劳斯对卢梭思想的解读主要从宏观与整体上把握，是从伦理学或政治哲学的视角出发的，而对于卢梭具体的政治理论并没有着力。这源于二人认为卢梭思想的意图或根本原则是对人性或公民的研究，相比之下卢梭的政治理论在卢梭思想中占据着次要位置。马斯特在施特劳斯的理解之上，认为卢梭政治制度的创建理论，在卢梭整个思想系统中并非占据着主要位置，因为政治制度和政治社会必然走向衰退与腐朽。在此观点下，《社会契约论》就不再是卢梭思想中的核心，而只是其体系的发展①。对卢梭政治理论的这种见解，没有让研究卢梭政治理论的学者们满意，他们认为尽管卢梭对现代性的问题提出了反思，但是其政治理论在人类思想史上仍有着重要的价值和意义，特别是在民主制遇到挑战的当下。科班认为，卡西勒与施特劳斯等人的研究过于极端化，而忽视了政治理论的研究②。他认为卢梭在政治思想上具有一贯性，即对专制政治的反抗，与对个人自由和权利的捍卫；本质上，卢梭是个自由主义者，其国家理论对现代政治具有启发性。这也在某种程度上重新将卢梭研究拉回到政治理论研究当中，即如何看待卢梭政治理论在现代政治中的意义。

（三）现代卢梭研究的诸主题

在卡西勒与施特劳斯的研究工作下，20 世纪下半叶卢梭研究进入了一个新的阶段。特别是在极权主义反思潮流过去之后，西方学界对卢梭的讨论慢慢步入客观与公正，从学理上探究卢梭政治理论。因此，从特征上看，极权主义或伪民主独裁主义的色彩逐渐淡化，卢梭的政治理论不再是西方代议制民主的对立者，反而成为拯救西方现代民主的一剂良方。20世纪七八十年代政治学参与式民主的兴起、伦理学共同体主义的重新发

---

① ［美］马斯特：《卢梭的政治哲学》，胡兴建、黄涛等译，华东师范大学出版社 2013 年版，第 337 页。

② Cobban A., *Rousseau and the Modern State*, London：George Allen and Unwin, 1964.

现，都从卢梭思想中寻找理论资源，希望能够解决西方现代社会的碎片化和原子式的个人主义，弥补代议制民主所带来的精英政治困境。较之于20世纪初对卢梭的一片指责，20世纪末的研究风向出现逆转。由于本书着重于对卢梭政治理论的考察，因而下文的介绍中将主要介绍西方政治学领域对卢梭政治理论研究的新趋向。

乌托邦主义或现实主义的争论。史珂拉延续了心理学的视角，认为卢梭的政治理论是一种双重的乌托邦：田园家庭式生活与斯巴达式的城邦共和国。卢梭的乌托邦情结源于卢梭对现实世界的逃避和对幻想世界的想象，在乌托邦的世界中卢梭完成了对现代文明的诊断，即如何将人培养为公民①。因此，在史珂拉看来，卢梭的政治理论并不具有现实主义的特征，也不具有任何政治计划和蓝图，这也就将作为"立法者"的卢梭排除在政治理论家之列。即使卢梭在《山中来信》中为日内瓦人民辩护，并且为波兰和科西嘉两国人民立法，但更像是拒绝现代社会的乌托邦（重农弃商，拒绝金钱流通，实物征税），而不是为实现欧洲共和制寻找的方案。这种偏激的解读遭到了许多学者的反对，尽管"遐想"和"梦境"在卢梭思想的形成中具有重要的地位，但是这并不表明卢梭的政治理论仅仅局限于道德诊断和批判。实际上，对卢梭思想的乌托邦主义批评由来已久，在卢梭生时就有人批评他的方案不具现实性，之后更是被许多学者批评。为了回应卢梭非现实主义的指责，卢梭理论的支持者着重从卢梭与当时政治的关系来考察其政治理论。罗森布拉特通过对日内瓦与卢梭关系的解读，认为卢梭的政治理论具有现实关怀，重在于解决当时日内瓦的政治困境②。18世纪的日内瓦其实并不处于像达朗贝尔所说的和平环境之中，共和国内部曾有过三次政治斗争，而斗争的核心就是主权之争：政府主权还是人民主权。在这种时代背景下，也就能够解释为什么卢梭的人民主权理论对日内瓦政府有着怎样的冲击，也解释了卢梭民主理论的来源。罗森布拉特的研究发现在很大程度上改变学界对卢梭政治理论的认

---

① Shklar J. N. , *Men and Citizens: A Study of Rousseau's Social Theory*, Cambridge: Cambridge University Press, 1969; Shklar J. , "Rousseau and the Republican Project", *French Politics and Society*, Vol. 7, No. 2, Spring 1989, pp. 42 – 49.

② Rosenblatt H. ed. , *Rousseau and Geneva: From the First Discourse to the Social contract, 1749 – 1762*, Cambridge: Cambridge University Press, 2007.

知，即卢梭的政治理论不再局限于乌托邦和空想特征，而是现实政治运动反思的结果。

与罗森布拉特的研究不同，普特曼、谢弗与史密斯三人的研究更重视卢梭为科西嘉与波兰的立法工作，他们三人认为两国立法工作中卢梭对"公共舆论"的强调，体现了卢梭的现实主义。在第二论中，卢梭指出社会下的人性堕落源于人类的自尊心，强调他人眼中的自我而遮蔽了自爱心与怜悯心。但是，卢梭并没有希望强化科西嘉与波兰人民的自爱心，而是通过舆论来实现公民的教育和属己之爱的转变，将对自尊和荣誉的获得转换为爱国热情，引导对法律的尊重而不是破坏。卢梭的立法实践工作说明他的意图并不仅仅是从理论上构建一种理想政治共同体，也不是借助乌托邦的设想而批判当时欧洲的社会风尚，而是基于现代人性的自尊心而做的制宪工作①。现代学者随着对卢梭为波兰和科西嘉的立法实践工作研究的深入，发现卢梭的政治权利原理和理想政治共同体的构建与现实国家的立法实践中存在着一种张力，过去对卢梭乌托邦主义或理想主义的看法忽视了卢梭在实践中对政治原理的运用和原则的改变。

民主理论的争论。卢梭的民主理论一直是卢梭研究中最具争议性的主题，人民主权、公民参与和立法者更是为卢梭的民主观增添了复杂性。佩特曼和巴伯二人，从卢梭的"人民主权"和"公民参与"概念出发，认为卢梭是参与式民主主义者。卢梭对主权者与公民大会的强调，使得公民在政治共同体中地位区别于代议制民主，后者中人民只是选举的工具，而公民大会则让公民能够广泛地参与到公共事务之中，不仅能实现对公民的政治教育，也能培养公民对共同体的忠诚。但是，参与式民主理论的反对者通过对卢梭主权的研究，认为人民只是作为形式主权者而被政府权

---

① Putterman E. , "Realism and Reform in Rousseau's Constitutional Projects for Poland and Corsica", *Political Studies*, Vol. 49, No. 2, August 2001, pp. 481 – 494; Schaeffer D. , "Realism, Rhetoric and the Possibility of Reform in Rousseau's Considerations on the Government of Poland", *Polity*, Vol. 42, No. 3, July 2010, pp. 377 – 397; Schaeffer D. , "Attending to Time and Place in Rousseau's Legislative Art", *The Review of Politics*, Vol. 74, No. 2, July 2012, pp. 421 – 441; Smith J. A. Nationalism, "Nationalism, Virtue, and the Spirit of Liberty in Rousseau's Government of Poland", *The Review of politics*, Vol. 65, No. 3, Summer 2003, pp. 409 – 438; Smith J. A. Nature, "Nation-building, and the Seasons of Justice in Rousseau's Political Thought", *The Review of Politics*, Vol. 68, No. 1, February 2006, pp. 20 – 48.

力架空。在卢梭的政治共同体中，政府才是真正的权力掌握者。卢梭对政府的强调，实际上是对公民政治能力的担忧，卢梭对直接民主的否定和对选举贵族制政府的偏好说明卢梭更接近于精英民主理论者①。

对于上述两种极端民主认知，部分研究者在卢梭区分治权与主权的基础上试图将直接民主与代议制民主协调起来。弗兰林通过对卢梭政治制度的研究，认为卢梭晚年在波兰立法中对代表制的接受，以及他对选举贵族制政府的偏好，实际上就是对代议制民主的接受②。乌尔比纳蒂在弗兰林的基础之上，区分了主权代表和行政代表的概念，论证卢梭对行政代表的接受，实际上也就接纳了现代代议制民主的观念。政府作为人民或主权者的代理，为主权者提供明智的判断，公共决策最终交由人民意志来决定③。调和卢梭的主权民主与代议制民主的学者，实际上是已经意识到代议制民主中代表制存在的问题，选举代表可能成为选主。为了纠正代议制民主存在的精英主义与官僚主义的弊端，需要强化卢梭的"人民主权"观念。在这样的研究背景下，卢梭民主理论的争论实际上也就转向了对代表制和公民能力的争论。

自由主义与极权主义的争论。自伯克和贡斯当开启了对卢梭极权主义的批评之后，塔尔蒙、罗素、伯林等人通过对纳粹主义的研究，延续了对卢梭作为极权主义或伪民主主义者的看法。在当代，虽然对卢梭极权主义和集体主义的批评声音逐渐减少，但是仍有部分学者认为卢梭政治理论当中蕴含了极权主义的可能性。特别是卢梭政治理论中的"立法者"概念，与柏拉图"哲学王"概念的相似性，为卢梭"极权主义"形象增添了浓重的一笔。实际上，将卢梭界定为极权主义者，主要依据英美经验主义对欧洲大陆理性主义的批判，认为卢梭过于强调美德而忽视了政治共同体内部的权力制衡。

---

① 虽然没有多数学者将卢梭纳入精英民主理论中，但是史珂拉、伯纳德·曼宁、马斯特都认为在卢梭的政治学中，卢梭排斥公民积极参与到公共事务当中，被局限为立法投票的功能。

② Marini F. , "Popular Sovereignty but Representative Government: The Other Rousseau", *Midwest Journal of Political Science*, Vol. 11, No. 4, November 1967, pp. 451 – 470; Fralin R. , *Rousseau and Representation: A Study of the Development of his Concept of Political Institutions*, New York: Columbia University Press, 1978.

③ Urbinati N. , "Rousseau on the Risks of Representing the Sovereign", *Politische Vierteljahresschrift*, Vol. 53, No. 4, 2012, pp. 646 – 667.

因此，为卢梭自由主义辩护的学者通常从两方面入手：一是卢梭构建政治共同体内部存在着权力制衡结构，只是过往被许多研究者所忽视了。威廉姆斯在其研究中，认为伯林、塔尔蒙等研究者过于强调了卢梭的主权理论而忽视了卢梭对政府权力的关注和对专制主义的批判。卢梭在波兰的立法工作中，强调参议院对国王的限制、省议会对代表的选择，和人民对代表的监督等，说明卢梭意识到在共同体内部对权力的分立和监督的重要性，尽量避免专制主义和政府对权力的滥用①。二是对卢梭"公意"和"立法者"概念的重新解读。赖利通过对"公意"概念的观念史研究，认为卢梭通过对"公意"内涵的政治化，用集体的意志拯救现代政治的个人性，以实现政治团结。"公意"本身包含了个人意志自主的概念，普遍的共同体意志必须建立在个人意志基础之上②。建立在个人意志基础之上的公意，不可能消灭个人意志，否则人也就失去了道德自由，不成为道德主体，卢梭也就成为其批判的霍布斯主义者。

但是，围绕卢梭"公意"概念存在的最大争议是：它是公民审议、协商的产物，还是类似柏拉图"理念"的先验客观存在③？如果是先验客观存在，则它与立法者的存在就对卢梭的民主理论构成了困境，因为它需要借由立法者去发现，用以指导、塑造、改变人性；如果是审议、协商的实证产物，则它能够捍卫卢梭的民主理论和个人自由。伯特伦认为公意的两种属性争议反映了卢梭对民主的模糊态度，也决定了卢梭是民主主义者或自由主义者还是极权主义者④。马洛伊、沃德的研究则从立法者角度出

---

① Williams D. L. , "Modern Theorist of Tyranny? Lessons from Rousseau's System of Checks and Balances", *Polity*, Vol. 37, No. 4, October 2005, pp. 443 – 465.

② Riley P. , "The General Will before Rousseau", *Political Theory*, Vol. 6, No. 4, November 1978, pp. 485 – 516; Riley P. , "A Possible Explanation of Rousseau's General Will", *American Political Science Review*, Vol. 64, No. 1, March 1970, pp. 86 – 97; Riley P, "Rousseau's General Will: Freedom of a Particular Kind", *Political Studies*, Vol. 39, No. 1, March 1991, pp. 55 – 74.

③ 在这个问题上，施特劳斯学派认为公意是实证主义的概念，但是威廉姆斯认为公意是类似理念的先验存在。参见 Melzer A. M. *Rousseau's Moral Realism*: "Replacing Natural Law with the General Will", *American Political Science Review*, Vol. 77, No. 3, September 1983, pp. 633 – 651; Williams D. L. , "Justice and the General Will: Affirming Rousseau's Ancient Orientation", *Journal of the History of Ideas*, Vol. 66, No. 3, July 2005, pp. 383 – 411.

④ Bertram C. , "Rousseau's Legacy in Two Conceptions of the General Will: Democratic and Transcendent", *The Review of Politics*, Vol. 74, No. 3, Summer 2012, pp. 403 – 419.

发，认为卢梭虽然强调立法者通过公意欲实现对人性的改变，但是这并不是完全的消灭个人意志，而是如何通过风尚的强调利用公共舆论将人的自利和自尊心引导到更为光荣的事务上，如爱国心和荣誉心。公民个人意志自主的同意始终是政治合法性的唯一来源，他们认为对个人意志自由的否定是对卢梭政治理论的误读①。因此，现代关于卢梭是极权主义还是自由主义的争论焦点在于如何理解"公意"与"立法者"概念。

由于西方研究卢梭文献之多，以及观点之错综复杂，笔者在本书中只能对卢梭思想研究做一大致轮廓的介绍和概括。在这其中，笔者发现虽然卢梭思想研究在 20 世纪发生了转折，即学界在卢梭思想根本原则上达成一致，但是在其政治理论研究的具体性上却是呈现百家争鸣的现状。其中缘由，笔者认为大概源于下述原因：一是卢梭政治思想渊源上的矛盾理解，卢梭是现代柏拉图主义者还是共和主义者；二是卢梭文本自身之间存在着修辞和内容上的矛盾，如卢梭对民主的评价、自由的理解，公民参与的态度，卢梭文本的难以理解加剧了解读的复杂性。从当代西方卢梭研究的纷繁多样化中，笔者仍能够把握到卢梭研究的一种新的取向，即逐渐摆脱了过去极权主义的批评，而力图从文本中发现卢梭政治理论与现代自由主义相容的内容。较之过往对于卢梭"公意"、社会契约论的理论研究，现代学者更为注重卢梭的政治立法实践，从政治共同体创制的角度分析卢梭的政治学说。

## 二　国内研究综述

据学界对卢梭著作传入中国的考察，可知国内最早出版的卢梭著作是《社会契约论》。1898 年上海同文译书局就已出版《民约通义》，该版本是从日本中江笃介的日译本转译而来。后来，陆陆续续又有了各种《社会契约论》版本的存世，如 1902 年杨廷栋译的《路索民约论》，1908 年马君武译的《卢骚民约论》，1958 年何兆武译的《民约论》，目前学界通

① Maloy J. S. , "The Very Order of Things: Rousseau's Tutorial Republicanism", *Polity*, Vol. 37, No. 2, April 2005, pp. 235 – 261; Ward L. , "Gods Would Be Needed to Give Men Laws: Rousseau on the Modern Republican Legislator", *Perspectives on Political Science*, Vol. 43, No. 1, January 2014, pp. 41 – 51.

用的《社会契约论》版本是 1963 年何兆武移交商务印书馆的修订本①。卢梭其他著作,如《忏悔录》《论人类不平等的起源》《爱弥儿》等也有多个译本存世,其中以 2012 年李平沤先生翻译的《卢梭全集》九卷本意义最为重大,这为汉语学界研究卢梭提供了目前最完善和最系统的第一手资料。

从时间上看,卢梭传入中国已有百年的历史,但是,正如西方学界对卢梭的认识出现诸多争论一样,国内学界百年来对卢梭的认识并没有呈现出统一的局面。袁贺将卢梭传入中国的形象划分为两个:一是作为中国革命之象征符号的卢梭,强调卢梭主权在民的激进主义;二是作为社会契约论思想家的卢梭,学理上讨论卢梭的一些政治核心概念——公意、立法者与公民宗教②。这种见解近似准确地概括了中国的卢梭研究。但是从时间和内容上看,笔者认为国内对卢梭的研究应该划分为三个阶段:中华人民共和国成立前卢梭研究为第一个阶段,主要讨论介于辛亥革命前后,此时卢梭主要作为革命者形象传入中国,忽视对卢梭学理上的讨论;中华人民共和国成立后的 20 世纪八九十年代为第二个阶段,学界开始反思卢梭的"革命者"形象,但是内在脉络上仍然延续着革命的思路,从学理上将卢梭视为极权主义或专制主义的鼻祖;21 世纪前后则为第三个阶段,学界开始回到卢梭文本当中,客观、理性地讨论卢梭思想本身,彻底地告别"革命者"形象。后文将介绍三个阶段国内研究的主要情况。

(一) 中华人民共和国成立前的"革命者卢梭"

19 世纪末的中国处于千百年来未有的大转折时代,一方面是西方各国的外部入侵,另一方面是内部面临传统政治、经济、文化的礼崩乐坏。为了挽救民族的存亡,有志之士将目光朝向了西方。在通过对西方政治历

---

① 吴雅凌曾对早期的卢梭《社会契约论》多部中译本有着详细的研究,认为当时的翻译版本虽多但都不准确,这极大地影响了后世中国对卢梭思想的研究。参见李平沤《主权在民 VS "朕即国家"》,山东人民出版社 2001 年版,第 3 页;吴雅凌《卢梭〈社会契约论〉的汉译及其影响》,《现代哲学》2009 年第 3 期。

② 韩伟华将卢梭在中国的研究划分为三个阶段:作为民主革命导师的卢梭;作为左倾激进思潮代表的卢梭;21 世纪中国的新面孔。本书借鉴了袁贺、韩伟华二位先生的划分方法。参见袁贺、谈火生《卢梭的中国面孔——中国卢梭研究百年述评》,《政治思想史》2011 年第 1 期;韩伟华《中国人的卢梭:卢梭在近现代中国的两张面孔》,载中山大学西学东渐文献馆《西学东渐研究(第四辑)》,商务印书馆 2013 年版,第 335—350 页。

史发展的研究之后，许多学者得出共识：中国革命当以法国为师。西欧诸国中法国与中国有着诸多相似的国情，都是地大物博，同样是君主专制的社会。然而法国通过1789年的大革命，不仅推翻了君主制，还建立了现代的资本主义国家，立于世界强国之林。随着革命的口号传入中国，中国先贤们认为中国革命当以法国革命为师，以自由、民主、平等为口号，推翻君主社会建立资本主义国家。正是在这种政治文化背景之下，鉴于卢梭与法国革命之间的关系，卢梭的人民主权思想传入了中国①。梁启超说："自此说一行，欧洲学界，如旱地起一霹雳，如暗界放一光明，风驰云卷，仅十余年，遂又法国大革命之事。自兹以往，欧洲列国之革命，纷纷继起，卒成今日之民权世界。《民约论》者，法国大革命之原动力也；法国大革命，19世纪全世界之原动力也。卢梭之关系于世界如何也！"② 但是，不同知识分子鼓吹卢梭革命理论的同时却有着不同的目的，他们有选择性地宣传卢梭的部分思想。

王宪明与舒文通过对当时知识分子著作的文本考据，认为辛亥革命前对卢梭学说的解释有着三种不同的观点：（1）对卢梭学说持完全肯定的态度，将其视为挽救中国危亡的灵丹妙药。这一派人士中，邹容和马君武等人较具代表性，主张借鉴卢梭政治学说中的"革命"和"主权在民"理论，通过革命方式推翻旧的封建统治者，建立资产阶级民主共和国。（2）对卢梭学说持肯定观点，但与第一种解释有着明显的不同，他们吸收卢梭关于自然状态中人人平等的理念，希望通过革命建立一个无政府、无强权、人人平等的理想社会，这派以刘师培为代表。（3）对卢梭学说采取否定的观点，认为卢梭社会契约理论缺乏历史的真实性，特别是其社会革命理论中关于财产权的观念过于激进而不能解决中国的问题，主张对之加以批判。这派人中，严复是其代表③。王宪明与舒文的类型分析大致涵盖了当时知识分子对卢梭思想或政治理论的态度，但由于他们仅从西学东渐的历史学角度出发研究卢梭思想传入中国的历程与影响，故留有从政

---

① 颜德如认为晚清有识之士正是看到了法国大革命与卢梭之间的关系，故将卢梭视为法国大革命的代表，从而卢梭与晚清革命话语相连，开创了卢梭在中国"革命者"的象征。参见颜德如《卢梭与晚清革命话语》，《学海》2005年第1期。

② 梁启超：《饮冰室文集之六》，中华书局1941年版，第112—113页。

③ 王宪明、舒文：《近代中国人对卢梭的解释》，《近代史研究》1995年第2期。

治理论上讨论卢梭政治理论在当时影响的缺憾。在救国于危难之际的背景下，卢梭的自由与平等理论对当时知识分子有着十足的冲击力，他们通常在缺乏对卢梭政治理论有着充分认知的前提下断章取义地利用了卢梭的激进革命主义。林启彦认为当时对卢梭政治理论的基本态度是拿来主义，将其视为一种革命哲学，而缺乏对卢梭理论的深层解读①。与梁启超、邹容等人相比，严复与章士钊等知识分子在深厚的西学背景下对卢梭思想相对有着更为深刻的认知，也意识到其背后可能隐藏的危险。

　　严复受到英美经验主义的影响，特别是赫胥黎的社会达尔文主义和密尔的自由主义，他对于卢梭的政治理论持有一种警醒的态度。面对当时卢梭《民约论》在中国知识界的热潮，严复如此评述道，"卢梭文辞，又偏悍发扬，语辩而意泽，能使听者入其玄而不自知"②。他将卢梭的思想看作是一种玄学，一种依赖于言辞的优雅、具有丰富的情感而能吸引人的学说。"玄学"意味着卢梭的思想是一种非现实主义和乌托邦。《民约评议》中，严复从三个方面指出了卢梭政治理论的危险性：（1）社会契约论的历史真实性，它只是一种逻辑假设而非人类的现实；（2）批判人生而自由观点，认为卢梭对自然状态的描述虚假；（3）虽然肯定主权在民，但是反对直接民权，主张英美的代议制民主。严复对卢梭政治理论的批评，引来章士钊的反对。内在理路上，章士钊并非是卢梭的支持者，但是对民主共和制度的拥护，让他起而撰文反对严复对卢梭的三大批判。章士钊在《读严几道〈民约评议〉》一文中针锋相对地为卢梭辩护：（1）天赋人权并非建立在凭空臆造之上，严复之说只是西方赫胥黎一家之言；（2）虽然自然状态理论是一种逻辑假设，但并不构成对个人自由权利的反对；（3）确认主权在民的民主价值③。章士钊与严复的争论说明当时学界已经有了对卢梭政治理论的学理讨论，也从英美经验主义出发意识到卢梭学说潜在的集权主义可能性，但是如张奚若所说，"惟严、章两家为文本旨，

---

① 林启彦：《严复与章士钊——有关卢梭〈民约论〉的一次思想论争》，《汉学研究》2002年第1期。
② 严复：《严复集（第二册）》，中华书局1986年版，第333页。
③ 秋桐：《读严几道〈民约评议〉》，载袁贺、谈火生《百年卢梭——卢梭在中国》，吉林出版集团有限责任公司2009年版，第31—49页。

均以当时国中实在政象为目标，非欲穷探哲理作学术上有统系之讨论也"①。

较之于梁启超、严复、章士钊等人带着现实关怀解读卢梭政治理论，张奚若的研究是从学理上对卢梭的《民约论》作出深刻的研究。他对卢梭的研究散见于《社约论考》《主权论》《卢梭与人权》《法国人权宣言的来源问题》等诸多文章中。与严复和章士钊等人关注天赋人权、自然状态等概念不同，张奚若的研究更为关注"公意""人民主权"等卢梭理论中的核心概念。首先，张奚若承认卢梭在民权上带来的巨大贡献，"近代世界民权潮流，多导源于法国革命。而法国革命之政治理想，又多得之于卢梭。故卢梭者，实法国革命之晨钟，而世界民权史上之自由神也"②。人民主权概念，不仅帮助人民推翻了君主专制，也确立了人民在现代政治中的主权者地位。但是，这不意味着卢梭人民主权没有任何弊病。张奚若认为由于卢梭言辞的优美和真挚的情感遮掩了理论的危险，人民主权实际上隐含了国家的全能主义和对个人权利的完全剥夺，结合公意概念，卢梭的国家是建立在国家单一意志基础之上，个人主义完全消失在国家中。"《社会契约论》的最要关键……个人的自然权力越是消灭得净尽无余，他在社会上所获得的权力才越广大越耐久，同时社会制度也才越坚固，越完满。"③ 人民主权的最终结果是，人民成为义务的承受者，主权者成为虚位。张奚若对卢梭政治理论的解读直指其要害，然而在革命的大潮中，这并不能引起卢梭崇拜者的注意，也不能消却"革命者卢梭"的热度。直至 20 世纪八九十年代，张奚若对卢梭思想的探究才受到王元化先生的关注，重新将卢梭研究纳入学理之中。

从上述内容来看，中华人民共和国成立前中国知识分子对卢梭的研究是极其狭隘和简单化的。他们对卢梭思想和文本的引用往往是卢梭的《社会契约论》，甚至只是该著作前半部分对人民主权和权利原则的阐述，而忽视了对卢梭整体思想的研究和考察。尽管在这股"卢梭热"中，有张奚若先生这样的学者保持着学术的清醒，也有严复、章士钊等人保持着

---

① 张奚若：《张奚若文集》，清华大学出版社 1989 年版，第 29 页。
② 张奚若：《张奚若文集》，清华大学出版社 1989 年版，第 80 页。
③ 张奚若：《张奚若文集》，清华大学出版社 1989 年版，第 144 页。

问题的关怀，但是这并不能改变社会主流对卢梭革命形象的神圣化。特别是在马克思主义传入中国后，由于卢梭思想与马克思主义之间内在的关系，更加强化了卢梭的革命色彩。这种研究倾向的出现很大原因是由当时中国环境决定的，救亡压倒了启蒙，知识分子需要的是一种能够将全民族团结起来的理论，能够快速实现摆脱亡国灭种和实现重新建国的梦想。这股"革命者卢梭"潮流，对年轻一代中国人有着深远的影响，如青年毛泽东。史华慈在分析中国"文化大革命"发生的根源时，将卢梭的"德性统治"与毛泽东发动的"文化大革命"紧密联系在一起。卢梭对公民美德、公意的赞美，对私意、个人主义的反对极大地吸引了毛泽东，让他意识到必须建立在完全的公意基础之上才能真正捍卫共同体，并削减任何的个人主义与团体主义①。"革命者卢梭"的形象并没有随着中华人民共和国的成立而走出革命的原宥，相反，革命的内在理论仍然长期地发酵着，直至十年浩劫的结束。"文化大革命"结束后，学界开始重新反思卢梭的政治理论，这标志着卢梭研究进入了第二个阶段。

（二）作为极权主义或专制主义鼻祖的卢梭

袁贺将20世纪八九十年代国内学界对卢梭的研究称为"社会契约论思想家"，而不是革命者，这是因为当时对卢梭的研究开始逐渐转入学理的探讨，而不是象征符号式的宣传。笔者对此种说法是一半赞同、一半反对。据笔者对该时期卢梭研究的考察，认为虽然国内学界对卢梭的研究逐渐从口号上的宣传走向学理的研究；但是，由于早期卢梭革命形象的深入人心，以及研究思维的预设，此时的研究延续着前期的思路，仍然是在革命性的语境下看待卢梭，将其推下革命神坛的同时，也将其抬上了极权主义或专制主义鼻祖的地位。这一时期"卢梭热"的主要特征是：以《社会契约论》为解读卢梭政治思想的主要文本，反思作为"革命者"的卢梭。从中西学界的交流来看，该种解读潮流的兴起一方面与西方学界第二次世界大战后卢梭研究的转向传入中国有关，另一方面是极权主义者的卢梭契合了国内当时反思革命的时代思潮。

① "晚年的毛泽东致力于实现他所理解的美德统治的地位，并且仍旧不准备接受任何不基于美德之上的科学技术进步。"史华慈：《德性的统治："文化大革命"中领袖与党的宏观透视》，载许纪霖《史华慈论中国》，新星出版社2006年版，第153页。

由于第二次世界大战希特勒纳粹主义的兴起，西方学界掀起了极权主义研究的热潮。在这股思潮中，有部分学者认为卢梭的政治思想中蕴含着极权主义和集体主义的成分，这其中以塔尔蒙、罗素和伯林对卢梭的研究为代表。罗素将卢梭视为浪漫主义运动之父，是伪民主独裁的政治哲学的发明人，《社会契约论》"虽然对民主制献嘴皮殷勤，倒有为极权主义国家辩护的倾向"①。他们对卢梭思想的定性结论对国人有着巨大的影响。随着 20 世纪 80 年代中国国内"告别革命"和"反思革命"思潮的兴起，部分学者借鉴了西方学者的研究，重新认识卢梭与法国大革命以及中国革命之间的联系。法国大革命的进步意义被重新评估，而雅各宾派的统治被认为是法国大革命中最黑暗的时期，那么作为革命导师的卢梭自然难辞其咎。这时的卢梭已不再被认为是倡导人类自由、平等与独立的革命导师，而被认为是借着自由与平等口号，实是建立极权主义或专制主义的先驱。这一时期对卢梭思想研究或反思有着重要影响的学者主要有三位，分别是顾准、王元化与朱学勤②。

顾准先生是第二波"卢梭热"中最早和自发性对卢梭思想与中国革命的关系进行反思的思想家。在《漫谈民主》一文中他对卢梭的民主理论进行深入的研究，指出卢梭所倡导的直接民主与英美的代议制民主存在着显著的差异和后果的截然不同。在现代民族国家的背景下，卢梭倡导的人民主权直接民主制并不能实现人民的自由与平等，其结果只能是类似雅各宾派统治时期的专制主义，是对个人权利和特殊性的剥夺。相比之下，代议制民主通过代表制，真正能将人民主权付诸实践，保障人类的自由与平等③。受到顾准的影响，王元化先生在 90 年代开展了他对《社会契约论》的价值重估工作，具体可见他的《与友人谈公意书》（1992）、《张奚若谈卢梭》（1997）、《与友人谈社约论书》（1998）④。在张奚若与顾准

---

① [英]罗素：《西方哲学史》，何兆武、李约瑟译，商务印书馆 1982 年版，第 236 页。
② 夏中义在对 90 年代《社会契约论》的研究价值重估工作中，详细地阐述了三者之间思想的关联。参见夏中义《卢梭在当代中国的回响（上）——从思想史看王元化重估〈社会契约论〉》，《探索与争鸣》2011 年第 1 期；夏中义《卢梭在当代中国的回响（中）——从思想史看王元化重估〈社会契约论〉》，《探索与争鸣》2011 年第 2 期；夏中义《卢梭在当代中国的回响（下）——从思想史看王元化重估〈社会契约论〉》，《探索与争鸣》2011 年第 3 期。
③ 顾准：《顾准文稿》，中国青年出版社 2002 年版，第 373—391 页。
④ 王元化：《九十年代反思录》，上海古籍出版社 2002 年版。

二位先生的研究基础上，王元化认识到洛克与卢梭实质开创了两种不同的社会契约论：一种是小契约论，着重于建设小政府与大社会的共同体，利用权力之间的相互制衡保障公民权利；另一种是大契约论，通过个人权利的全盘转让建构公意统治下的道德共同体，不仅强调权力的绝对性，也强调公民从内心和道德深处对国家的完全服从。他发现卢梭通过《社会契约论》构建的政治共同体，实质上是以公意或国家意志完全取代了个人意志和特殊性，个体人权消失在国家的普遍性之中。"人民主权"并不能实现个人的权利保障，相反个体人权与人民主权之间形成悖论。虽然王元化先生对卢梭政治理论提出诸多批评，也指出了"公意"和"立法者"概念当中蕴含的极权主义色彩，但是他并没有完全否认卢梭学说中的真知灼见。相比之下，朱学勤先生的《道德理想国的覆灭》一书，将卢梭与其学说进行了彻底的批判，也将此阶段对卢梭政治理论的反思推向了高潮，直至今日仍然有着巨大的影响。

《道德理想国的覆灭》中，朱学勤将道德视为卢梭思想的宗旨与使命，认为卢梭试图通过道德的复兴实现对人类命运的救赎；道德理想国表达了卢梭所建构的政治共同体是一种乌托邦式的彼岸世界，当人类欲将彼岸世界实现于此岸世界的同时，也就宣告了这项政治实践的失败。从学理上看，朱学勤将卢梭奉为极权主义的鼻祖，原因有三：一是主权者权力的绝对性和共同体的至高无上；二是卢梭"公意"概念的复杂性和抽象性；三是卢梭对直接民主的推崇以及对代议制民主的反对。在这之中，"公意"概念是卢梭建构道德理想国的根基，也是最具破坏性和危险性的理论。

首先，卢梭认为人民作为整体而行使共同体的最高主权，因此，主权是绝对的和不可分割的。但是现代自由主义民主认为一切权力都是需要界限的，不受限制的权力必将导致权力的滥用和多数人的暴政[1]。由于卢梭将个人所有权利全盘让渡给国家或政治共同体，使得国家拥有对个人的不

---

[1] 钱福臣在对比洛克与卢梭的人民主权理论后，认为洛克的间接人民主权——议会主权理论更适合现代社会，而卢梭的直接人民主权理论是古代意义上的人民主权，容易产生负面影响。参见钱福臣《洛克与卢梭人民主权学说比较研究》，《上海政法学院学报：法治论丛》2005年第20卷第4期。

受限制的权力，这意味着共同体对个人自由的吞没，个人缺乏对共同体抗拒的力量①。在这个基础上，卢梭彻底摧毁了国家与公民个体之间的中介，摧毁了自由主义的市民社会。没有政党，也没有任何政治社团，孤立的个体只能臣服于强大的国家之下。

其次，"公意"概念是卢梭构建政治共同体的内核，一方面它通过公民作为主权者的参与和投票产生了共同体的合法性，另一方面也通过公意使得公民作为臣民接受共同体的统治。但是如许多学者所认识到的，由于公意概念的抽象性和作为精神的存在，缺乏具体的制度化，易于被别有用心的政客或野心家操纵，如罗伯斯庇尔，从而实现专制主义。且公意当中存在的多数人对少数人的"强迫的自由"，赋予了多数人合法的强制和少数人被奴役的地位，这与现代自由主义对少数人的保护原则是相悖的。至关重要的是，"公意"统治下的共同体比过往的君主专制主义更为恐怖，后者只是通过强力来控制臣民，而前者则通过"公意"控制人的精神世界和个人意志。由"公意"所构建的国家只能是现代的极权主义，在意志和精神上完全摧毁了个人的自主性与特殊性②。

最后，卢梭基于人民主权所倡导的直接民主与代议制民主相悖。朱学勤认为直接民主所蕴含的广场政治，容易走向民粹主义，使得政治结构失去平衡，缺乏应有的权力对人民主权予以制衡③。与代议制民主通过政府内部的权力制衡不同，人民主权实际上将人民推向了政治舞台的中央，由人民直接与政治领袖对话，政治激情决定了政治和共同体的命运。民粹主义、神学政治、极权主义成为朱学勤先生对卢梭政治理论的最终审判。

通过顾准、王元化、朱学勤三位先生对卢梭政治理论的重新解读，20世纪90年代几乎彻底颠覆了传统对卢梭革命者和民主者的形象。卢梭不再是民主的支持者、人权的拥护者、自由与平等的革命者，而成为伪民主的极权主义者。随着"革命者"卢梭形象的解构，极权主义或专制主义

① 赵林将卢梭的"主权者"与霍布斯的"绝对君主"对比，认为二者在权力本质上具有共性，因为都具有绝对性和不受制衡，个人缺乏应有的力量和权利对抗共同体。参见赵林《试析卢梭政治学说中的极权主义暗流》，《学术研究》2004年第6期。
② 陈维纲：《评卢梭人民主权论的专制主义倾向——读〈社会契约论〉》，《读书》1986年第12期。
③ 朱学勤：《道德理想国的覆灭》，上海三联书店1996年版，第203页。

鼻祖的卢梭深入人心，甚至在国内长期垄断了对卢梭思想的认识。许良英夫妇在《走出伪民主的误区》一文中，仍将卢梭视为"伪民主独裁的政治哲学发明人"①。具体分析此时期对卢梭思想的解读脉络和背后隐藏的学理，可知这时期学者对卢梭的反思是建立在英美自由主义基础之上的，强调个人自由与权利。相对应的是，卢梭则被划归为欧洲大陆理性主义的代表，试图通过美德与理性的结合重新建构共同体，但理论的设想与现实的政治凸显了卢梭政治理论的危险。法国大革命雅各宾派的统治、希特勒统治下的德国、中国"文化大革命"，在其中都能发现卢梭的身影和其理论的影响力。不可忽视的，当时仍然有少数学者将卢梭视为民主主义者与自由主义者，试图从学理上挖掘卢梭的自由主义和民主主义。崔之元认为卢梭政治思想的核心仍然是捍卫个人的权利，如果否定卢梭的人民主权学说，则从根本上否定了民主的内核②。然而，第二波"卢梭热"的兴起与当时中国政治、社会背景有着紧密的联系，对现实问题的关注掩盖了学理上的公正与客观，强烈的时代感弱化了政治学理论的探讨。

（三）21 世纪的卢梭研究

随着西方共和主义的复兴，以及公民理论在政治学中重新占据着重要位置，特别是西方对卢梭思想研究转向的思潮传入中国，国内对卢梭的研究迎来了新的开始。这种新的开始不仅是卢梭自身著作和西方研究卢梭著作的大量引入，更是在研究思路上的改变。如前文所述，20 世纪国内对卢梭的研究从未摆脱解读卢梭的革命语境，也未能够从《社会契约论》的片面理论中解放卢梭，因此造成了对卢梭研究的各种冲突：极权主义的卢梭、革命者的卢梭、自由主义的卢梭、民主主义的卢梭。在给卢梭套上诸多主义之名后，学者忘记了何为真正的卢梭，正如袁贺所言，国内对卢梭的研究有着严重的缺位，忽视了卢梭自身的声音。

在 21 世纪"思想淡出，学术凸显"的背景下，年轻学者开始了卢梭

---

① 吴敬琏在"序"中赞同许良英夫妇的看法，认为他们夫妇二人的看法与顾准和王元化二位先生有着共通之处。参见许良英、王来棣《民主的历史》，法律出版社 2015 年版，第 266 页。

② 崔之元认为将卢梭视为极权主义的鼻祖，是由于中译本错误地翻译了卢梭政治理论中"强迫的自由"，应该是"使之能够的自由"，且在卢梭《社会契约论》文本中明确指出个人自由不可转让，个人权利是有限度的转让给共同体，并未全盘转让。但是在当时像崔之元这样的发声是微弱的，并没有得到诸多学者的回应。参见崔之元《卢梭新论》，《读书》1996 年第 7 期。

研究的新热潮。与朱学勤先生的研究相比，年轻学者的研究更为强调卢梭著作本身的话语，将其从革命潮流中剥离出来，发现卢梭政治思想的统一性，不再局限于从《社会契约论》单一著作本身来解读卢梭，而是从其系列著作中发现卢梭①。袁贺的《一个人的卢梭——评朱学勤的卢梭研究》一文可谓是这轮"卢梭热"的开端，文中他对朱学勤的研究逐条详加批驳：（1）选取卢梭著作的文本解读有断章取义之嫌；（2）方法论上的误解，忽视了西方学界对卢梭研究的新范式；（3）翻译错误，未能真正把握卢梭话语的真实内涵；（4）不严谨的心理学论断，先入为主地将卢梭视为精神分裂者，从人格上首先否定卢梭②。袁贺并不是这股反思"反思革命"潮流中的个例，它预示着卢梭研究开始逐渐淡出价值取向，而只谈学理的新研究方向。

　　首先，公民观成为卢梭政治思想的核心。施特劳斯指出卢梭是政治思想史上首位认识到现代性危机的思想家，认为卢梭的问题是如何回应现代性造成人类的异化。这种见解影响了当前中国对卢梭的研究，特别是刘小枫先生将施特劳斯学派对卢梭的系统性解读引进国内，许多年轻学者正是在施特劳斯的影响下重新解读卢梭政治理论。他们认为卢梭的"公民观"统系了卢梭的政治思想，即如何由"自然人"完成向"公民"的转变。袁贺认为"公民观"是卢梭政治思想的核心，解读卢梭思想的关键就在于如何理解卢梭的公民观③。萧高彦、刘训练、高力克将卢梭政治思想纳入共和主义的视野中，认为卢梭的"公民"是其共和主义的体现，是对现代自由主义市民社会的反抗。卢梭的共和主义公民不仅需要崇高的美德，而且公民美德保障了"人民"作为政治权力合法性的唯一来源。公

---

　　① 参见袁贺《公民与现代性政治：以卢梭为中心的考察》，中央民族大学出版社2013年版；李平沤《主权在民VS"朕即国家"》，山东人民出版社2001年版；钱弘道《为卢梭申辩——卢梭法律政治思想评判》，北京大学出版社1999年版；胡兴建《"立法者"的远航——卢梭政治哲学研究》，中国政法大学出版社2012年版。笔者发现，这些著作虽然解读的中心不一，但是存在的共同特征是将卢梭的政治著作与其小说放在一起，他们预设的前提是卢梭政治思想是统一的，文本上的不一致并不代表思想和逻辑上的根本冲突或矛盾。

　　② 袁贺：《一个人的卢梭——评朱学勤的卢梭研究》，《开放时代》2004年第1期。

　　③ 袁贺：《公民与现代性政治：以卢梭为中心的考察》，中央民族大学出版社2013年版，第1页。

民与德性的结合是卢梭构建政治共同体的基础①。在公民认知基础上，卢梭的著作分为两类：一是《论科学与艺术》《论人类不平等的起源和基础》《社会契约论》等著作完成了政治理论上对理想公民的要求；一是《爱弥儿》与《新爱洛伊丝》等小说则讨论现代公民的培养。通过公民的培养，《社会契约论》和《爱弥儿》中所流露的集体主义和个人主义统一起来。

　　基于共和主义公民观的视野，学界对卢梭的民主与政府理论研究也出现了新的看法。在朱学勤先生的影响下，卢梭的人民主权长期被视为是直接民主和民粹主义；卢梭构建的政治共同体也成为极权国家的代表。但是，这一观念遭到了挑战，民主制不再是虚伪的专制主义，而成为卢梭政治理论的根本原则；政治共同体也不是绝对的极权主义，而是建立在主权与政府区分基础之上的平衡结构。

　　从卢梭的民主观来看，许多研究者开始试图调和卢梭的直接民主与代议制民主。谈火生在主权者与政府区分的基础上，将卢梭的民主理论分为两重：一是主权层面的直接民主制，表现为人民作为主权者直接参与立法；一是治权层面的代议制民主，表现为政府作为人民代表治理社会②。虽然这种新颖的观点尚未获得学界的认同，也未能从学理上根本明晰卢梭的主权民主与代议制民主的关系，但是它意识到了"政府"在卢梭政治共同体中的重要地位。在此之前，学界长期重视卢梭对人民主权绝对性的强调，而忽视了政府在法律执行和社会治理中的缺位。卢梭是首位将主权者与政府区分开来的政治思想家，政府的功能被卢梭定义为公意和法律的执行者与中介，建立了"主权者—政府—臣民"的稳定政治结构。由于政府在以往卢梭研究中的缺失，或者政府与国家概念的混淆，主权者与公民成为针锋相对的两个极端，而没有任何缓冲地带。朱学勤等人将罗伯斯庇尔的雅各宾派统治视为极权主义，但是他忘记了法国革命党人对卢梭政

---

　　① 参见萧高彦《从共和主义到激进民主——卢梭的政治秩序论》，蔡英文，张福建主编《自由主义》：台北："中研院"中山人文社会科学研究所 2001 年第 49 期；高力克《卢梭的公民观》，《浙江学刊》2004 年第 4 期；刘训练《卢梭论公民美德》，载《西学东渐研究（第四辑）》，中山大学西学东渐文献馆·商务印书馆 2013 年版，第 291—318 页。

　　② 谈火生：《"直接民主"抑或"代议民主"？——卢梭民主理论初探》，《政治思想史》2012 年第 1 期。

治理论的歪曲和背叛。在卢梭政治共同体中，主权者是真正的统治者和法律的制定者，但却不是社会的治理者。主权者篡夺政府的权力，这并不是卢梭所希望看到的。

陈端洪在重新认识到政府的性质之后，认为卢梭建构的政治共同体，只要保持"主权者—政府—公民"之间的平衡，则不可能导致极权主义出现的危险。他不否认卢梭所构建的政治共同体或政治结构是一种理想状态，但是认为这绝不是一种乌托邦式的存在。"人民主权"概念是建立在个人自由基础之上，通过公民宗教、教育、娱乐等方式实现个人意志与公意的一致。卢梭所构建的政治共同体也绝不是一种全权主义，相反，"人民主权"将人民放置于主权者的位置，通过人民的在场，能够对政府权力形成足够的制衡；与此同时，政府作为主权者与公民的中介，保持着主权者与臣民的平衡①。一方面，人民作为主权者，掌握着立法权和监督政府的职能；另一方面，政府作为法律的执行者，不仅能够防止人民主权的滥用，而且政府作为人民的仆从承担着社会治理的职能。因此，将卢梭的政治思想说成是广场政治或绝对直接民主的说法是混淆了卢梭在主权与政府之间的区分，或者混淆了国家与政府的概念。

人民主权作为国家宪政的一部分，保障了卢梭的政治共同体的民主与自由。但是这种观点也面临着来自其他学者的反对。高全喜同样从政治宪法学角度出发，他坚持了英美经验主义与欧洲大陆理性主义的划分，将人民主权或公民大会制度化视为是不断革命的政治逻辑，虽然有着主权者与政府的区分，但是广场政治的民粹主义终将摧毁政治共同体的平衡②。张龑认为陈端洪对卢梭的政治宪法学解释忽略了卢梭理论在现代政治中的局限，卢梭的政治共同体实际上消减了市民社会的存在，也将政党政治排除在宪政之外。但与朱学勤的激进批判和高全喜的否定不同，张龑认为卢梭的政治结构中可以延伸出两种不同的模式：一种是陈端洪所认为的政府执政模式，另一种是现代政党执政模式。由于卢梭所处时代的局限，他未能

①　陈端洪：《政治法的平衡结构——卢梭〈社会契约论〉中人民主权的建构原理》，《政法论坛》2006 年第 5 期；陈端洪：《人民必得出场——卢梭官民矛盾论的哲学图式与人民制宪权理论》，《北大法律评论》2010 年第 1 期；陈端洪：《人民主权的观念结构　重读卢梭〈社会契约论〉》，《中外法学》2007 年第 3 期。

②　高全喜：《政治宪法学纲要》，中央编译出版社 2014 年版，第 54—56 页。

预见到多元时代的到来，但是通过政党而非政府作为人民的使命代表，同样可构成一种动态多元社会下的政治平衡结构①。

这阶段卢梭研究还有一重要特征是对卢梭立法者理论的重视。在此之前，卢梭的立法者理论往往遭到忽视，即使王元化与朱学勤二位先生对此有过描述，但通常简单带过。王元化认为卢梭的立法者实际上是创造出一位卡里斯玛式的领袖，依赖于宗教和煽动性的话语麻醉公民、催眠公民。朱学勤指出立法者在现实政治中往往篡夺人民作为主权者的权力，以个人意志代替公意，以私人利益代替公共利益。上述对卢梭立法者的见解往往来源于法国大革命中罗伯斯庇尔统治的历史事实。

"立法者"概念的重视与重新解读，很大程度上改变了过往对卢梭政治理论研究的印象，即卢梭更多是作为一名现代性或现代文明的批判者，强调卢梭创制的贡献。当代学者在卢梭公民理论的角度下，发现了立法者和公民宗教在卢梭的政治理论中扮演着至关重要的作用：立法者对法律的创制并不是以个人意志为出发点，而是通过对民族性格的把握，试图通过法律将不平等的政治个体融入理想社会契约中，立法者的创制必须以主权者的民意出发；公民宗教的作用则在于维持立法家的创制，使得法律的精神能够以宗教、风俗灌输到公民内心。萧高彦认为立法者与人民主权者的地位并不冲突，前者虽然具有超越人民之上的政治力量，但是并不具有立法权；因为真正的立法权掌握在主权者手中，立法者的政治创制需要得到人民的同意，因此并不妨碍公民和政治共同体的自主原则。张国旺则从立法者与公民宗教的作用出发，阐释了公民宗教如何弥补公民理性不足的作用。卢梭提出立法者的理论并不是为专制主义或集体主义埋下伏笔，而是他深知人民理性的不足，了解"普通人"在观念上难以转化为"公民"，需要接受立法家的指引和公民宗教的精神维系②。

政治共同体的构建过程中，立法者成了重要的一环，它不仅为政治共同体进行政治创制，也帮助人民塑造公意和培养公民美德。卢梭自身在某

---

① 张龑：《多元一统的政治宪法结构——政治宪法学理论基础的反思与重建》，《法学研究》2015 年第 6 期。

② 参见萧高彦《立法家，政治空间与民族文化》，《政治科学论丛》2001 年第 4 期；张国旺《公意、公民宗教与民情——卢梭论立法者的科学与技艺》，《政治思想史》2014 年第 4 期。

种程度上也承担着"立法者"的角色，希望按照新的政治原理建构政治共同体。胡兴建在其著作中将卢梭喻为"立法者"，卢梭的政治著作实际上可以围绕如何塑造公民，如何通过创制与立法维持公民共同体①。实际上，卢梭晚年为波兰、科西嘉的制宪意见书，就是卢梭作为"立法者"的重要证明。然而，这里不可回避的问题就是卢梭作为"立法者"所创制的政治共同体是一种历史的虚构还是具有现实性。陈肇新认为卢梭的政制创制理论只是为后世提供一种楷模，注定了失败与不可能性；但是康子兴并不赞同这种看法，他认为虽然卢梭试图将古代的德性统治在现代加以恢复，但这并不是完全的模仿，而是建立在现代人性基础上的创制②。卢梭的政治共同体建构理论的现实性与乌托邦主义一直是卢梭研究中的问题，由严复到张奚若、朱学勤一脉都延续着卢梭理想主义或玄学的特征，直到当代学者对立法者理论的重视而重新讨论卢梭创制理论的现实性。

由上述的概括可知，相较于以往研究对于卢梭"公意"和社会契约理论的强调，新世纪国内对卢梭思想的研究往往更加重视政治共同体如何得以构成，摆脱过往的意识形态争议。与此同时，也有学者对卢梭的自然状态和公意概念进行更加客观的研究，将其放置于西方政治思想史长河中看待。如谈火生在西方学者赖利的研究上，分析了卢梭公意概念与狄德罗、孟德斯鸠等人的差异，考察了公意与当代审议民主存在的共通性。公意并不是建立在对个人意志的消灭基础之上，而是旨在弱化公民个体的特殊意志，从而使得公意与自由主义相协调③。总的看来，新世纪的卢梭研究逐渐摆脱了历史赋予其"革命者"的形象，也走出了极权主义或专制主义的阴影，这与西方学界对卢梭的研究趋向保持着一致。这种对卢梭新的解读话语意味着对真实卢梭思想的重新发现，也赋予了卢梭在现代政治话语中新的理论意义和启示。

---

① 胡兴建：《"立法者"的远航——卢梭政治哲学研究》，中国政法大学出版社 2012 年版。
② 陈肇新：《对卢梭政治哲学的再思考——兼评〈"立法者"的远航：卢梭政治哲学研究〉》，《人大法律评论》2013 年第 2 期；康子兴：《立法者与公民的复调：一位社会学家眼中的卢梭》，《社会》2014 年第 4 期。
③ 戴木茅也认为卢梭的公意概念与现代审议民主或协商民主有着很大的关联性。参见戴木茅《从众意到公意：民主的进路——以卢梭的公意论为视角》，《哲学动态》2009 年第 12 期；谈火生《卢梭的"共同意志"概念：缘起与内涵》，载马德普《中西政治文化论丛（第六辑）》，天津人民出版社 2007 年版，第 357—383 页。

### (四) 文献评析

通过前文对中西研究现状的文献介绍，可知国内学界对于卢梭的研究有着两种动力：一是来自西方研究的推动，二是源于对国内现实的关注。卢梭思想及其影响力一直是卢梭研究生命力的来源。但是，如史珂拉研究所认识到的，大部分卢梭思想研究和"阐释本身是太不成熟的、意识形态的，就其本身的质量而言，这些观点不具有太多知性价值……更多重要的解释追溯着对卢梭产生影响的路线"，客观、中立的研究者还需要设身处地来研究卢梭①。

第一波"卢梭热"中，学界对于卢梭的介绍过于粗糙，简单的拿来主义实质上是对卢梭理论的故意歪曲和误读。第二波"卢梭热"，将卢梭视为极权主义或专制主义鼻祖的观点犯了三个错误：一是片面化地理解了卢梭与法国大革命的关系，或者说混淆了卢梭政治思想与卢梭政治思想的影响力②；二是错误地理解了卢梭的民主理论，混淆了卢梭民主概念的双重含义——主权的民主与治权的民主；三是卢梭研究的文本太过单一，过于依赖从《社会契约论》中解读卢梭政治理论。第三波的"卢梭热"，以公民理论统系卢梭的政治思想，这能够从整体上把握卢梭思想的一致性和统一性。但是正如我们所知，卢梭并不是一种体系的创造者，思想的一致性并不能掩饰其内在的复杂性。现代的卢梭研究往往过多地从理论上探讨卢梭的政治思想理论，虽然偶尔涉及卢梭关于立法者的政治创制实践，但却过于简单。这种解读方式忽略了卢梭政治思想的变迁，以及卢梭理论在立法实践中的转变。特别是 1762 年卢梭对日内瓦共和国重新认识之后，

---

① ［美］茱迪·史珂拉：《政治思想与政治思想家》，左高山等译，上海人民出版社2009 年版，第 285 页。

② 学界目前对于卢梭思想在法国大革命之前的传播和影响力是有巨大争议的，Mornet 通过研究法国大革命前卢梭《社会契约论》在法国的出版和传播，认为卢梭对大革命的影响是有限的，并且不能将大革命的责任全部推给卢梭。Mornet 结论的三个假设：首先是书籍的影响与出版的次数有关；其次是革命时的领导人并未广泛和深度阅读卢梭的著作；最后认为卢梭的《社会契约论》是抽象和理念政治作品，而不具有现实性。美国学者 McDonald 赞同 Mornet 的观点，认为卢梭对法国和美国的革命影响力有限，但有学者质疑其得出结论的数据。对于卢梭的民主理论，笔者在正文中将有详细的展开和阐释。参见 Macdonald J., *Rousseau and the French Revolution*: 1762 - 1791, London: Athlone Press, 1965; Echeverria D., "The Pre-Revolutionary Influence of Rousseau's Social Contract", *Journal of the History of Ideas*, Vol. 33, No. 4, October - December 1972, pp. 543 - 560.

这是否影响了他对主权者与政府之间关系的认识；作为立法者的卢梭——为科西嘉和波兰制宪工作中，是否在政治实践中对其政治原理进行修正呢？这些问题的回答仍然需要学界同仁努力去寻找。

卢梭思想的魅力在于他对人类永恒问题的提出与他提出的解决方案，象牙塔式的学理研究虽能客观还原卢梭的原貌，但缺乏了研究的热情与现实的关怀。笔者认为，当前卢梭研究由于急于摆脱强加于卢梭身上的各种主义帽子，而忽视了卢梭思想中的争议。"个人主义或集体主义""自由主义或极权主义""精英民主或民粹主义""直接民主或间接民主"这些争议，仍是卢梭研究中不可回避的话题。公正、客观的研究，不是简单地为某个思想家戴上主义的帽子，也不是简单地回避主义之争，而是回到卢梭的文本中，通过概念的解读去还原卢梭，把握卢梭思想的统一性与一致性。

## 第三节　主要内容与框架

### 一　研究问题

前文对国内外卢梭研究现状的综述，让笔者意识到，对卢梭创新性研究之难，要么有着新研究方法或范式提出新的观点，要么需要有新的素材来巩固已有的研究。但是这两条路径，无论选择哪一种都是困难重重：第一条研究路径对于研究者要求具有宏观的视野、独特的思维能力和杰出的智识；第二条研究路径则由于卢梭全集和卢梭通信集的出版，使得卢梭研究者再也没有抱怨的理由。作为思想研究者的我们，时常内心处于一种智识的焦虑之中：这样的解读是否符合原作者的意思；这种解读方式是否能被同仁所接受；这种解读方式是否在逻辑上自洽。对于思想的巨擘，渺小与狭隘的解读者，不敢轻易地说自己完全读懂了，更不敢狂妄地说自己的解释是正确的。对此，笔者在前人的研究基础上，将自己对卢梭解读的心得撰述出来，但是这种撰述是抱着谨小慎微和忐忑的心态。

首先，本书的立论前提是卢梭政治理论具有一致性，他的政治理论不仅表现在政治主题的著作上，如《社会契约论》《山中来信》等，还表现在卢梭相关的伦理学、教育学、文学等著作中。卢梭的思想不是一盘散沙或者毫无头绪的百科全书，而是从头到尾、从始至终都有着共同问题，在其繁杂的表相后面掩藏了一条长期被人忽视，或者被卢梭有意遮掩的线索，即坚持政治权利原理的共同体如何能够从理想走向现实，政治制度建构是卢梭关注的重要主题之一。本书的研究摆脱了过往对《社会契约论》单一文本的依赖，从其系列著作中阐释其思想，特别是他晚年在为科西嘉、波兰立法工作中政治观点的改变。先入为主偏见的放弃，使得笔者希望能够找到这条笼罩全局的核心。

其次，在统一性前提下，与当代国内学者强调卢梭的"公民观"不同，笔者试图从政治共同体建构的主权与治权两个维度出发，探讨卢梭的人民主权制度与代表制政府理论。公民观或公民美德的强调，实际上仍然延续了过往对卢梭美德政治学或道德共同体的研究，而忽视了卢梭政治创制本身的价值。自然人向公民的身份转变，德性或者公民观成为他政治理论的基石，但是"公民"只是卢梭政治理论中的微观基石，政治共同体更加需要制度上的建构。人民主权作为民主原则与人民如何行使主权制度有着区别，卢梭的政治理论是在坚持人民主权原则下，主权制度从理想的人民直接行使到政治实践中的主权代表制度。卢梭的制度建构理论并不是一成不变的，而是随着诸种客观因素变化做出的调适。

再次，较于国内学界对卢梭政府理论研究的忽视，本书强调卢梭治权层面的代表制政府理论。政府不仅作为主权者与公民的中介，避免了简单的民粹主义和极端的平民主义，与直接民主相区别；代表制政府更是在人民的意志与少数人的理性与智慧之间取得平衡，维持共同体的政治秩序。人民主权是政治共同体建构的根本原则，只有坚持人民主权者的地位才能保障公意和法律的统治；代表制政府是人民主权实现的制度保障，同时政府内部的权力制衡能够实现社会的善治与抑制政府的恶。

最后，通过对卢梭政治制度理论的解读，本书尝试澄清有关卢梭研究的几个争议：（1）现实主义还是乌托邦或理想主义；（2）个人主义还是集体主义之争，个人权利如何在政治共同体中得以保存；（3）卢梭是民主主义者还是伪民主的极权主义者，其争论的焦点在于人民主权原则实现的制度形式；（4）直接民主还是间接民主之争，关键是卢梭的主权者与政府的划分。

## 二 研究思路

基于上述研究内容和问题，本书的思路与结构如下：

第一章绪论主要介绍国内外学界卢梭研究的现状，系统性地介绍百年来卢梭研究在中国的争论，以及不同时期卢梭研究热潮的特征。前人的研究为本书研究奠定了基础，也为本书研究提供了问题意识，寻找研究的切入点。

第二章主要讨论卢梭政治理论的人性基础，可分为两部分：一是卢梭人性问题的由来，为什么卢梭对政治的关注会从人性问题开始；二是卢梭自身对人性的认识。人性观念是近代政治思想家构建政治共同体的起源，不同的人性假设推论出不同类型的政治共同体。卢梭与霍布斯、洛克和同时代的法国启蒙思想家对人性的认识不同，人性并不是一成不变的，而经由从自然状态下的人性善发展到现代政治社会的人性恶。社会是人性变化的根源，人性同时也是政治共同体构建的基础。然而，现代文明在卢梭看来对人性造成了不可复归的变化，既不可能回到自然状态的个人善，也不能回到古代的公民状态，在对人性观念的重新阐述中，卢梭基于现代人性构建政治共同体。

第三章是基于卢梭人性观念之上，介绍卢梭政治社会的起源和政治共同体建构的内核，讨论卢梭的"社会公约"和"公意"概念。相较于自然法学派思想家不同的社会契约理论，卢梭在放弃自然法概念之后，社会契约成为政治义务和权威形成的唯一渊源，"公意"也是将共同体成员团结和维系在一起的唯一纽带。通过社会公约的权利转让、公意的公共性内涵，卢梭完成了共同体成员由聚合向联合的转变，政治共同体也成为公民自由与平等的保障。本章中，将试图回答卢梭是"个人主义"还是"集体主义"，"自由主义"还是"极权主义"的争论。

第四章具体讨论政治共同体的主权制度设计。人民主权原则是卢梭政治理论最为核心的部分，它是一种价值理念，它的实现需要主权制度作为保障。主权制度层面，人民主权原则的坚持，以及主权不可转让与不可代表的性质，使得卢梭采用了人民直接行使主权的制度，这成为卢梭政治理论中最具民主色彩和争议的特征。但是，与过往研究认为卢梭是直接民主不同，本章以政治代表制为切入口，以卢梭对代表制的理解和态度分析卢梭的民主理念，认为拒绝了主权代表制的卢梭并不是直接民主主义者，主权者与政府的区分限制了人民主权行使的权力范围。

第五章具体讨论政治共同体的治权制度设计，代表制政府是卢梭政治理论最具创新的部分。卢梭虽然坚持人民主权原则，但是他对政府的强调使他拒绝了直接民主，这不仅源于他对人性的看法，也源于他对公意的认知。主权与治权的区别，实际上就是主权者与政府的区分，政府作为必要的恶的存在，卢梭强调通过人民主权对它的约束，以及政府内部权力的制衡来抑制恶的行使。卢梭的政府理论在过往研究中并没有得到研究者应有的重视。

第六章探究卢梭的立法者理论。处于自然状态的野蛮人如何能够在理性不足的情况下实现社会公约的达成和制度的设计与选择，这是卢梭政治共同体建构理论中的逻辑难题。为了使得政治共同体得以建立，卢梭引入了立法者理论。立法者承担了转变人性、塑造公意以及制度创制的任务，并基于不同人性而选择不同的教化方式。古代立法者通常运用宗教和语言等非理性方式教化人民；现代立法者则利用公共舆论引导个体的自尊心塑造公民精神。立法者非但没有与卢梭的民主精神相违背，它是实现民主主义与共和主义的重要一环。

第七章介绍卢梭的政治实践，如何将政治共同体的建构理论运用于现实政治生活。在为日内瓦、波兰、科西嘉等国的制度建构工作中，卢梭担当了"现代立法者"一职。基于现代人性和伦理风尚的现实，以及三国现实政治制度和环境，卢梭以教育、风尚、舆论为工具，塑造新的公民精神；坚持政治创制的基本原理和人民主权的原则，稳健和现实地提出具体的制度改革建议。通过卢梭为三国的具体制度安排和公民精神的塑造，本章认为卢梭的立法理论与实践之间存在着一种理想与现实的张力与平衡，特别是人民直接行使主权到对代议制的接受，说明卢梭并不是一种乌托邦主义，而有着强烈的现实主义。

最后结语部分将对全书的研究内容进行总结，尝试对卢梭政治理论研究的诸多争议予以澄清。

# 第 二 章

# 政治共同体建构的人性基础

　　卢梭作为百科全书式的天才人物，被冠以各种头衔——教育学家、音乐家、植物学家、政治学家，但就其思想的一致性而言，他被认为是首位对现代性反思的政治思想家。施特劳斯学派认为卢梭政治哲学的核心是如何将自然人转化为公民，如何在人类经过现代性的异化之后重新复归人的本质。然而众所周知，卢梭在他的时代，是以伦理学家或文学家的身份出现在思想界的。这也就为解读卢梭思想带来了表面上的复杂性，卢梭为何从伦理学跨越到政治学领域，是卢梭思想发展成熟的必然还是偶然？抑或是卢梭本身最为关注的是政治话题，伦理问题的关注是他政治研究的延续呢？

　　许多研究者赞同第一个观念，认为卢梭研究的主题存在着领域的转向：首先从对欧洲文明和风尚的关注逐渐转向从人类历史学的角度看待社会问题，进而对人类奴役和不平等命运的持续关注，促使他转向政治学以政治之道寻找解决方案。该解释能很好地把握卢梭整体思想的演进与变迁，也保持了卢梭思想的一致性；但是它存在的问题是将对卢梭政治主题的研究沦为次要，更为严重的是，它会忽视卢梭对政治学的理解。对于该问题，笔者认为卢梭自己的解释最具说服力。自从威尼斯之行开启了卢梭对政治问题的关注之后，它也逐渐成为卢梭"长久以来就在构思，搞得最有兴趣，并想以毕生的精力去搞"的最为重要的研究主题，而"通过对伦理学历史的研究，我的眼光又扩大了许多。我发现，一切都从根本上与政治相联系；不管你怎么做，任何一国的人民都只能是他们政府的性质将他们造成的那样"[1]。倘若卢梭的陈述出于真实，则读者欲透彻地把握

---

[1] ［法］卢梭：《忏悔录》（第二部），范希衡译，人民文学出版社1983年版，第500页。

卢梭的政治思想，或者还原卢梭思想的统一性，就必须修正前述的第一种解释，重新理解两论与《社会契约论》之间的关系，或者说卢梭思想内伦理学与政治学之间的联系。卢梭不是从伦理学转向了政治学，而是在政治学视野下关注伦理学，对古代文明和现代欧洲文明的伦理批判拓展了他的视野，对整个人类不平等命运的探究让他从人性的维度去看待当时欧洲人的政治命运。

与霍布斯、洛克等思想家一样，卢梭的政治理论是建立在人性观念基础之上的，但卢梭在人性观念上与他们二位有着完全不同的理解。理解卢梭人性观，需要回到第二论中，该书中他对自然状态下人类生活和社会的演进有着精彩的分析。然而卢梭对人性的关注是基于他对现代文明与伦理的认识，认识到启蒙思想家所谓对人民的启蒙非但没有推动人类的自由与平等，反而固化了人类已有的不平等和奴役，既败坏个体的自然德性，也腐蚀了政治共同体中的公民德性。基于上述的理解，本章的主要内容是解释两论之间及它们与《社会契约论》的关系，讨论卢梭政治视野下对人类伦理学的研究。解决的主要问题是，卢梭为什么会对现代文明的否定转移到对人性问题的关注，及其政治共同体建构在什么样的人性观念基础之上？虽然卢梭为了方便读者掌握自己的思想原则，提供了一个有效的阅读顺序，"这个顺序与作品发表的时间顺序是反向的……在他最后的几部作品中才接触到最首要的原理"[1]。这个阅读方法对急于系统理解卢梭思想和把握核心原则的读者是有效的，但是笔者认为它的缺陷是忽视了其思想内部的变迁和复杂性。为了以更直观的方式看到卢梭研究的意图、思想的成熟与展开，笔者在本书中将坚持从其写作的顺序出发，依次解读卢梭政治理论，寻找他政治共同体建构的人性基础。

## 第一节　卢梭人性问题的由来

1749 年在去探望狄德罗的路上，卢梭看到《法兰西信使报》上有关

---

[1]　该阅读方法被马斯特所采用，即采用一种时间倒叙的方式解读卢梭的政治哲学。但是马斯特仍然在全书的最后赞同施特劳斯的看法，即如果要了解卢梭的意图，必须重新返回到第一论中寻找。参见［法］卢梭《卢梭评判让－雅克：对话录》，袁树仁译，上海人民出版社 2007 年版，第 255 页。

第戎科学院有奖征文的广告，题目为：科学与艺术的复兴能否有助于敦风化俗。卢梭为此而撰写了《论科学与艺术》一文，该文不仅获奖，也奠定了他在文化界和思想界的地位，给作者带来了无数荣耀①。但是，卢梭却在1762年为该文所写的前记中作出如此描述，"这就是我赖以获得荣誉的不幸作品"②。为什么卢梭将自己获得荣誉的第一部作品称为不幸作品呢？为了回答这个问题，我们必须回到《论科学与艺术》一文中寻找答案，寻找卢梭政治思想的起源，及其探讨现代文明与个体德性、公民身份之间的关联。虽然卢梭一再认为这篇小文是最平庸和最微不足道的作品，但是这不能否认其中蕴含的卢梭政治理论的意图。

**一 文明对个体德性的败坏**

为了理解《论科学与艺术》对当时思想界造成的知识震动，读者首先需要知晓第戎科学院征文题目背后所蕴含的历史背景。第戎科学院征文的题目是：科学与艺术的复兴能否有助于敦风化俗。科学与艺术的复兴指的是16世纪文艺复兴运动兴起后，由古希腊罗马经典文化研究所开创的现代文明。当时思想家们纷纷倡导借助古典教育来启蒙民智，提升人的德性③。从征文题目可推断，当时思想界普遍认为科学与艺术的复兴是利于社会风尚的提升，并抱有一种启蒙民智和社会进步的观念。但是卢梭的写作并没有拘泥于该文的题目框架，而是将科学与艺术的复苏变为探讨科学与艺术本身对社会风尚、伦理的影响，时间范围也超越了文艺复兴，改为讨论人类的科学和艺术起源之后的时期，这意味着卢梭在思想本源处就否认了文明对伦理风尚的积极作用。从行文的开始，卢梭就宣告了该文对第戎科学院征文意旨的反对，"科学与艺术的复兴有助于敦风化俗呢，还是伤风败俗呢？这就是本文所要探讨的"④。这样的开篇论调无疑与当时

---

① 关于卢梭撰写此文的经过，卢梭曾有过三次回忆，分别可见于1762年写给马勒泽尔布的四封信中，《忏悔录》第八卷开篇，以及《卢梭评判让-雅克：对话录》，这也被学术界称为"樊尚启示"。

② ［法］卢梭：《论科学与艺术》，何兆武译，上海人民出版社2007年版，第11页。

③ 古耶对该征文的背景有着详细的介绍。参见［法］亨利·古耶《卢梭与伏尔泰：两面镜子里的肖像》，裴程译，华东师范大学出版社2008年版，第34页。

④ ［法］卢梭：《论科学与艺术》，何兆武译，上海人民出版社2007年版，第17页。

启蒙思想家的进步观点划清了界限。

从行文结构来看，卢梭将文章划分为两部分：第一部分是从历史的角度讨论科学与艺术的发展对于个体德性的破坏，以埃及、雅典、罗马等国家或城邦的兴衰为例；第二部分是从科学与艺术本身讨论其发展所带来的消极后果与负面影响。具体来看，卢梭认为科学与艺术给风尚带来的消极作用可分为以下几个方面。

首先，科学与艺术是对人的本质或本性的遮盖。卢梭将科学与艺术所带来的文明称为人类的文明状态，而将科学与艺术诞生或发展之前称为自然状态或未开化的野蛮时代①。这里的野蛮显然不是一种粗俗或人伦道德的丧失，而是与现代文明相区别的另外一种伦理风尚。与卢梭同时代的思想家，往往将科学与艺术的复兴所带来的风尚认为是文明的象征，意味着文化的广泛传播，人与人之间交往的彬彬有礼和相互尊重。这是因为在罗马帝国倒塌之后，整个欧洲沉浸在日耳曼的野蛮文化和中世纪的基督神学之中，神性与野蛮掩盖了人类的社会性和文明。当人类重返古希腊罗马时，意味着文明的复归、人性的复归，既摆脱了日耳曼人所带来的森林野性，也褪去了人身上的神圣负担。但是，卢梭所理解的科学与艺术所带来的风尚则是一种虚伪的面具，一种形式上的一致性，在这一致或统一的面具下隐藏的是人类的贪婪、虚荣，它妨碍了人们之间的真诚与信任。虽然同样是古典精神和古典教育，但现代人与古人存在着巨大的不同，这不是外表和行为上的礼仪所能遮掩的，而是内在精神气质与风尚的截然差异。

卢梭认为科学与艺术非但不能有助于德性的提升，反而束缚了人类天性的自由。因为所有的民族都是一个模子印出来，所有的人在文明的伪装下都是一个样子，在文明人中寻找不到"人"的本质。这里，卢梭并没有明确说明"人"的本质是什么，更多的时候使用野蛮人的自由和性格来代替。据此，卢梭的批评者往往指责卢梭是想将人类带回到原始生活当

---

① 这里的自然状态区别于不平等起源中所描述的自然状态，笔者认为它依然属于人类契约建立之后的政治社会，因为在这里卢梭所举出的野蛮状态国家有早期的埃及、罗马和斯巴达，他们已经处于政治社会状态之中。因此为了便于理解而不至于产生误解，我们最好理解为野蛮状态。在《论语言的起源》一文中，卢梭明确区分了人类的三种生活形态：原始人，生活于自然状态；野蛮人，理性能力为发展的状态；文明人，理性能力得到充分发展。参见［法］卢梭《论语言的起源》，洪涛译，上海人民出版社 2003 年版，第 61 页。

中。但是，"人的本质"是什么的话题预示了卢梭第二论的核心主题，单纯研究社会风尚与个体德性已经不能满足对人的研究，因为这是在社会状态中研究人，而不是研究自然状态下最原初的人、自然人性。野蛮人的自由是一种自然的自由，是一种没有任何现代文明所增添繁杂和装饰的自由，因为简单而淳朴，天然而纯真。现代科学与艺术所带来的礼仪、教条，它们更是对人的束缚，希冀以一种众人的意见来评判个人的德性。在现代社会，只有得到他人认可的人才能成为具有德性的个体，而自身是否自由或者崇高已不是德性的标准。

其次，科学与艺术的产生本来就是人类德性腐化的结果，正是因为有着种种迷信、野心、贪婪、虚荣的好奇心，才产生了科学与艺术。科学与艺术的兴盛是伴随着闲暇与财富而来，没有时间和金钱的投入，科学与艺术不能得到发展；如果没有人的享受，科学与艺术也不能传播。由于文明的发展与普及，人类的时间与精力都消耗在科学与艺术之上，逐渐演化为奢侈的生活，而这种奢侈恰好是建立在财富不公平的基础之上。卢梭认为，奢侈与科学、艺术存在着紧密联系，使得奢侈必然败坏社会风尚，空闲与金钱、科学与艺术、奢侈三者之间形成了一个恶性的循环。虽然有许多思想家认为奢侈的生活方式有利于经济的发展，但卢梭认为奢侈的生活带来的是精神的萎靡、趣味的下滑和身体的堕落。在科学、艺术昌盛的年代，人们所能见到与找到的只能是过着奢侈的无所事事的个人与被压迫的穷困个体，他们没有一丁点人类的阳刚之气；相对的是，在科学、艺术不发达的地方，人们看到的是充满着阳刚之气的野蛮人，简朴的生活、强壮的身体、有限的需求。由现代科学、艺术所充斥的社会中，卢梭未能发现任何人的自由，相反，他只能看到人与人之间的统治、支配。然而，统合、支配他人的个体其实也陷入了奴役之中，因为他依赖于受他支配的个体才能生存。

科学、艺术与个体德性是相对立的，或者说文明不是在敦风化俗，而是在败坏人类德性。卢梭所主张的个体德性是一种自然的道德、简朴的生活、心灵的纯净。简单的人类社会或共同体中，人们的时间、精力、智慧不是对科学与艺术、奢侈、物质生活的追求，而是坦率、真诚的人际交往，一种确实的自由生活而不是个人的物质生活。个人不是依据他人的意见和偏好而获得荣耀，不是在他人的意见中获得幸福，而是在自我反思的德性中获得精神满足，是在个人能力的充分发展下获得卓越，这才是真正德性的源泉。然而，科学、艺术的工作，抽离了人类个体的自然性，将人从自然的完满状态中剥离出来，改变了自然自由而依赖于他人。

《论科学与艺术》一文对现代科学与艺术的严肃批判，将文明与德性、社会风尚摆在了对立的两极，可谓是对当时主流思想界的否定。文艺复兴后的思想家们试图恢复古希腊罗马文明，通过古典教育恢复人类的德性，依赖古典人文精神确立现代人的道德秩序。然而，虽然卢梭也主张人类应该恢复古典精神，但是此古典非彼古典，卢梭与启蒙思想家们在古典的源头认知上产生了分歧，也让他们对文明与德性有着截然不同的认识。他意识到现代人与古代人在风尚上存在的差异，决定了相同教育所带来的不同后果，一个是建立了崇高的个体德性，另一个却是对个体德性的败坏。

卢梭的批判工作，对于当时思想界带来的是巨大的震惊。正如第戎科学院出题时所考虑的，科学与艺术的复兴本应带来文明与进步，可在卢梭的观念中，科学与艺术反而成为人类德性败坏的根源，"文明人"面具下隐藏的是人与人之间的虚伪与纵欲；相反，"野蛮人"才是人类的自然本性，一种简单纯朴的德性生活。虽然第戎科学院把奖项颁给了卢梭，但是认为该文背后所蕴藏的伦理观念存在着危险性。问题是，卢梭对科学和艺术的批判是否代表了他对文明的否定呢？卢梭将其批评者的意见概括如下：

> 科学毫无用处，它有害而无益，因为它的性质决定了它是一件坏事；它之与罪恶难以分开，亦如无知之与道德不可分离。所有一切有文化的读书人都腐败了，而所有一切无知无识的人反倒个个都有德性……我们只有一个方法可使我们重新成为好人，这个方法是：赶快把科学束之高阁，把有学问的人都通通撵走，把所有的图书都烧掉，把所有的科学院和大学、中学都一起关闭，让我们重新过初民时候的野蛮生活。①

---

① ［法］卢梭：《卢梭全集》（第四卷），李平沤译，商务印书馆2012年版，第422页。

如果仅从上述卢梭对科学、艺术与个体德性关系的阐述来看，这些批评者的意见是全面与正确的，因为，卢梭多次在文中指出"风尚与节操的命运受科学与艺术进步的支配……随着科学与艺术的光芒在我们的地平线上升起，德性也就消逝了"①。这就将科学、艺术与德性放在对立的位置上。但是，卢梭否认了这些批评，认为这是对他观念的误解，与他的理论南辕北辙、风马牛不相及。为什么卢梭会认为这些指责与他的言论不符？因为这些读者和批评者忽视了卢梭在该书中的另一核心问题：科学、艺术与公民身份的关系②。个体德性的败坏，是现代文明对自然善造成的后果；但是在自然人或野蛮人的生活之外，人类还有一种生活的可能，即类似斯巴达和罗马共和国的公民生活。由于卢梭言辞的雄辩、逻辑的跳跃，以及理论对当时思想界的冲击力，大家忽略了他政治思想的这一主题：公民。因此，《论科学与艺术》一文将不再是简单地讨论科学与艺术是否有助于伦理和风尚，还有科学与艺术能否有助于维护人的公民身份。如果仅仅讨论伦理风尚与文明的关系，将会片面和简单化地理解卢梭在该文中阐述的思想，而这也正是为什么卢梭在当时被误解的原因。

## 二　文明对公民身份的腐蚀

施特劳斯在解读卢梭撰写《论科学与艺术》的意图时，认为卢梭对于无知的颂扬和反文明态度源于一种共和主义的冲动，"他抨击启蒙运动，把它视为专制主义或绝对君主制的基石"。依笔者看来，这种见解基本符合卢梭研究问题的政治导向，从政治看伦理、风尚对公民德性的影响。共和主义的冲动，就是对公民身份与政治共同体关系的讨论。卢梭在《论科学与艺术》一文中内在的表述并不是讨论科学、艺术是否能够促进道德与风尚，而是讨论科学、艺术所代表的智识启蒙是否能与公民身份相契合，是维系还是瓦解共和国。为了更好地理解卢梭内

① ［法］卢梭：《论科学与艺术》，何兆武译，上海人民出版社 2007 年版，第 26 页。
② 卢梭写道："难道正直是愚昧无知的女儿吗！难道科学与德行会是互不相容的吗！根据这些假设有什么结论不能得出来呢！然而，要调和这些外表的矛盾，只需仔细考查一下那些使我们眼花缭乱的响亮的空明目是多么虚幻与无谓就够了。"参见［法］卢梭《论科学与艺术》，何兆武译，上海人民出版社 2007 年版，第 38 页。

在的或隐藏的真实思想，我们需要重新回到卢梭文本当中，理解被一般读者所忽视的内容①。此外，读者还需要将它与《纳尔西斯·序言》结合起来理解，该文是卢梭为了结束《论科学与艺术》一文所引起的论战而做的最后辩护，卢梭在其中将自己原本尚未厘清和考虑透彻的想法更加坦率地表达出来。

卢梭认为理解科学、艺术与风尚之间的矛盾，需要认识清楚何谓真正的科学、艺术。查阅第一论全文，卢梭从未完全彻底地否认科学、艺术的作用。卢梭的原意是要指出：科学、艺术是不适宜于普通公民所学与从事的，因为它们与普通公民的身份相矛盾；科学、艺术的工作应该交由少数的贤者去完成，他们具有足够的才能和天赋。这清楚地表明卢梭将人类区分为两种类型：少数贤者与普通公民，只有理解了二者的差异，才能理解科学、艺术与公民身份的关系。

卢梭不认为真正的科学、艺术等工作对社会完全无益处，但是科学、艺术工作的探究是少数贤者的工作，因为这类工作需要特殊的才能，也需要特立的品格——忍受孤独。与批评者认为卢梭拒绝一切科学工作、否定一切人类文明相反，卢梭没有否认真正的科学家与哲学家，在他看来，古希腊的亚里士多德、普林尼，现代的牛顿、笛卡尔才能真正担当科学与艺术的重任；他所讽刺的是打着艺术、哲学的幌子，而实际上却是为了讨好读者、普通人以获得荣誉的现代思想家。在真正的哲学家的引导下，普通人或公民只要在他们的成就基础上享受科学与艺术所带来的益处，而不是争相成为像他们一样的天才，以为能够凭借科学和艺术工作寻求荣誉。在启蒙运动的启发民智活动中，卢梭没有看到哲学和古典教育给人们带来的进步与德性的崇高，相反，他见到的是哲学成为人们论辩的工作，为各种古怪见解辩护，公民也乐于用哲学所带来的怀疑主义看待一切道德秩序与

---

① 阅读卢梭文本的过程中，需要注意的是，卢梭谈话或写作的对象是谁，如果混淆了对象，则对卢梭思想的理解会产生偏差。如卢梭在《论科学与艺术》一文中，写道："在各个时代，总有一些人生来就是受他们的时代、国家与社会的见解的束缚的……要想超越自己的时代，就决不能为这样的读者而写作。"这番话说明卢梭所谈论的对象是能够理解真理和超越时代的少数人。但是在另外一处，卢梭同样写道："就我们俗人来说，上天并不会赐给我们这样伟大的才能，也没有注定给我们这么多的光荣"，这里的写作对象又变成了一般的普通人或读者。参见〔法〕卢梭《论科学与艺术》，何兆武译，上海人民出版社2007年版，第15—16、61页。

法律，随之而来的是人类道德与政治秩序的紊乱与无序。因此，卢梭批判的科学与艺术的工作是对当时哲学、艺术等工作的不满，对伏尔泰等人工作感到的遗憾。

仔细阅读《论科学与艺术》，读者可以发现卢梭深受柏拉图思想的影响。他将伪科学所带来的知识称为人们的偏见或意见，普通公民、平庸的科学家和文学家正是生活在意见的世界中，后者为获得世俗的荣誉与赞赏而乐于牺牲自己的才华，用庸俗和虚妄的意见取代了真知，使得哲学、科学变成了言辞的工具①。在卢梭的眼中，普通公民生活在柏拉图所设想的受意见主导的洞穴之中，真正的哲学家则应该是走出洞穴，在阳光下寻找真正的知识。当这些哲学家开始研究真正的知识时，也就意味着他超脱了共同体，摆脱了公民义务以及与社会的联系。所以卢梭相信，"如果一定要有某些人来从事科学和艺术的研究，那就只能是这些自问能独立追踪前人的足迹、并能超越前人的人了……就只能是这样的一些少数人"②。

真正的知识只能由少数贤哲去追求，他们不被世俗成见所束缚，他们的能力是自然所赋予使之能够成为自然的学徒；普通的公民由于缺乏足够的智识和理性，所需要做的是尽到公民的义务，由思想家所开启的明智，虽然将文学、艺术带给了他们，但是他们的能力决定了他们并不能成为卓越的科学家与艺术家，也注定不能取得卓越的德性③。

这里，"德性"在卢梭的笔下，复归了古希腊所赋予的独特含义，一种卓越（excellent）能力，普通公民的德性在于他能够依据能力做出对社会最有价值的事情，少数人依据他们的能力从事自然的研究，为社会带来

①　卢梭在一篇未完成的片段中完全借用了柏拉图的"洞穴喻"，哲学家在神的启示下获得真理，而普通人则在自己想象的幻影中追寻真相，这不仅说明了哲人与普通人在智力上的差异，也说明了二者对知识、真理的追求上存在着方向性的错误。文章的最后是哲人冷眼旁观了普通人发生的一切，而一位宗教领袖出现带领人们走向新的宗教。这篇文章非常具有代表性，反映了卢梭的诸多思想，如哲人与普通人、真理与意见、宗教等。参见［法］卢梭《致博蒙书》，吴雅凌译，华夏出版社2014年版，第131—142页。

②　［法］卢梭：《论科学与艺术》，何兆武译，上海人民出版社2007年版，第59页。

③　卢梭在这里对少数贤哲与普通人在智识和理性能力上的不足，在后期演化为立法家与人民的关系，这也是卢梭受到柏拉图"哲学王"的影响，"让别人用心教诲人民去尽他们的义务吧，让我们只管好好地尽我们自己的义务吧；对此我们不需要知道更多的东西"。参见［法］卢梭《论科学与艺术》，何兆武译，上海人民出版社2007年版，第61页。

真知灼见。这里，卢梭所讨论的主题一转，已经从个体的自然德性转化为公民的政治德性。与野蛮人的自然自由所要求的有限需求不同，公民的政治自由和政治身份决定了他需要严格的自律，控制他由社会所产生的自尊心引起的无限欲望。现代科学、艺术工作正是重新燃起了公民心中的欲望，让他违背自己的义务和职责。从少数贤者与科学、艺术的关系上看，文明与德性并不是相冲突或不相容的；但是从普通公民与科学、艺术进步的关系上看，文明与公民身份就存在着必然的矛盾。哲人的德性与普通公民的德性是不同的，前者在于承受个人的孤独去从事自然的研究获取真知；后者则是在共同体中发现与实现真正的自我，生活在各种义务之中。

从科学、艺术工作的本质上来说，它们的研究是一项个人主义的工作，它们的进步需要时间的投入，这与公民义务和共同体的维系存在着冲突。共同体的维系依靠着家庭关系的密切、公民的团结与法律的遵守。一旦公民陷入科学与艺术的工作当中，他们将疏远了家庭、疏远了与公民的联系，也忘却了安分守法。在这里，卢梭共和主义的冲动出现，他渴望的是公民能尽其义务，对祖国的热爱胜于个人的不切实际的追求。科学、艺术与安逸和奢侈的关系，败坏了公民精神，摧毁了共和国的根基。卢梭指责哲学的工作是沉迷于个人的玄思与冥想，对真理的追求而忽视了与公民、共同体的联系。因为这种孤独的生活是个人的自由，而不是道德的生活，道德是建立在人际交往的共同体生活之中。苏格拉底代表着哲人的生活，加图代表着公民的生活，二者之中，卢梭并不认为苏格拉底的德性最为崇高，而在加图身上，卢梭发现了崇高的公民德性，一种能够维系共同体的精神；在苏格拉底身上，卢梭虽然发现了伟大的个人品德，但是它的个人主义终将瓦解共同体。苏格拉底与加图的对立实际上就意味着科学、艺术工作与公民身份的矛盾，卢梭对二者不同的态度也反映他的这一观点①。

### 三  文明对奴役的粉饰

既然科学、艺术与公民德性和共和国精神之如此相悖，为什么科学、

①  卢梭自身也在这两种生活之间徘徊，虽然狄德罗指责他为厌世者，但是他为自己辩护，隐世并不意味着厌世。从其一生的经历与著作来看，卢梭其实一直在孤独的漫步者与公民之间做着挣扎。参见胡兴建《漫步者，抑或立法者：卢梭的身份难题及其后世影响——纪念卢梭诞辰300周年》，《西南政法大学学报》2013 年第 4 期。

艺术依然能够得到巨大的普及和发展呢？是谁在主导着文明的普及，是那些少数的贤者吗？不是，因为他们是超脱于共和国之外，他们得不到公民世俗意见的赞赏和荣誉。在卢梭看来，文明的发展和普及源于现实政治的需要，无论是专制主义还是商业共和国，它们需要用科学、艺术来麻醉人民，来弥补共和国或政治社会内部真实存在的不平等和粉饰人民被奴役的状态。科学、艺术不具有暴力一样的强力效果，但是它们能够"把花冠点缀在束缚着人们的枷锁之上，它们窒息人们那种天生的自由情操……使他们喜爱自己被奴役的状态，并且使他们成为人们所谓的文明民族"①。

　　一方面，卢梭将其批评的矛头指向了专制主义。文艺复兴与启蒙运动的精神是将人从宗教中解脱出来，发现人性，这一方面为现代自由民主运动扫除了专制主义的障碍，但在当时更是为专制主义扫除了宗教的障碍。延续了几个世纪的王权与教权之争，使得一些思想家意识到如果需要实现国家主权的统一，必须推翻宗教的权威，而科学的进步正好为扫除宗教权威奠定了基础。霍布斯在为君主专制的辩护中，就将宗教纳入了主权者的权威之下。卢梭认可霍布斯的部分工作，因为后者捍卫了主权的统一，但是反对后者为绝对君主制所作的辩护。

　　卢梭认识到启蒙运动，其本质是对宗教的敌视，而宗教本来是维系公民德性和共和精神的重要支柱。一旦宗教被启蒙思想家从公民中驱逐出来，也就意味着专制主和公民都不再具有对神的畏惧，其行为也就失去了神圣的制约。文明将"鄙夷地嘲笑着祖国、宗教这些古老的字眼，并且把他们的才智和哲学都用之于毁灭和玷污人间一切神圣的事物"②。当专制主义者将科学、艺术带入到普通公民生活之中时，耗费金钱、时间和华而不实的文明将奴役自己的臣民，人民已经忘却了自己神圣的职责。在这种文明的状态中，人民为获得荣誉、地位和财富而努力，他们考虑的不再是能为国家做些什么、能为同胞公民们做些什么，而是能够为自己寻求什么，怎样讨好专制主获得自身的荣誉。

　　另一方面，卢梭的批评对象指向商业共和国。卢梭将霍布斯的学说定性为"荒谬学说"的同时，也将曼德维尔的名字与其并列。曼德维尔作

---

①　[法]卢梭：《论科学与艺术》，何兆武译，上海人民出版社 2007 年版，第 21 页。

②　[法]卢梭：《论科学与艺术》，何兆武译，上海人民出版社 2007 年版，第 42 页。

为一名伦理学家，其《蜜蜂的寓言》一书中蕴含着现代商业社会的基本伦理和个人利己主义原则：当个人运用理性为自己获利的同时，也能够促进社会的繁荣和发展。这种商业伦理虽然在《论科学与艺术》中并未具体提出，但是卢梭还是隐含地涉及了这个问题。"那些富于独特准则的哲学家们，会不顾各世纪的经验，硬说是奢侈造成了国家的昌盛。"① 这里的哲学家意指的对象就是曼德维尔、伏尔泰等人，因为他们相信科学、艺术的进步能够带来物质的繁荣，消费能够促进生产的进步，奢侈更能带动经济的发展。

商业共和国与专制主义相比，它的暴力奴役形式上更少，但是在本质上蕴藏着与专制主义一样的不平等和奴役状况。这种经过粉饰的"奴役"和"不平等"隐藏在所谓的个人自由之中。商业共和国将政治社会建立在个人利害关系之上，"使所有的人都互相依赖、互相需要，有共同的利益，从而使每一个人都必须为他人的幸福做出努力，才能取得自己的幸福"②。卢梭不相信这种建立在个人理性自利基础之上的说辞，因为掩藏在文明伪装之下的是背叛与钩心斗角，为了利益而相互合作的行为不是出于诚恳，而只能是短暂的互利，所以建立在如此基础之上的共同体是不稳固的。

商业共和国的社会是不平等的社会，它与共和国的平等精神是相违背的：由文明所带来的是个人财富、才能上的不平等，将加剧人生来具有的自然不平等，并且社会不平等将被永恒化，一无所有的人不能指望在竞争的商业社会中获得平等和发展。商业社会下的伦理重视的不是公民德性，这不是一个我为人人的团结共同体，而是人人为我的竞争共同体；也不是真正的个人德性，在社会所产生的"意见帝国"中是对人本性的压制，因为它不是从内在实现个体的自由，而是在众人意见的专制中寻找自我。

无论是霍布斯等人的君主专制，还是洛克、孟德斯鸠所称赞的商业共和国，它们离卢梭心中理想的政治共同体和人的自然状态都有着遥远的距离。不仅因为它们共同蕴藏着奴役和不平等，还因为它们对公民德性的腐

---

① 第二论中，卢梭指出了曼德维尔对人类同情心的关注，缓和了在这里对他的批评。[法] 卢梭：《论科学与艺术》，何兆武译，上海人民出版社 2007 年版，第 43 页。

② [法] 卢梭：《卢梭全集》（第四卷），李平沤译，商务印书馆 2012 年版，第 428 页。

蚀、对人类本性的败坏。在这样的半自然半政治社会状态下，人类既不能回到自然状态寻求真正的幸福和自由，也不能实现人向公民的转变。现代社会所建构的共同体在卢梭看来，是人类最不幸的社会。人类要么回到人类的黄金时代，追求个人的朴素德性；要么是回到斯巴达式的公民生活，寻求政治自由。但问题是，自然人性一经社会败坏后，它就永远不能再复归崇高。为了解决人类不幸的命运，卢梭只能希冀于政治社会中的公民生活。这项工作的前提是必须对自然状态下的人性、人的自然自由和生活有着了解，才能确立政治自由与公民德性的标准。然而，第一论是一篇为获奖所作的征文，它的内容只是卢梭在"樊尚启示"中所感悟到的真理的四分之一不到，所以它是缺憾的。卢梭需要机会去将他尚未阐述完的真理继续讲述，去阐述人性为何在现代社会中遭到败坏，为什么人类政治社会已经接受这种败坏的命运，并在败坏基础上建立人类的政治共同体。

无论如何，第一论隐藏着卢梭著作和研究的意图，它不仅是一本伦理学之作，其背后更是卢梭对人类命运的关怀之作。当科学、艺术与道德的关系转化为科学、艺术与公民德性、政府与奴役之间的关系时，卢梭已经知道，他所关注的问题已经不再是伦理学能够解决的问题。虽然科学、艺术与伦理风尚的关系问题是伦理学家所讨论的，但是这关系背后隐藏的却是人类政治永恒的话题，如政治共同体的维系、公民德性、奴役与自由。这样的研究主题也就将卢梭带回到政治主题的关注中，对伦理的考察丰富和拓展了他对政治的看法。但是卢梭还并不急于撰述他对政治的理解，因为这是一个涵盖诸多因素的主题，他还需要继续从伦理学和人类学角度出发，去了解人、挖掘人的本性，从历史中发现现代人如何接受奴役的状态，为什么同样的古典教育适合古代人崇高德性的培养而在现代却是对人德性的败坏。

## 第二节　卢梭的人性观

第一论给卢梭带来了名气，但是卢梭对这部作品并不感到满意，不仅因为这部作品的逻辑缺乏严谨，更因为这部作品中并没有清楚地阐述卢梭的整体思想。卢梭在等待一个机会，能够将他的思想得到全部展开的机会，这并未让他等待太久。"不久我就有机会在一个更为重要的作品里把这些原理彻底地发挥出来了。我记得，就是在这个 1753 年，第戎学院发表了以《人类不平等的起源》为题的征文章程。"① 第二论不仅是卢梭思想和原则的阐发，也是其研究视野的继续拓宽，卢梭不再局限于对人类社会的风尚研究，他将文明人与自然人对比，讨论人类何以从幸福、自由、孤立的自然状态逐渐走向了文明、奴役的政治社会②。从形式与逻辑上来看，第二论应该是卢梭最为严谨的一部哲学著作，但也正是这么一部作品，"在全欧洲却只有很少的读者能读懂，而在能读懂的读者之中又没有一个愿意谈论它"③。伏尔泰在致卢梭的信中说道："我收到了你诋毁人类的新作……从来没有人像你这样花这么多心思使我们变成野兽。"④ 如果读者这样解读卢梭的著作，则无疑做出了错误的评价，导致对卢梭思想的误读。为此，我们需要结合当时的舆论气候看待卢梭，放置于 18 世纪的语境中了解卢梭的问题和意图。

## 一　自然法传统的人性观

1753 年第戎科学院的征文题目：人与人之间不平等的起因是什么？这一现象是否为自然法所认可？分析该题，可知它包含了两个部分：首先是人与人之间不平等现象已经广泛存在于社会生活与政治制度之中，它产生的原因是什么；其次，不平等的社会事实是否在道义上具有正当性，如果为自然法所允许则具有合理性，若不允许则应消除或弥补。

① ［法］卢梭：《忏悔录》（第二部），范希衡译，人民文学出版社 1983 年版，第 479 页。
② 在这个意义上，有学者认为第二论是一部政治学著作。如勒赛克尔认为，"卢梭的第一篇论文是讨论伦理问题的，第二篇论文则是一部关于政治学的著作，这篇论文一发表，卢梭便立刻被看作是伟大的政治思想家了"。笔者认为虽然第二论的最后讨论了社会契约的达成，但是它的主旨仍然是在伦理学领域讨论人的天性和道德起源等问题，所以非但没有否定本书所做的结论，即两论是政治学视野下的伦理学批判，反而辅证了这一观点。参见［法］卢梭《论人类不平等起源和基础》，李常山译，商务印书馆 1996 年版，第 31 页。
③ ［法］卢梭：《忏悔录》（第二部），范希衡译，人民文学出版社 1983 年版，第 480 页。
④ 古耶通过考察伏尔泰在第二论上的批注，认为回这封信时伏尔泰并没有深刻阅读该著作，而仍然是在第一论的基础上对卢梭提出批评。读者可以通过《那喀索斯·序言》知道，在卢梭出版第一论后，已经被人批评认为想回到原始社会当中，成为野蛮人。参见［法］卢梭《论人与人之间不平等的起因和基础》，李平沤译，商务印书馆 2007 年版，第 161 页；［法］亨利·古耶：《卢梭与伏尔泰：两面镜子里的肖像》，裴程译，华东师范大学出版社 2008 年版，第 83 页。

　　从第戎科学院所出题目可知自然法学派在 18 世纪的兴盛，霍布斯、洛克、格劳秀斯与普芬道夫等人的著作和思想广为传播。自然法学派通常预设自然状态的存在，假设人性，分析自然状态的种种不便，继而在自然法的指导下逐步实现从自然状态向政治社会的过渡。但是这种论述方式并不能让卢梭感到满意，因为将自然状态与政治社会对立起来的做法，往往是贬低前者而赋予后者以正当性，这不仅能够为共和制度作出辩护，同时也可为专制政治作出辩护①。18 世纪的舆论气候中，民主制是被共和主义者和专制主义者所共同排斥的一种单纯的政体形式。如果卢梭要为民主制辩护，则他就必须从共同的理论预设出发，从自然状态下的人性出发构建他的政治共同体，阐述他的政治权利原则。自然状态成为卢梭研究政治理论的起点和出发点，自由和平等的状态也成为政治社会的终点与理想，即如何在人类不能返回自然状态的前提下，通过制度建构来实现人类的自由与平等。

　　西方政治哲学传统中，对自然状态的描述可以追溯到古希腊，但是将其意义和地位提升到政治理论中的关键，成为分析政治社会的"技术词语"，则应该归之于霍布斯的贡献②。在此之后，自然法学派思想家无论是为何种政治社会辩护，都必须从自然状态中人性的描述和分析出发，这也导致了多种"自然状态"的出现。在霍布斯看来，"人的自然状态无非就是所有人相互为敌的战争"③；洛克则将自然状态描述为，是一

　　①　格劳秀斯、霍布斯等人的自然法理论为君主制辩护；虽然洛克主张反对君主制，倡导共和制，但是研究者很难将其划为民主主义者，因为他的理论实质上为英国的贵族制分享主权服务。

　　②　虽然格劳秀斯在《战争与和平法》中已经提出"自然状态"一词，但是对它的详细展开和分析却是在霍布斯《论公民》一书中，霍布斯不仅描述了政治社会之前的人类的自然状态，而且还赋予它强烈的政治内涵，成为现实政治社会获得合法性与正当性的理论前提。古热维奇认为在哲学传统中，"自然状态"的表达方式实际上是霍布斯引进的。参见古热维奇《卢梭纯粹的自然状态》，载［美］普拉特纳《卢梭的自然状态——〈论不平等的起源〉释义》，尚兴建、余灵灵译，华夏出版社 2008 年版，第 121 页。

　　③　本书在后面对霍布斯的引用将主要依据《论公民》一书，而非更为著名的《利维坦》，这是因为在 18 世纪，前者更多地被思想界所引用，也更为出名，而《利维坦》一书则直到现代才有法文版。可辅证笔者观点的论据是，普芬道夫在对霍布斯著作进行点评和分析，多依据《论公民》一书；弗兰林也认为卢梭是否读过《利维坦》一书是值得怀疑的。［英］霍布斯《论公民》，应星、冯克利译，贵州人民出版社 2003 年版，第 11 页。

种完备无缺的自由、平等与和平状态①；普芬道夫则将自然状态描述为，一种自然的自由状态，但人类"将会过上一种多么悲惨和类似于动物的生活"②；孟德斯鸠则认为自然状态下，人类是软弱和极端怯懦的，"什么都会使他们发抖，什么都会使他们逃跑"③。

从对自然状态的描述来看，这些思想家对于人性是有着不同看法的：有认为人性是极端恶的（霍布斯），有认为人性是平和的（洛克），也有认为人性其实与动物相似（普芬道夫和孟德斯鸠）。但是他们对人性认识也有着一致之处，即自然状态下的人性需要接受文明的教化，才能避免在政治社会中出现自然状态下的弊病，克服人类生活存在各种不便，保障个体的生命与自然权利，这也就使得人类社会的必然趋势是从野蛮的自然状态走向文明的政治社会。但这个前提不被卢梭所接受，因为自然法传统下的人性是阴暗的，它对人性的教化不是改变人性，而是用制度来抑制人性，不论是用专制的强力也好，还是通过权力的制衡也好。在对人性的抑制基础上，政治共同体永远不能完成对人性的改造，也不能完成人向公民的过渡。因此，无论是君主专制，还是商业共和国，他们都是建立在不稳定的人类自尊心和自利心基础上，原子式的个人为政治共同体埋下了不稳定的隐患。他需要定义一个全新的自然状态，揭示真正的人性，人类为什么从自然状态走向政治社会，现有对人性恶的评价不是基于真正的人性，而是从已被社会败坏的堕落人性出发。人类从自然状态走向政治社会的过程，不是从野蛮走向文明，而是从自由与平等走向奴役与不平等。

卢梭一反前人对自然状态的单一和线性描述，他认为人类从自然状态走向政治社会是一个漫长的过程，受到多重因素和环境的影响。斯塔罗宾斯基认为在卢梭的政治理论中，自然状态的结束只能发生在人类建立政治共同体、组织政府统治的时候。他将卢梭自然状态划分为四个部分：无政府、非永久的群体时期；家庭群居时期；劳动分工时期；战争状态④。马

---

① ［英］洛克：《论宗教宽容》，吴云贵译，商务印书馆1996年版，第5页。
② ［德］塞缪尔·冯·普芬道夫：《自然法与国家法》（第一、二卷），罗国强、刘瑛译，北京大学出版社2012年版，第171页。
③ ［法］孟德斯鸠：《论法的精神》，张雁深译，商务印书馆1978年版，第4页。
④ ［瑞士］让·斯塔罗宾斯基：《卢梭的〈论人类不平等的起源和基础〉》，载刘小枫、陈少明《卢梭的苏格拉底主义》，华夏出版社2005年版，第17页。

斯特与吉尔丁等人认为划分三个阶段更为合适，即纯粹自然状态时期、初始社会时期和战争状态①。笔者赞同后二人的阶段划分，区分依据是卢梭认为在人类从自然状态走向政治社会有两处重要转折：一是家庭的产生，二是农业和社会分工的出现。家庭的产生使人从孤立的个体走上了联合与共同生活，农业和社会分工则导致人类出现穷人和富人，财富多寡的差异导致了战争状态的出现。对卢梭自然状态不同阶段的划分有着重要的意义，类似伏尔泰式对卢梭的批评，正是混淆了卢梭不同时期自然状态的区分。

卢梭对纯粹自然状态的描述，认为这是一个和平、幸福的时代，类似动物式的生活让原始人对一切感到满足，需求的有限性使得他们并没有任何野心或欲望，但它却不是人类的最好状态。随着外在环境的偶然变化，如火山爆发、气候灾变等，让人逐步走出了纯粹自然状态，并且从此不可返回，人类必须放弃这种动物式的纯粹自然状态。卢梭认为人类黄金时代是在建立家庭以后，过着简单群居生活，"这个时期恰好处于原始状态下的悠闲与我们的自爱心的急剧活动的正中间，因此，这是人类最幸福的时代……对人类来说是最好的状态"②。然而，由于人类黄金时代的脆弱性和后果严重的偶然事件，使得人类被迫走向了战争状态，最终步入政治社会中。通过对卢梭自然状态的阶段划分，从人性发展的角度上来看，它经历了人性最初的善或简单性到人性的堕落，堕落源于人类在社会生活中内心的变化，社会是人类一切罪恶的原因，而源头则来自于人的内心之中。

## 二 纯粹自然状态下的人性善

卢梭在第二论的封页题词引用了亚里士多德的名言，"凡属于自然的东西，我们就不要在天性已经败坏的人的身上去寻找，而应当在行事合乎自然的人的身上去寻找"③。中译者李平沤认为卢梭以这句话为引子，是

---

① ［美］马斯特：《卢梭的政治哲学》，胡兴建、黄涛等译，华东师范大学出版社 2013 年版，第 202 页。

② ［法］卢梭：《论人与人之间不平等的起因和基础》，李平沤译，商务印书馆 2007 年版，第 93 页。

③ ［法］卢梭：《论人与人之间不平等的起因和基础》，李平沤译，商务印书馆 2007 年版，第 17 页。

因为卢梭在后文开篇中批评了亚里士多德关于自然奴隶的学说。笔者认为该解释不妥，卢梭之所以引用，其目的是对已有的关于人的研究和学说的不满，即无论是古希腊罗马的思想家，还是现代自然法学派的格劳秀斯、霍布斯等人，他们并未真正地彻底地研究人性与自然人到底是怎样①。虽然他们都试图按照亚里士多德所设定的研究方法出发，但是他们在研究过程中却没有坚持这一原则，他们所看到的皆是被错误的成见和谬见遮掩起来的人性。即使是亚里士多德本人，也没有认清人性，错误地认为人是社会的动物。"他们说他们讲的是野蛮人，但看他们笔下描绘出来的却是文明人。"②

卢梭认为，如果我们要研究人和人类社会，就必须返回到自然状态之中，一种纯粹的自然状态，没有任何人类群居与社会形态的状态，霍布斯与洛克等人的错误在于从社会中寻找自然人。卢梭在第二论中，并没有明确地对"纯粹的自然状态"和"自然状态"进行划分，但是读者会发现，"纯粹的自然状态"多在第一部分使用，而自然状态则是对整个政治社会产生之前状态的描述。由此推论，卢梭潜意识当中对纯粹自然状态和自然状态是有着区别运用的：当要研究人类的起源时，就需要回到纯粹的自然状态中发现人，去分析原始人的生理与精神状况，才能发现真正的人性；而要描述政治社会产生之前的人类情况，就使用自然状态。

（一）原始人的生理状况

卢梭对纯粹自然状态下的原始人有着美好的想象：我看见他在一颗橡树下心满意足，悠然自得；哪里有水就在哪里喝，在向他提供食物的树下吃饱了就睡；他的需要全都满足了③。这个场景的描述向读者揭示了纯粹自然状态下原始人的一些基本特征：（1）原始人是孤立的个体，他们既

---

①　有兴趣的读者可以发现，格劳秀斯在其著作中同样引用了亚里士多德这句话的，认为对人性的研究应该从人性的纯洁状态出发。有理由相信，卢梭是看到过格劳秀斯这段话的。参见［荷］格劳秀斯《战争与和平法》，何勤华等译，上海人民出版社2005年版，第37页。

②　［法］卢梭：《论人与人之间不平等的起因和基础》，李平沤译，商务印书馆2007年版，第46页。

③　卢梭对原始人的想象与他的写作方式非常相关，卢梭在《忏悔录》中对此有过记述，他在圣日耳曼的为期七八天的旅行中，每天钻到森林深处，寻找原始时代的景象，描绘出原始人的形象。勒赛克尔认为这种写作和思考的抽象性，表达了卢梭政治思想的乌托邦性质。但是笔者并不赞同这种论述，因为卢梭是在尽可能地依据当时博物学家的论述来描绘原始人。

没有群居的生活，也没有频繁的人际交往；（2）原始人的生活怡然自得，没有什么过多的需求和现代人的欲望。卢梭剥夺了自然人的社会性，认为纯粹自然状态下人类像动物一样生活，依靠着身体的本能和需求行动。他们没有文明生活的各种生产和消遣工具，也没有各种社会关系的束缚，即使是两性生活也是充满着偶然性。就身体条件而言，他们比文明人更加四肢发达和健康①。卢梭花了大量的篇幅来描绘原始人的生理状况，对比原始人与动物之间的差异和共同点。普拉特纳认为卢梭所描绘的纯粹状态下的自然人，"基本上是一种动物，同其他动物无别"②。但这里存在着的疑问是卢梭对自然人生理状况的描述是否更加符合历史真实，如果是真实的，其依据又是什么？如果是想象性质的描述，则卢梭的自然状态理论与其他思想家的理论在性质上并无差异，是并存的平行理论假设，这将会削弱卢梭学说的批判性。

学界目前关于自然状态理论的研究，大致认为这是一种理论的假设，目的是为了说明政治社会的起源，以及政治义务的来源。这种见解对于霍布斯、洛克来说是正确的，但是就卢梭的政治理论而言，它是片面的。对于卢梭而言，自然状态不仅是要说明政治社会的起源，更重要的是他必须依赖对自然状态的描述将自然人与文明人对立起来，依据自然人性讨论政治权利的原理。因此，卢梭自然状态是否符合历史真实性，一直是学界讨论的焦点问题之一。

普拉特纳认为可以大致划分为三个基本观点：一派认为卢梭在试图尽可能精确地描述原始人的境况，以施特劳斯、马斯特等人为代表，他本人也赞同该观点；一派认为卢梭的自然状态纯属假设，与真实历史无关，以涂尔干、史珂拉等人为代表；第三派则持混淆的观念，如卡西勒等人③。较之于西方学界，国内学者则在该问题上无较大争议，普遍认为卢梭的自然状态纯属逻辑假说，如第二论的译者李常山、曾裕华、

---

① 爱弥儿的教育过程中，卢梭试图采用乡村生活和体育运动来加强爱弥儿的身体素质，而不至于被现代文明生活方式弄垮身体。参见《爱弥儿》第二卷。

② ［美］普拉特纳：《卢梭的自然状态——〈论不平等的起源〉释义》，尚兴建、余灵灵译，华夏出版社2008年版，第35页。

③ ［美］普拉特纳：《卢梭的自然状态——〈论不平等的起源〉释义》，尚兴建、余灵灵译，华夏出版社2008年版，第16—17页。

渠敬东等人①。

　　该问题之所以具有争议，原因出自卢梭文本自身。一方面，卢梭明确提出，"切莫把我们在这个问题上阐述的论点看作是历史的真实，而只能把它们看作是假设的和有条件的争论，是用来阐明事物的性质，而不是用来陈述它们真实的来源"②；另一方面，卢梭则认为，必须对自然状态有一个正确的概念，用实验的方法了解原始人。普拉特纳认为，卢梭之所以说自然状态是一种研究假设，其目的是为了免遭宗教迫害，而实质上是用现代物理学方法研究人类，并且卢梭在第二论注释中广泛地引用毕丰等博物学家对自然的观察来辅证他对原始人的描述。

　　施特劳斯学派强调卢梭研究方法受到了现代科学的影响，这意味着他不是建立在抽象的理论演绎基础上，而是按照严谨的自然科学去研究人类社会。但是，细心地阅读这些注释，会发现卢梭对博物学家观察资料的引用往往是局限于对原始人的生理描述上，如原始人的行走方式、饮食习惯、生育能力和身体强壮方面。对于原始人的精神或道德状况方面，卢梭则提之甚少，有也只是对野蛮人与欧洲人风俗差异上简单的描述。故而，笔者认为卢梭在注释中多处引用博物学家等人的论述，绝非是为了论证自然状态的历史真实性，而只是为了强调自己对原始人生理状况和生存环境描述的正确性，以区别于霍布斯等人的描述。

　　此外，可作为辅证的是卢梭对博物学家的观察有着双重怀疑：首先是这些博物学家是否能够真实、客观地观察不同民族，因为他们往往是以欧洲人的偏见来看待其他民族③。《爱弥儿》中，卢梭对当时博物学家的著作提出了严肃的批评，这些作家和研究者们往往是带着骄傲、虚荣的偏见去看待不同的民族、不同的风尚，"一个人抱着什么目的去游历，他在游历中就只知道获取同他的目的有关的知识"④。希望创立一门哲学的人只

--------

① 对该问题关注的读者可以参考曾裕华的著作，在书中他对普拉特纳的观点进行了详尽的驳斥。参见曾裕华《近代理性哲学背景下的卢梭政治哲学研究》，广西师范大学出版社 2015 年版，第 227—238 页。

② ［法］卢梭：《论人与人之间不平等的起因和基础》，李平沤译，商务印书馆 2007 年版，第 47 页。

③ ［法］卢梭：《论人与人之间不平等的起因和基础》，李平沤译，商务印书馆 2007 年版，第 144 页。

④ ［法］卢梭：《爱弥儿》，李平沤译，商务印书馆 1978 年版，第 697 页。

能看到他希望看到的东西；追逐财货的人就只能关注同他利益有关的事务。其次，卢梭所引用的"霍屯督人"、北美洲的野蛮人，已经不是纯粹自然状态下的原始人，而是有着一定风尚的野蛮人，民族的群居生活已经让他们在时间上距离纯粹自然状态非常遥远。

所以，卢梭对博物学和游历著作是保持着警醒和怀疑的态度，而非全盘接受或无思虑的同意。这强化了卢梭对博物学家观察资料的引用，并非是用来支持纯粹自然状态的真实性的观点，而只是用来强调卢梭描绘的自然状态的合理性。虽然卢梭与霍布斯等人的差异并非仅局限于原始人的生理差异上，而主要是在精神状况或道德方面，但是后者显然受到了前者的影响，倘若要更为科学与合理的对纯粹自然状态进行正确的描述，则更为正确与贴近真实的描述将会增强论述的说服力。有理由推论，卢梭对原始人生理情况的描述可能是出于历史的真实与科学的思维之下，而对原始人的精神状况和人类社会发展的情况是出于一种历史的想象。

（二）原始人的精神状况

按照卢梭的描述，倘若原始人在精神方面与生理状况一样完全类似于动物，则人类也就永远走不出纯粹自然状态，也就不可能滑向奴役和不平等。卢梭为了讨论区别于动物的人性，就不能局限于对原始人生理情况方面的描述。卢梭认识到，人类与动物在精神状况方面存在着根本区别，这使人类走上与自然所安排的截然不同的道路，也成为人类走出纯粹自然状态的动力。

卢梭与自然法学派之间最大的区别，在于对原始人精神状况方面认知的差异。传统自然法学派认为自然法是一切有生命之物必须服从的自然法则，因为他们存在着共同的感知；现代自然法学派则认为"法"是自然为有道德观念的生物规定的法则，仅具有理性能力的人类才能认识和服从自然法。现代自然法学派，无论是霍布斯，还是普芬道夫、洛克等人都认为，人之所以能认识与遵守自然法，皆是因为人具有理性能力，人类通过理性的选择保护自己并能够走出动荡不安的自然状态。

但是，在卢梭看来，理性根本就不是原始人所具有的能力，在理性产生之前，人类无法认识自然法，也无法遵守自然法，这成为他拒绝自然法的原因。既然卢梭认为理性是在人类后期发展出来的能力，则他也就将人的精神能力归之于激情或者心灵能力，这与霍布斯类似。他们二人皆认为人类的一切行为都是出于内心激情，即人的自爱心：在纯粹自然状态下可以运用一切手段去维持自我生存，生存是原始人唯一所担心和考虑的问题。但差异是霍布斯认为为了维持生存，原始人会出现竞争、猜疑与荣誉等激情，这些激情是导致战争状态的三个最重要原因①。相比于霍布斯的论述，卢梭认为原始人并不存在竞争、猜疑与荣誉等激情，对三种激情的错误认知源于霍布斯对自然状态的错误分析。纯粹自然状态下：丰富的自然资源不会导致人类相互竞争，原始人之间孤立的状态不能让他们产生猜疑和信任之心，需求的有限和交往的缺乏使得他们产生不出相互比较的荣誉心和自尊心。从原始人的精神世界出发，依托于原始人的自爱心，卢梭看到了人类可以摆脱自然安排的动物式生活，并在人类的历史长河中逐渐发展出道德和法律等规范。

卢梭认为自然人有着两种基本的情感——自爱心与怜悯心："其中一个将极力推动我们关心我们的幸福和保存我们自身，另一个将使我们在看见有知觉的生物尤其是我们的同类死亡或遭受痛苦时产生一种天然的厌恶之心。"②现代读者理解这两种情感的时候，应该避免带有道德色彩。因为它们发自于人的本能，具有一种非道德的色彩，是一种先于理性的"原动力"。卢梭认为当人类理性得到发展的时候，这两种本能将被理性与自利所抑制。由于自然状态下人类群居生活的缺失，自然人是处于孤立的个体阶段，他不具有任何的道德判断，一切主张和判断都是依据自我为中心而做出，"本性的最初的冲动始终是正确的，因为在人的心灵中根本没有什么生来就有的邪恶，任何邪恶我们都能说出它是怎样和从什么地方进入人心的"③。

自爱心是一种广义的自私，它使得人类避免相互斗争，无谓的战争只能给原始人带来损害而不能带来利益，所以由自爱心所控制的原始人并不是处于一种战争状态，相反却是处于一种和平的时代，战争源于人类欲望的增长，是受到自尊心挑动的结果。但是，单纯自爱心尚不能让原始人延伸出后来的道德观念，它缺乏任何的社会性，使他能够从孤立的生活状态走向联合的群

---

① ［英］霍布斯：《利维坦》，黎思复、黎廷弼译，商务印书馆1986年版，第94页。

② ［法］卢梭：《论人与人之间不平等的起因和基础》，李平沤译，商务印书馆2007年版，第38页。

③ ［法］卢梭：《爱弥儿》，李平沤译，商务印书馆1978年版，第95页。

居的生活。在亚里士多德的理论中，人类是天生的政治动物，具有群居的自然性；在普芬道夫那里，社会性表现为原始人的互助和分工。由于卢梭彻底拒绝了前人对原始人的描述，则就必须寻找人类社会性的替代物。为了弥补社会性的缺乏，卢梭用怜悯心取代了人类的社会性特征。

怜悯心或同情心，是一种感同身受的内心情感，是对他人或动物忍受痛苦的移情。正是这种怜悯心，一方面使得人类社会形成和发展具有潜在的可能性，另一方面由于对同类的感同身受使得人类避免了霍布斯的战争状态。纯粹自然状态下的人类没有"你的""我的"财产观念，也没有彼此相互不断冲突和战争的状况，不懂得何为伤害或复仇，一切都是和平与美好。但卢梭同时也承认，在纯粹自然状态下，怜悯心的作用是非常有限的，因为它受到人类想象力的限制，而想象力却并非来自于自然。

想象力是人类理性能力的一种发展，自然状态下人类首先获得发展的是身体各种感觉能力，只有在频繁的交往中，人类的头脑才能形成某种关系，从而具有联想能力。怜悯心如果发生作用，其前提必须是人类能够通过自身情感的代入，能够运用联想的能力设身处地的感受他人的状况。虽然在纯粹自然状态下，人类缺乏丰富的联想能力，但是在漫长的人类发展历史中，想象力将得到逐步丰富和发展，它也就能够充分地发挥出怜悯心的作用。所以，卢梭极力称赞人的想象力，"想象力的支配力就这么大，想象力的影响就这么大，以至不仅美德和恶习由此产生，人类生活的甘与苦也由此而生，使人在人世间变得善还是恶，幸福还是不幸，主要地就是人们致力于想象的方式"①。怜悯心在卢梭的伦理学与政治哲学中起到了至关重要的作用，它不仅与理性一起节制和引导人类的自爱心，还是人类一切美德的来源和基础。

自爱心与怜悯心使得人类能够避免自然法学派思想家对人类自然状态的糟糕描述。纯粹自然状态中，原始人没有家庭、没有语言、居无定所，彼此从不联系，他们的自爱心没有强到需要伤害他人来获得生存，怜悯心也没有强烈到能够主动关爱他人。原始人是善的，但是这种善是一种非道德的善，因为孤立的个体之间不存在任何的道德或伦理关系。单纯的自爱

---

① ［法］卢梭：《卢梭评判让－雅克：对话录》，袁树仁译，上海人民出版社2007年版，第138—139页。

心与怜悯心还尚未能使原始人走出纯粹的自然状态，因为这两种能力更多的是出自于自然的本能，因此它们在某种程度上同样可以在动物身上观察得到。

人类还具有另外一种能力——可完善性，这是一种特殊的能力，它不仅让人能够区别于动物，还可让人逐渐摆脱自然的束缚，改变自然。卢梭认识到正是"这种几乎是无可限量的特殊能力，反倒成了人类一切痛苦的根源"①。可完善性能力主要表现在人类对自然安排的拒绝和自由的选择，而动物只能按照自然的设定和本能的需求而行动。由于人类具有可完善性的能力，使他逐渐在生活中掌握许多知识，了解在某些情况下群体的能力要大于孤立的个人，因此他们开始有了短暂的群体性活动。

纯粹自然状态下，原始人享受着彻底的自然自由，区别于政治自由与道德自由，它是一种不依赖于他人与物的独立的自由状态。独立于物，是因为原始人只满足于简单的需求，只做自己能力范围内的事情；独立于人，是因为原始人不需要他人的合作来维持生存，人类的繁衍也充满了偶然性。原始人的人性是善的，这种善表达为简朴性更为合适，因为"善"在现代伦理学中蕴含的道德色彩过于强烈，简朴性意味着原始人不懂得人类合作为何物，也不懂得他人的意见或看法有着何种含义。在简单、孤立的原始人世界中，德性与恶都是不可理解的，也正是这样他们才能过着一种不依赖于他人与物的生活，保持着精神与物质上的自主。当人类的理性逐渐增长，意识到群体行动或群居生活更加有利，开始互相依赖并聚居在一起生活时，人类也就与纯粹的自然状态告别了，奴役的链条也就开始形成。从临时合作走向长期合作的过程，意味着人类从独立走向依赖，最终为了满足非自然的欲望，人类社会逐渐形成。

### 三　社会状态下的人性堕落

"谁第一个把一块土地圈起来，硬说'这块土地是我的'并找到一些头脑十分简单的人相信他所说的话，这个人就是文明社会的真正

---

① ［法］卢梭：《论人与人之间不平等的起因和基础》，李平沤译，商务印书馆 2007 年版，第 58 页。

的缔造者。"① 卢梭在《论不平等》第二部分开篇就指出政治社会是建立在私有制基础之上，不平等的真正源头是私有制。但是，人类从纯粹自然状态走向政治社会是一个漫长的过程，私有制的确立也是一个不断得到承认的过程。漫长的人类历史时期，被卢梭用简短的语言跨越了历史发展的重重障碍，如人类如何学会了语言，如何从孤立的纯粹自然状态开始学会了群体生活。卢梭认为人类从纯粹自然状态走向政治社会有两次关键性的变革：第一次变革是人类学会组建家庭，开始拥有财产和松散的交往与零星的争斗；第二次变革是冶金和农耕技术的发明，逐渐产生了劳动分工。两次关键性的变革，使人类从黄金时代走向了战争状态。

（一）人类的黄金时代

可完善能力让原始人在知识的积累中逐渐摆脱了纯粹自然状态下的孤立状态，开始运用各种工具和技能享受生活，他们不再居无定所，而选择定居。卢梭认为，强者首先开始建立自己的家庭，弱者随之模仿强者组建家庭和住所，这样，原始人愚钝的心灵开始被家庭的亲情所软化，他们不再是野蛮式的动物，而是相互联合与依恋的群体。

这个过程中，人类两性之间的交往发生了变化。在纯粹自然状态下，两性之间的交往是偶然的，相互之间不存在任何情感上的偏爱，只是一种生理的冲动。但是在拥有家庭生活之后，人类的情感发生了变化，两性关系由一种随机的偶遇转换为固定的偏爱对象。卢梭区分生理和精神层面的爱以解释这种变化，前者是自然的、无特定对象的普遍的爱，而后者则是源于人类的偏见和习俗，是有着明确对象的私爱。这种爱的产生，与其他因素一起彻底改变了人类的命运。从此，人类不再是孤立的个体，而是有着精神寄托的伴侣。精神上的爱是具有私有性质的情感，是人类产生的第一个超越自爱与生存需求之外的欲念，并逐渐引出其他的欲念。随着血缘关系的扩大，原始人在家庭的基础上产生了简单的群居共同体。但是，这类群居的生活区别于政治社会，因为维系它的存在不是政府与法律，而是习俗和伦理，它们来源于人类的怜悯心。

伴随着家庭、部落的产生，人类开始有了最初的财产观念。只有在财

---

① ［法］卢梭：《论人与人之间不平等的起因和基础》，李平沤译，商务印书馆 2007 年版，第 85 页。

产区分的基础上，野蛮人才会组建家庭，保护家庭成员。最初的财产权是建立在占有的基础上的，在某个人通过占有的方式将资源、土地从公有状态中划分出来的时候，意味着他人从纯粹自然状态中被强制驱逐出来①。

卢梭认为，家庭式简单的共同体生活是人类的黄金时代。这个阶段，虽然财产具有私有性质，但是贫富差距并未扩大到富人可以购买他人的自由，穷人也无须为了生存而出卖自身。每个家庭的生活是如此的自足，满足于生活的简朴和风尚的简单；家庭之间也开始有了简单的聚会活动，人们一起庆祝、娱乐和休闲。但是这种平静与美好的黄金年代是不稳定的，爱与私有财产等欲念的产生，使人类逐渐偏离了自然的安排。个体的需求和欲望都源于人类的自爱心，它们都源于自然，但是前者来源于人的内心，是人类欲望的本源，而后者则是外因刺激的结果，不但没有帮助人类顺应自然，反而让人类脱离自然。

在外因的刺激下，人类产生了一种区别于自爱心的自尊心或偏爱心，它是人类意见的产物。自尊心与自爱心在卢梭的思想体系中有着完全不同的定位。自爱心，如前文所述，它是人类最初的情感，指的是原始人如何在自然状态下维持自我生存，它完全符合自然，是人类个体负有的特殊责任。当维持个体生存的基本需求得到满足时，人类就会感到满意。

自尊心，产生于人类个体间的相互比较，在人际交往中，人为了吸引他人并获得他人的尊重而故意彰显自己的独特性，因此它永远没有得到满足的时候。自尊心为个体带来的是无止境的欲念，它是人类荣誉心的真正源泉，霍布斯的错误就在于将荣誉心归之于人类的自尊心。群体活动的出现，原始人开始将关注的焦点从自我身上转移，而关注他人眼中的自己，互相评价，认为自身所能获得的尊重和荣耀只能来源于他人。"唱歌或跳舞最棒的人，最美、最壮、最灵巧或最善言辞的人，就成了最受尊敬的人。"② 为了得到心仪对象的爱，就必须使自己在他或她心中成为可爱的

---

① "我们在脱离自然状态的时候，也强使别人脱离了这个状态；没有一个人能够不管其他的人怎样做他都要停留在这种状态；当不可能在这种状态中生活的时候，如果还想待在这种状态中的话，那才是真正地脱离了这种状态哩，因为自然的第一个法则是保卫自己的生存。"参见[法]卢梭《爱弥儿》，李平沤译，商务印书馆1978年版，第259页。

② [法]卢梭：《论人与人之间不平等的起因和基础》，李平沤译，商务印书馆2007年版，第91页。

人。所以，自尊心带来的是人类之间相互比较、相互竞赛、相互妒忌，最终演化为剧烈的暴力形式。

初始社会时期，由于人类还没有强烈的自尊心，其更多的还是对自然天赋的比较，如身体的强壮、相貌的美丽等，自然的不平等并未发展到不可挽回的灾难性后果。同时，人类的怜悯心对人类欲望的节制，简单风尚对秩序的维持，小规模且紧密的共同体生活充斥着幸福，让此时的野蛮人享受着自然状态下的悠闲和群居生活下的舒适，这是人类生活中最美好的时代，也是人类生活的黄金时代。卢梭所期望人类回到的正是这样的初始社会，而不是纯粹自然状态，虽然人类在自然不平等方面有着差异，但是它并不能对人类的独立和自由产生影响；虽然人类开始依赖他人，但是却并没有一种奴役的社会关系；社会上的一切都是如此平和，良好的风尚维系着人类群体之间的关系。然而，这种状态注定不稳定，危险逐渐到来，人类的自尊心一旦产生，它将永远地占据在人们的心中而难以根除。当它与私人财产联合在一起的时候，人类的怜悯心已经不能阻挡它犯下的罪恶，自然的不平等将强化人类财产的不平等，荣誉和尊重不再从身体或生理上获得，而完全被人的社会地位高低、财富多少所取代①。

（二）财富争夺的战争状态

纯粹自然状态下，自然界的一切东西都是处于共有的状况，这为卢梭与霍布斯、洛克所共同承认。可随着人口的不断增加，与未知灾难的到来，人类开始面临资源有限性的困境。霍布斯为了结束资源分配所导致的战争状态，而选择将一切权利通过社会契约交给最强有力者；洛克反对霍布斯的专制主义，认为政府的宗旨是将人类的财产权予以法律的确认，保护个人的生命、自由与财产。

卢梭则对上述二者都感到不满，因为霍布斯所描述的战争状态是人类自然状态最后的阶段，而不是人类的开始；洛克则将财产权预设为一

---

①　虽然第二论中卢梭极力批判人类的自尊心和对荣誉的追求，但是在《社会契约论》和后期的著作中，卢梭开始意识到如何通过舆论的力量引导人类的自尊心，使它转向为一种爱国主义和公民的友爱。本书在讨论卢梭为科西嘉和波兰的立法工作中，介绍了卢梭如何引导人类的自尊心。

种自然的权利，而忽视了财产权是政治社会的产物。在卢梭看来，财产和私有制并不是自然的产物，而是人类在家庭产生与劳动分工下逐渐出现的，私有财产并不是一种自然的权利，相反是政府以法律的形式确认了财产权。

第二论中，卢梭对于财产的起源的看法受到了洛克的巨大影响，他认为财产源于人类对自然物品的加工和劳动而产生。最初，人类对土地并不具有财产权，而是一种占有的权利，占有的逻辑是以先到先得的方式所获取，它只能存在于自然状态之中，这种占有权最终因年复一年的劳动而逐渐转化成私有。随着土地私有的产生，以及由劳动将公有资源转化为私有，人类的自然不平等开始强化。在私有财产之前，人类过着一种没有长远计划的生活，所有的劳动着眼于眼前而不是未来，原始人处于一种平等的境况下。可是在私有化下，由于体力的差异、智力天赋的不同，强而有力者开始逐渐积累财富，弱而无力者则逐渐沦落到食不果腹，富人与穷人的差异开始出现，不再是简单的自然力量意义上的强者与弱者。当人类之间以财产的多寡和贫富来评判个人时，精神或政治上的不平等就将取代自然的不平等。"自然的不平等就是这样随着情况的千差万别而不知不觉地产生的，而人与人之间的差别也随着情况的差别而变得日益明显。"[①]

富人与穷人区分的出现，象征着人类走到了自然状态的最后阶段和霍布斯所描述的战争状态的开始。富人倘若想增加财富，就必须去掠夺他人的财产、土地，雇佣和奴役他人来为自己服务；穷人若想维持自己的生存，不是出卖自身的劳动为富人服务，就是去掠夺富人的财富占为己有。在这种零和博弈下，富人的财产得不到保障，穷人的生存也难以获得维持。因为富人的私人财产不是建立在权利基础之上，就不能获得他人的尊重；穷人由于自我生存的需要，则运用自然所赋予他的权利去获得生存之所需。因此，战争状态不是强者与弱者的战争，而是穷人与富人的财产争夺战。"平等的状态打破之后，随之而来的是可怕的混乱：富人的强取豪夺、穷人的到处劫掠和人们疯狂的贪欲，这一切扼杀了人的天然的怜悯心和微弱的公正的声音，使人变成了吝啬鬼、

① ［法］卢梭：《论人与人之间不平等的起因和基础》，李平沤译，商务印书馆 2007 年版，第 96 页。

野心家和恶人。"① 战争状态的延续，使得生活在自然状态下的人类期望
有着共同的权威能够结束财产权不稳定的局面，希望通过找到一种根本性
的方案来保障人类的自由、安全与财产，而这成为政治社会起源的直接原
因和动力。

当人类从纯粹自然状态出发，经历初始社会，最终发展到战争状态阶
段，也就结束了卢梭对人类自然状态的描述，也完成了他对人性从自然善
到社会恶的探究。通过这漫长的历史发展，人类从纯粹自然状态的孤立、
独立的动物式生活走向了平等与和平的黄金时代，而最终在财产私有化之
下彻底走上了混乱、动荡的战争状态。在卢梭的笔下，人类从自然状态走
向政治社会的过程犹如人性的堕落史，从人性善走向了恶，社会造就了人
类的政治不平等，它是人类恶的来源，而善或单纯性是人类的自然天性。

斯塔罗宾斯基认为第二论是卢梭的神义论，其《圣经》式的叙说揭
露了人类不幸的根源，对不平等和私有财产的批判将自然状态与政治社会
尖锐地对立起来。事实的确如此，较之于自然法学派的思想家，卢梭对自
然状态的描述是如此之不同和具有原创性，在其中，人类似乎看到了
《圣经》中的伊甸园，也看到了亚当和夏娃在偷尝禁果后的堕落与遭受的
惩罚。但是与霍布斯、洛克、普芬道夫等人不同，自然状态不再是为了说
明政治社会正当性的消极描述，在卢梭政治理论中它成为人类社会的积极
标准，人类的政治社会和政治制度建构是为恢复自由与平等而服务，而不
是将不平等与奴役合法化。

然而，在人类的文明进步史中，卢梭看到的是人类如何由古代高尚的
德性沦为现代文明人的鄙俗。现代文明的弊病，不仅仅由政治社会所带
来，而是在政治社会以前就遗传下来。但是这种弊病并不是自然的，更不
是善的，所以它存在着革除的可能，即如何更接近于自然。当卢梭如此理
解人类的前政治社会和政治社会的发展时，他为现代人提供的救赎方案就
是如何最为接近地返回自然，如何保持人性当中最为自然和纯真的东西，
以及如何祛除现代文明所带来的异化。但同时他也意识到自然状态与政治
社会之间在人类精神上出现的根本差异，人类的自爱心和自尊心将是永恒

---

① ［法］卢梭：《论人与人之间不平等的起因和基础》，李平沤译，商务印书馆 2007 年版，
第 98 页。

的存在，实现"自然人"向"公民"的转变不是完全对人类内心和心灵的根本改造，而是如何在自尊心基础上重新导向人类的自然本性。

《论不平等》是在第一论之上对整个人类历史发展的深入探讨，这两论从伦理学视野对古今人类的分析极大地丰富了卢梭对政治的看法，他意识到政治不仅仅是设计一套完整的政治制度和良好的法律就可以维护人的自由和平等。政治制度是一套异常丰富的体系：一方面，它需要良好的制度和公正的法律，政府与公民之间的关系是政治的永恒主题；另一方面，政治还包括政府和法律之外的风尚、道德、舆论等，人类的行为不仅受到法律的规范，根本还在于内心的情感，它受制于社会风尚和公共舆论。所以，"什么是可能的最好的政府"不是仅限于制度的学问，而是"什么样的政府性质能造就出最有道德、最开明、最聪慧、总之是最好的人民?"①政治学并不局限于公民的权利、政府的权力界限的关注，它还是一门有关人性的学问，如何通过政治创制来完成人性的变化。这项伟大工程的完成，有意识地引导着卢梭在政治学的视野下去观察人类社会和现代文明，从一位思想家和批判者逐渐成为一位立法者与创制者。

---

① ［法］卢梭：《忏悔录》（第二部），范希衡译，人民文学出版社1983年版，第500页。

# 第 三 章

# 政治共同体的起源与形成

与过往思想家不同，卢梭在《论不平等》中将自然状态与政治社会对立起来：霍布斯、洛克、普芬道夫是将政治社会建立在自然状态的不变基础之上；卢梭的自然状态则是作为平等、自由的人类黄金时代，政治社会是人类不幸与灾难的根源。就卢梭的政治理论而言，自然状态过渡到政治社会的过程是一个异质化过程，倘若他欲重新建构一个完美的政治共同体，或想为人类的政治社会寻求正当性来源时，就必须为这异质化作出辩护。第二论中卢梭对已有的政治社会起源诸学说提出了批评，卢梭认为前人的研究并不能创建一个平等与自由的政治共同体，而是将人类不平等与奴役状态制度化。故而，他所展开的工作，一方面试图继续从社会契约理论框架出发重新追溯政治社会的起源，另一方面则是对政治的全面考察，论述一种全新的政治权利原理，在新的学说上进行政治创制。这项任务在《社会契约论》中得以完成。

众所周知，《社会契约论》是卢梭长篇著作《政治制度论》的撮要，由于各种原因，后书的其余部分已被卢梭烧毁。从书名上看，《政治制度论》似乎是一部关于政治宪政或制度设计的著作，但是伯纳迪认为18世纪"制度"一词与现代用法有着巨大的差异，institution"并不指代作品的内容，而是指代作品的形式，也就是某个详尽专论的形式……《政治制度论》是一个包罗万象的计划"①。笔者依伯纳迪的见解，认为《社会

---

① 此外，中文读者也可从两论与《社会契约论》的法语或英文书名中发现端倪。中文读者喜欢将三书合称为"三论"，但西方学界则一般称之为两论。这是由于中文翻译所造成的曲解，两论中的"论"英文名称一般翻译为 discourse，而《社会契约论》则是 on the social contract 或直接译为 the social contract，前者往往是非正式的小文，而后者一般用于对某主题的专著或论述。参见伯纳迪《卢梭的〈社会契约论〉》，吴雅凌译，载刘小枫、陈少明《卢梭的苏格拉底主义》，华夏出版社 2005 年版，第 29 页。

契约论》内容上包含了两个方面：一方面是从应然层面对政治权利原理的讨论；另一方面则是从实然出发，讨论政府的形式。可作为辅证的是，卢梭对该书的标题有过多次的改动，主标题在"社会契约论"与"论政治社会"中作出选择，而副标题则有多个名称，"论国家的体制""论政治的形态""论共和国的形式""政治权利的原理"。从副标题的选择来看，前三种名称似乎都是在讨论政体的各种形式，符合卢梭一贯的政治观点，即政治制度决定了人民的风尚和性格养成，"讨论什么是可能最好的政府这个问题"。但是卢梭最后还是选择"政治权利的原理"，说明该书中，卢梭主要从应然层面讨论政治原理，以及一般的政治创制的科学与艺术原则，具体的制度设计和选择则交由立法者依据现实情况而做出决定。

过往卢梭思想的研究者，认为第二论与《社会契约论》之间存在着行文上的矛盾与思想观念上的转折。首先，从行文上来看，卢梭对于自然状态与政治社会之间的过渡与表述存在着矛盾：第二论中卢梭将自然状态界定为人类完美的时期，自由、平等与和平，并且详细地叙述了人类如何从自由与平等走向了不平等与奴役的过程；但是《社会契约论》中，卢梭认为自然状态存在着许多不便之处，这成为人类走向政治社会的动力，并交代说他对自然状态如何过渡到政治社会是不清楚的①。显然，卢梭此番表述与第二论的内容存在着冲突，坚持卢梭思想一致性的研究者就必须解释这个问题，为什么卢梭认为自己不清楚自由到奴役的过程？笔者认为，行文上的差异并不影响对卢梭思想一致性的解读。卢梭之所以不清楚人如何从自由过渡到奴役中，是因为他不能精确地叙述人类从自然状态过渡到政治社会的许多偶然性因素，并且第二论中卢梭对这个过渡过程也是极其简略与抽象的表述。更重要的是，第二论是从人类学出发得出政治奴役的结论，而社会契约理论则是从政治学出发去构建正当的政治共同体，人类学处于次要地位。但无论如何，两书在结果的判断上是一致的，即社会是人类不平等与奴役的起源，完美政治共同体的建立不是也不可能是永恒的存在，它的功能只是尽可能减缓不平等与奴役变迁的过程。所以，卢梭才接着说，"是什么才使这种变化成为合法的？我自信

---

① "人是生而自由，但却无往不在枷锁之中……这种变化是怎样形成的？我不清楚。"[法]卢梭：《社会契约论》，何兆武译，商务印书馆2008年版，第4页。

能够解答这个问题"①。

其次，认为第二论与《社会契约论》存在着思想的断裂或矛盾的学者，认为在第二论中卢梭的思想是主张自由的个人主义，但是在《社会契约论》中则主张一种集体主义或极权主义，自由的个人完全消失在至上的共同体之中。如伏汉认为卢梭面临着个人主义与集体主义难以共存的难题，伯林认为卢梭的积极自由观念是人类极权主义的理论先驱。对此，笔者认为研究者需要重新考察卢梭的社会契约理论，特别是"社会公约""公意"等概念。基于上述问题，本章将主要讨论政治共同体建构的理论：人类如何达成社会公约建立政治共同体，及如何通过公意实现自然人向公民的身份转化，实现公民的自由与平等。

# 第一节　政治共同体的起源：社会公约

## 一　政治共同体起源的诸学说

关于政治共同体起源的学说，在 18 世纪主要有三种比较流行：第一种是格劳秀斯的强者正义说或战争征服说；第二种是菲尔麦的父权说；第三种则是社会契约理论，又可划分为霍布斯的大契约论与洛克的小契约论。《论不平等》中，卢梭讨论政治共同体或政治社会的起源主要是受到洛克的影响，从社会契约理论说明人类如何从自然状态的平等走向政治社会的不平等与奴役。从当时的舆论气候来看，洛克的社会契约理论最受欢迎与接受，因此，卢梭也相对忽略了其他政治起源的学说，但这并不意味着卢梭没有对它们进行审阅。

（一）强者正义说与父权说

强者正义说，或者战争征服说，认为战争或者强力是政治社会的起源，主要是格劳秀斯的见解。格劳秀斯主张，当战争失败的一方处于被杀死与奴役的选择时，自由权类似财产权可以转让出去。权利的转让有两类："一类是让渡我们的财产，另一类是让渡我们的某些自由。"②普芬道夫赞同格劳秀斯的看法，认为财产权与自由权具有相同的性质，可以通过

---

① ［法］卢梭：《社会契约论》，何兆武译，商务印书馆 2008 年版，第 4 页。

② ［荷］格劳秀斯：《战争与和平法》，何勤华等译，上海人民出版社 2005 年版，第 183 页。

协议和契约转让出去。当征服者或强者接受失利方的权利转让时，也就等同于双方签订一份契约：一方用自由权换取生存权，并接受被奴役；另外一方则同意通过奴役来给予生命的保障。

卢梭认为这种强者的权力或正义是不合理的，因为这项契约完全是建立在虚伪的意志自由基础之上，它是以暴力为基础而不是依赖于自愿、平等的精神。《社会契约论》中，卢梭认为奴役与征服只能让人民与统治者永远处于战争状态，统治者不能通过强力获得任何权威。更为重要的是卢梭对自由价值的坚持，"放弃自己的自由，就是放弃自己做人的资格，就是放弃人类的权利，甚至就是放弃自己的义务"①。自由权与财产权在性质上截然不同，后者只是人类协定和制度的产物，而前者则是人生来所具有的权利。总而言之，征服或者强者的正义所带来的社会契约在本质上就缺乏正当性，也不符合契约的性质，不仅亚里士多德的"天然奴隶"说不符合人性与自然，格劳秀斯的"自愿奴隶"说同样不符合自然法。

同理，当霍布斯提议人民为了结束战争状态，而将所有权利转让给专制君主的契约也是不合理的，因为这项契约从根本上违背了契约的平等精神与性质，以下的契约对于任何人来说都是不公平与完全无效的："我和你订立一个担负完全归你而利益完全归我的约定；只要我高兴，我就守约；而且只要我高兴的话，你也得守约。"②此处，卢梭的社会契约理论已经初现端倪，社会契约必须坚持几个原则才具有正当性：契约签订的双方必须是自愿、平等与自由的个体；签订的双方必须共同接受契约所规定的权利和责任；契约签订双方具有改变契约内容的权利。如果一项契约不满足以上条件，则这项契约本身就不具有约束力；契约一方不履行义务或者无法享受权利时，则另一方具有推翻约定的权力；当契约双方对契约内容有不满时，就可以废除这项契约，结束政治社会而重返自然状态。

父权说针对的是菲尔麦的君权说，认为专制政治和君主权力来源于父权的延伸。对于该种说法，洛克在《政府论》（上篇）中已经有了详细的驳斥，故而卢梭认为反对此说无须再详加讨论，但他还是指出了父权与君权在性质上的差异，认为菲尔麦等人完全混淆了家庭与国家的关系，也混

---

① ［法］卢梭：《社会契约论》，何兆武译，商务印书馆 2008 年版，第 12 页。
② ［法］卢梭：《社会契约论》，何兆武译，商务印书馆 2008 年版，第 16 页。

消了父权和君权的基础。首先，父亲对子女的权力只有在子女还未具有完全成人理性的时候，一旦子女长大成人，则对父亲的服从只能源于尊重而不是权力；君主与人民的关系则是一种平等的关系，君主统治源于理性人之间的契约而获得，人民服从是依据对法律的尊重和遵守，二者并无任何基于个人禀赋所产生的权威关系。其次，父亲的职责是为了家庭的幸福而考虑，但是政治社会中，君主"不仅对人民的幸福没有任何天然的兴趣，反而要在人民的苦难中寻求他们的利益"①。笔者认为卢梭之所以并未深入探讨父权说，有一重要原因是自然法学派的逻辑并未给父权说留有理论空间，霍布斯、普芬道夫等支持专制主义学说的思想家也未依据父权说为君主权力辩护。由于卢梭主要的理论任务是驳斥现代自然法学派，自然也就对父权说无任何过多的讨论兴趣，虽然后者经常用来为专制主义政治辩护。

（二）契约说

对于洛克的政治共同体起源说，卢梭最为看重，不仅是因为它的广泛影响力，还因为它逻辑的迷惑力。《论不平等》中，卢梭依照洛克的逻辑讨论了政治社会的起源，详细展开了人们如何从接受一套良好的政治制度开始到最后演变为专制与奴役的叙述。战争状态是自然状态的末期阶段，也是政治社会建立的直接原因。战争状态无论对于富人还是穷人而言，都是一种混乱与动荡的时期，尤其是对于富人，因为他们是战争的最大受害者。为了结束无政府的混乱，富人相较于穷人，有着更为紧迫的现实考虑，他们希望借助政府的建立来维持一个稳定的秩序，同时用法律的形式来保障他们的财产。通过政治制度与法律来保障财产权，从而保障富人的利益，这就是现实政治社会的起源。

> 让我们团结起来，保障弱者不受欺凌，不让有野心的人得逞，保证每一个人都拥有属于他自己的东西；为此，让我们制定一些无论任何人都必须遵守的保证公正和安宁的规章，让强者和弱者都互相承担义务，以便在某种程度上补偿不幸的命运造成的意外损失。总而言之，我们不但不把自己的力量用来危害我们自己，相反，我们要把它

---

① ［法］卢梭：《政治经济学》，李平沤译，商务印书馆2013年版，第3页。

们集合成一个最高的权威，按照贤明的法律治理我们，保护团体中的每一个成员，抗击共同的敌人，使我们永远和睦相处。①

此处之所以长段引用卢梭原文，是因为找不到更好的言辞来陈述富人对穷人的谎言，也找不到比这更动听的理由让人们接受富人建立政府的提议。在富人的谎言中，穷人发现了"最高的权威""贤明的法律""互相承担的义务""公正和安宁的规章"等词语，如果按照此提议建立政治制度，人类就完全地进入了政治社会。然而，卢梭戳穿了这个谎言。它完全是建立在不公正与非正义的基础之上，非但不能保障穷人的自然权利与自由，反而牺牲他们的利益来保障富人的财产权——一种非自然的权利。法律与规章不是保障穷人的生命、自由与平等，而是以权利的形式来认可和正当化富人的财产；最高权威不是建立在平等的基础之上，而是建立在财富分化的基础之上，它注定受到了财富的操控。当这项提议通过社会契约达成共识并逐步制度化时，人类也就永远地带上了奴役的枷锁，即使这是一个长期的过程，如同人类由自然状态走向政治社会的漫长历史一样。因为，最初的政府形式并不是专制的，相反，它是建立在政治平等与自愿的同意基础之上。"政府并不是一开始就是专制政权；专制制度是政府腐败造成的，是走向极端的结果。"②

卢梭认为专制社会的出现有着三个阶段：首先，第一个阶段是法律和个人财产权的建立。在这个阶段，人们通过契约的达成，通过全部成员的共同参与公共事务，制定法律来规范社会秩序。从政体的划分来说，这时应该是彻底或纯粹的民主制，主权者既扮演立法者的角色，同时也承担了执法者的职责。这个时期，在不平等的发展中，主要是通过法律和制度来认可和保障财产权，将自然状态所取得的占有权转化为合法的所有权。但是，随着公共事务的复杂性增强，人们逐渐陷入治理的烦琐之中，为此，开始设置行政官，代替主权者行使执法的任务。

---

① ［法］卢梭：《论人与人之间不平等的起因和基础》，李平沤译，商务印书馆 2007 年版，第 100 页。

② ［法］卢梭：《论人与人之间不平等的起因和基础》，李平沤译，商务印书馆 2007 年版，第 109 页。

　　第二个阶段，就是执政官的设置，或者是政府的设置①。开始，执政官是采取选择而非选举或世袭的方式产生。选择通常是以公民的才能、德性作为标准，因此往往由一些年长者和有能力者担任。但是随着人类自尊心的发展，以及行政官权力的扩张，担任行政官逐渐成为荣誉的象征，许多人开始将选择方式转变为世袭方式，行政官职位逐渐被少数富人或家族控制，强者与弱者的划分形成。此时，人民由于已经习惯了放弃对执政官的监督和实践自我的主权者权力，因此他们对于执政官员的隐秘行为并未有所察觉。这也就让政治社会走向了最后阶段，合法的权力变为专制的权力。专制权力的形成，意味着握有最高权力者就成为整个社会的主人，而其他人则成为他的奴隶，人类不平等现象达到了顶点。专制社会中，法律被专制主的意志所取代，一切社会规范都以主人的意志为原则，公民们彻底丧失了自由与平等的地位。

　　专制政治社会完全形成之后，共同体中的人们再次回到了绝对平等的状态，因为他们都屈服于一个共同的意志，在专制主面前平等地享有奴役地位。但是，这并不是不平等的终点，它还延续和存在于人类社会生活中的各个方面。在专制主义之下，人类的自尊心与骄傲心仍然在作祟。相互的攀比之中，臣民们并未认识到共同的奴役状态，也未意识到他们与专制主之间存在着不平等的鸿沟，相反，他们争相以奴役他人为乐，以讨好专制主为荣，以享受奢华生活为傲，科学、艺术成为装饰奴役枷锁的花环。这里，卢梭在两论中对文明社会的伦理批判与他的政治理论自然地结合在一起：不平等刺激了人们的欲望，欲望激发了现代文明的兴起，而科学、艺术、哲学则成为人们风尚腐化的有力工具，不平等与奴役在现代契约理论的辩护下也被合理与正当化了。

　　当卢梭对政治共同体起源诸学说进行一番审阅后，他更加明确了"最合乎自然"的政治社会起源只能来自于人民自由、平等与自愿的同意。在洛克的影响下，卢梭对格劳秀斯、霍布斯、普芬道夫、菲尔麦等人的政治理论提出批判，但是洛克的政治理论同样存在着诸多弊端。这里亟须解决的问题是，一个看似完美的政治社会在建立之后，如何及为什么会

————————

　　① 在第二论的正文中，卢梭并未区别政府与主权者，虽然在献词中卢梭提出了政府与主权者的区别。这说明卢梭的政治理论并不是一蹴而就的，相反是在不断的思考中逐渐成熟的。

走向不平等、专制与奴役？这个问题的提出意味着卢梭试图走出洛克社会契约理论的影响，即以财产权和私有制为基础的契约政府同样可能走向专制主义①。

回顾人类由纯粹自然状态走向专制社会，卢梭让读者看到的是自由、平等、孤立的个体如何逐渐演变为专制君主的奴隶。卢梭认为，不平等的发展是由于人类能力的发展和知识的进步，并最终通过私有制与法律而变得牢固与合法。自然状态与政治社会尖锐地对立起来，但是卢梭并未像某些解读者和批判者所说的主张彻底废除私有制，也从未主张人类可以重返自然，因为人类一旦走出愚昧的自然状态，就再也不可能回到过去。卢梭在第二论中对政治社会的批判只是他政治理论的前期工作，他希望能够从历史哲学的视野看待人类政治制度的起源与不平等的发展，寻找人类之所以由自由走向奴役的关键。卢梭意识到政治权利原理需要重新建构，人类需要重新构建一种合法、正当的制度。从第二论的《献词》和《政治经济学》来看，卢梭已经意识到必须在主权、政府、公意等概念上有着新的理论认知。

## 二 社会公约的性质：单一契约

如前文所述，卢梭在第二论中对契约论的理解是基于传统概念，并没有提出独特性的见解。通过对政治社会起源诸学说的考察，卢梭认为传统的社会契约理论并不能为政治社会提供充分的正当性辩护，也不能捍卫公民的平等与自由。但这并没有让他完全否定社会契约理论，相反，他认为社会契约理论是唯一能够为政治共同体与公民权利提供正当性与合法性的政治理论，约定是"人间一切合法权威的基础"。为什么卢梭对待社会契约理论有着前后差异的态度？笔者认为关键在于卢梭对自然法理论的拒斥。自然法学派的格劳秀斯、霍布斯、普芬道夫、洛克等人，将社会契约

---

① 《论不平等》中卢梭对政治社会的起源和社会契约理论尚未形成成熟与独特性的观念，而是在自然法学派已有基础上的讨论，更多的是受到洛克社会契约理论的影响。卢梭在文本中也有说明，"关于一切政府的基本契约的性质，是尚待探讨的问题，因此我今天暂不谈它。在这里，我只是按照通常的见解，把政治体的建立看作是人民与他们所推选的首领之间的一项契约行为"。参见［法］卢梭《论人与人之间不平等的起因和基础》，李平沤译，商务印书馆2007年版，第109—110页。

理论建立在自然法基础之上，无论自然法所规定的权利和义务是什么，他们都认为人天赋的理性能力能够识别自然法。但是卢梭拒绝理性作为人的天赋能力，也就反对自然状态下原始人具有对自然权利与义务的认知。当构建完美的政治共同体时，拒斥了自然权利的卢梭就需要为政治权利寻找新的基石。

卢梭认为政治权利的基石需要从应然层面出发，从人性的可能性出发，同时要考虑到法律的现实性，也就是"把权力所许可和利益所要求结合起来，以便使正义与功利二者不致有所分歧"①。政治共同体只能由自由、自愿的人们通过一致的约定来达成，放弃自然状态的自由与平等，以享有政治自由与平等等权利。故而，卢梭的社会契约理论与之前的自然法学派在性质上有着巨大的差异，它不是建立在自然法基础之上，而是建立在约定基础之上，"从人类的实际情况与法律的可能情况着眼"，寻找"某种合法的而又确切的政权规则"和政治秩序。《论不平等》对政治社会起源的讨论，成为卢梭在《社会契约论》中重新探讨政治权利原理的基础，但是前者是对实然政治社会的描述与批判，而后者则是依据权利原理对政治共同体的构建。

卢梭虽然为其著作取名《社会契约论》，但是在书中更多的是使用"社会公约"以代替"社会契约"，甚至第一卷第六章直接使用"论社会公约"作为标题。从两词的使用来看，它们在意义上是等同或相似的，许多研究者并不区别二词的含义。但倘若细心考察卢梭对于二词的使用，可发现卢梭有意识地避免使用"社会契约"，在涉及契约的公共性与根本性质时更多地使用"社会公约"。卢梭对二词的区别使用，是因为意识到他的社会契约理论与其他社会契约理论之间存在着根本性的差异，这部分体现在"公约"与"契约"的区别上。

"契约"一词往往出现在市民法之中，是在国家或政治社会出现以后，由主权者制定法律用以调节市民间关系的协议；但社会契约是人类政治共同体得以建构的根本性协议，它显然与受市民法规制的"契约"在性质上有着差异。霍布斯与格劳秀斯并非没有意识到"契约"一词主要受到市民法的限定，但是由于在他们理论中自然法的先验存在，保证了

---

①　[法] 卢梭：《社会契约论》，何兆武译，商务印书馆 2008 年版，第 3 页。

"契约"的合法性，而拒斥自然法的卢梭则不能诉诸自然法来为自然状态下的"契约"赋予合法性。卢梭正是意识到"社会契约"的公共性，以及其他思想家民法意义下的"契约"概念上混淆了"公约"与"契约"，所以他以"社会公约"来指称政治社会建立的协议，凸显这一协议的公共性、根本性与至上性①。

依据格劳秀斯、霍布斯等人对"契约"的界定，它必须由三个要素组成：（1）契约双方的自愿同意；（2）契约双方接受契约规定的义务和权利；（3）必须有一个中立与强力的第三方来保障契约的执行。这三个条件缺一不可，否则契约不能成立。在此基础上，霍布斯认为自然状态下每个人将所有权利交给中立的第三方，以保证契约得到执行。因此，霍布斯主张单一的社会契约理论，主权者并不参与到契约当中，逻辑上主权者就豁免各种义务而享有契约双方转让的权力。相对而言，相互签订契约的个人则背负着双重义务：一是对签订契约的另外一方个体具有履行契约的义务，二是对主权者的命令和意志具有服从的义务②。这样，霍布斯的单一契约在性质上是不可撤销的一次性契约，因为契约的任何一方都没有撤销契约的权利，从而达到为绝对王权辩护的目的。但通常研究者所忽略的是，在霍布斯通过契约理论为王权辩护的同时，客观上也可以达到为人民主权作出辩护的效果，因为保证契约得以实现的既可以是中立的第三方，也可以是通过契约形成的具有单一意志的人民。有理由相信，卢梭在阅读霍布斯契约理论的过程中，从中汲取了需要的成分，因为人民主权的民主制是霍布斯政体起源过程的初始阶段，再由民主制过渡到贵族制或君主制。

普芬道夫意识到霍布斯的单一契约理论存在着缺陷：契约双方具有对主权者的服从，但是相互间的服从义务并不能得到保障，当签订契约的任何一个个体表示不履行契约所规定的义务时，若主权者不采取行动的话，则其他人都具有不服从的义务，从而导致政治社会的解体。此外，霍布斯契约理论中的人民主权理论也冲淡了为王权辩护的目的。为了弥补霍布斯

---

① 在《论主权者》一章中，卢梭就对公约的公共性与契约的民法性质做出区分。就个体与公众签订的契约效力而言，"这里不适用民法上的那条准则，即任何人都无需遵守本人对自己所订的规约"。参见［法］卢梭《社会契约论》，何兆武译，商务印书馆 2008 年版，第 22 页。

② ［英］霍布斯：《论公民》，应星、冯克利译，贵州人民出版社 2003 年版，第 72 页。

国家起源理论的不足，普芬道夫提出"双重契约理论"，认为"组成一个通常意义上的国家，需要有两重契约和一项法令"①。第一重契约是处于自然状态中的人们相互约定组成一个单一的、永久性的联合体，即政治共同体的建构；第二重契约是任命一个人或一个团体，将初创国家托付给他们，即政府契约的达成。通过双重契约，第一步实现了个人之间具有相互服从的义务，第二步实现了市民对政府的服从，它避免了人民主权理论的可能性——即使人民是联合体的主人，但是却并不享有最高权威和统治权力，同时也实现了市民对政府的绝对服从——义务是相互性的，服从却是单方性的。虽然普芬道夫批判霍布斯的国家起源学说，但是他们的共同目的都是为绝对君主权力辩护，剥夺人民对君主的反抗权利。

洛克则完全站在霍布斯与普芬道夫的对立面，反对主权者的绝对性和至上性，主张政府的有限性和契约的相互性。洛克修正了普芬道夫的双重契约理论，第一重契约是人们相互同意建立社会，第二重契约是社会共同体共同授权给某个人或团体来行使最高权力，政府源于人民的委托。如此一来，无论是君主制、贵族制或民主制，其最高权力都是源自人民的委托，当统治者背弃了义务时，人民有权利反抗。然而，洛克双重契约论存在一缺陷，即主权归属的模糊性，一方面没有申明将主权明确归属于人民，同时又仅赋予人民一种消极的革命权。人民革命权的条件严格性使它并不能充分地限制君主或议会对人民义务的背弃。18 世纪日内瓦政府在反对民主派的理论辩护中，引用洛克的双重契约理论，认为政府与人民共同分享主权，反对人民主权理论。

卢梭的社会契约理论是建立在对上述契约理论的批判否定基础之上，他意识到霍布斯的单一契约理论中蕴含的主权的绝对性和人民主权的可能性，也意识到双重契约理论对人民主权的否定，所以他决定效仿采用霍布斯的单一社会契约，但是将"契约"改成"公约"。自然状态下的人们，为了克服自然状态的种种不便和障碍，自愿结合起来，通过社会公约建立政治共同体，确定人民主权。社会公约的签订，不是个人之间的相互契约，也不是政府与人民之间的契约：前者是私人性质的协议，需要由第三

---

① ［德］塞缪尔·冯·普芬道夫：《人和公民的自然法义务》，鞠成伟译，商务印书馆 2010 年版，第 192 页。

方来保障契约的执行；后者犯的错误在于政府是在政治社会形成之后才有的机构。

卢梭主张，社会公约既是个人与全体之间的协议，也是每个人和自己签订的一份合约。自然状态下，每个自然人都是自身的主权者，为了避免战争而与想象中的公众签订契约。但也正是由于社会公约的"神秘性"，造成了对卢梭极权主义的解读。朱学勤等国内学者借用阿尔都塞对卢梭社会契约理论的分析，指出单一社会公约存在的问题是：个体与谁在签订契约？第三方的缺席使得卢梭的社会公约不可能成立①。卢梭的回答是，社会公约的结合行为"包含着一项公众与个人之间的相互规约"。问题随之而来，在政治社会达成之前，"公众"的概念如何存在。迈尔认为这是政治谎言，是卢梭为了欺骗公民接受政治结合的宣传②。

笔者认为这并不是卢梭的政治谎言，批评者之所以认为"公众"概念不能形成，是将它与"人民"概念相混淆：前者是一种人群的聚合，后者是有着单一意志的联合概念；前者是一种历史想象，后者是社会公约的产物。前文介绍了卢梭对人类历史演进阶段的研究，他区分了纯粹自然状态、初始社会、战争状态与政治社会。研究者经常忽视初始社会这一时期，然而，该时期对于卢梭而言是至关重要的，它不仅是人类的黄金时代，同时也是人类道德、正义等概念产生的时期。正是在这个阶段，人类的想象力已经有了极大的发展，不仅能够认识自然、运用工具，某些杰出之士已经开始研究人类社会本身。所以笔者认为，卢梭虽然在所谓的"大契约论"中没有讨论社会与国家的区分，但是这并不能认为卢梭忽视了社会。正是在初始社会时期，人类凭借对群体生活的想象，依靠理性的能力能够想象出"公众"这一集合概念。所以，社会公约才能达成，每一个体能够既与个人自身达成契约，也能与众人达成契约建构政治共同体。

社会公约的签订是在一瞬间完成的，全体一致通过之后，就产生了人民或者主权者的集体概念，这也彻底否认了议会或君主分享主权的理论。

---

① 朱学勤：《道德理想国的覆灭》，上海三联书店1996年版，第86页。
② ［德］迈尔：《政治哲学与启示宗教的挑战》，余明锋译，华夏出版社2014年版，第134页。

人民或主权者作为社会公约的创造物，能够强迫所有人都履行契约的义务，而不需要霍布斯的第三者来保障契约的执行。较之于霍布斯与普芬道夫的绝对王权和洛克的议会代表，卢梭更相信由个体所联合起来的人民，他不仅不会损害每个人的利益，而且也有足够的力量与公正来执行契约。卢梭的社会公约是"一种特殊性质的契约，而且只是它具有这种特殊的性质，所以人民才是同自己在订立契约，人民作为整体来说就是主权者"①。其他思想家的契约，不是将人民作为统一人格而剥夺掉（霍布斯），就是将人民的权利转移给代表（洛克与普芬道夫），它们注定是专制和有缺陷的。

### 三　社会公约的内容：权利转让的限度

卢梭主张社会公约是政治社会的唯一起源，也是所有一切政治权利的渊源。社会公约的目的是"要寻找一种结合的形式，使它能以全部共同的力量来卫护和保障每个结合者的人身和财富，并且由于这一结合而使得每一个与全体相联合的个人又只不过是在服从其本人，并且仍然像以往一样地自由"②。由此推断，社会公约之所以会被个体所接受，就在于它能够保护人在自然状态下的自由与财产。

但是，为什么许多研究者认为卢梭依据社会公约所建立的政治共同体是极权主义呢？因为卢梭认为社会公约的条款内容是：每个结合者及其自身的一切权利全部都转让给整个集体。从字面意思来看，个人在国家或共同体中将不再有任何权利，当个体公民在面对共同体对个人权利的侵犯时，公民缺乏任何有效的抵抗。这与洛克的社会契约为市民的生命、自由、财产权利所做的保留和对最高权利的限制来看，卢梭似乎更为主张一种共同体权力或主权的绝对性。这是否意味着卢梭对个人权利的否定呢？或是赋予了共同体侵犯公民的权力呢？卢梭并非没有意识到绝对的权力所带来的危害性，他重建政治共同体和阐述政治权利原理的目的就是为了捍卫人权、反对专制。卢梭坚信，人民主权的共同体不可能侵犯人民的权利和利益，这是他赋予主权绝对性的原因。但是这样的回答并不能让批判者

---

① ［法］卢梭：《爱弥儿》，李平沤译，商务印书馆 1978 年版，第 709 页。

② ［法］卢梭：《社会契约论》，何兆武译，商务印书馆 2008 年版，第 19 页。

感到满意，他还需要更为详细和缜密的回答。

社会公约的性质是个人与全体之间的契约，个人一方面作为臣民具有服从主权者的义务，但另外一方面公民也是主权者的一员，主权的行使必须是以人民集体的名义做出。所以，共同体权力的绝对性不可能侵犯公民的权利，正如个人不能伤害自身利益一样。由于每个个体都将全部权利转让给共同体，因此在共同体之中每个人都是平等的个体，也就避免了少数人统治多数人或多数人压迫少数人的局面。

社会公约所建构的集体具有公共性，虽然"我们每一个人都同样把自己的财产、人格、生命以及自己的一切能力交给全体意志去支配"①，但这并不构成共同体具有对个人侵犯的权力。为了不导致读者对个人权利全部转让的误读，卢梭在书中对权利转让施加了一定的限制。"每个人由于社会公约而转让出去的自己的一切权力、财富、自由，仅仅是全部之中其用途对于集体有重要关系的那部分。"② 关于哪些权利转让的条件却被诸多研究者所忽视，或者被认为是卢梭在个人主义或集体主义选择中的困惑，从政治心理学解读卢梭思想的学者将这种困惑归咎于卢梭的矛盾性格③。这样的推论所得的结果必然是从这两种看似冲突与矛盾的表述中选择更为合理的一个，最终卢梭被理解为集体主义者或共同体至上主义者。然而从矛盾中择一的认知却与卢梭的自我表述存在着不一致，"我所有的观点都是一致的，但是我不能一下子全部表明和解释它们"。如果研究者坚持卢梭思想的一致性，就必须回答这个问题，而不能将这个冲突仅仅理解为文字上的错误。

回到卢梭文本当中，其对权利转让的有限性是在第二卷第四章"论主权权力的界限"中，而认为权利转让的绝对性是在第一卷第六章"论社会公约"中。从内容上看，第一卷主要讨论人类如何从自然状态过渡到政治社会，以及社会公约的根本条件是什么。卢梭首要的任务是确立人民主权，并赋予主权者权力的绝对性与至上性，只有这样，才能结束战争

---

① ［法］卢梭:《爱弥儿》，李平沤译，商务印书馆1978年版，第708页。
② ［法］卢梭:《社会契约论》，何兆武译，商务印书馆2008年版，第38页。
③ 布兰查德认为卢梭思想中关于"自由的明显悖论"源于他对人性的矛盾看法，而这源于他自身敏感的双重天性。参见［美］威廉·布兰查德《卢梭与反叛精神——一项心理学研究》，王英译，中央编译出版社2012年版，第145页。

状态下个人相互为敌的局面，克服人们之间的不信任，彻底发挥出集体的力量。主权只能以人民集体的名义行使，主权者只能是依据社会公约的目的——自由和平等，行使其权力，所以主权是绝对的但不是不受限制的。

研究者解读卢梭主权理论时，往往将"权力的绝对性"与"权力的专制性"相混淆，认为权力的"绝对性"是不受任何限制的利维坦，但实质上"绝对性"是相对政府权力和人民权利而言，不受任何其他权力的干涉与影响。主权并不是专制的，因为它受到社会公约的限制，也受政治共同体建立宗旨的约束。卢梭意识到社会公约是一切权利和政治权力的来源，当主权的行使违背社会公约时，它就不再是捍卫公民生命、自由、财产的权力，社会公约将无效，共同体也将瓦解，人民复归到自然状态之中并重新恢复自然自由与平等。社会公约对公民权利的捍卫体现在对公民个人利益的保护，只要个人行为不涉及公共利益或与集体无关时，公民就享有绝对的权利而不受侵犯或干扰，这也就构成了对专制主权的拒绝。[①]卢梭为化解社会公约签订过程中个人权利如何转让给集体或共同体的表面矛盾，对财产权的转让做了详细论述[②]。

自然法学派主张在自然状态中，自然界的所有物品和资源都处于一种共有状态，通过劳动的长期占有使个人获得对资源的占有权。虽然自然法规定了占有权基础上的所有权，但是它缺乏强制力来捍卫个人的所有权，继而出现为争夺资源形成的战争状态。只有在政治社会形成之后，个人依赖于市民法而将占有权确认为所有权或私人财产权。卢梭在第二论中对财产的起源持上述相同的观点，但是他对于财产权的性质持有不同的观点。

洛克认为财产权是一种天赋的自然权利，源于个人通过劳动将所有权扩展到物品或产品之上，因此政府不能侵犯个人的财产权利。卢梭没有坚持洛克的财产理论，因为该理论实质上是将贫富等级制度化，固化了人类

---

① "主权权力虽然是完全绝对的、完全神圣的、完全不可侵犯的，却不会超出、也不能超出公共约定的界限；并且人人都可以任意处置这种约定所留给自己的财富和自由。"参见［法］卢梭《社会契约论》，何兆武译，商务印书馆 2008 年版，第 41 页。

② 卢梭选择财产权，这是因为这一项权利最为自由主义者所关注。同时，有兴趣的读者也可以阅读卢梭对公民宗教的论述，虽然公民宗教的宣言让人们接受一种关于神的学说，但是卢梭同时也表示，在坚持神的一致性基础上，任何个人的信仰，政府或国家是无权干涉的，因为公民具有宗教信仰自由。

的不平等。卢梭认为，在人类通过社会公约形成集体之后，个人将所有的权利和财富都献给了集体。但是，这并不意味着财产的所有权转让到集体手中，而是相对于其他国家或共同体，该集体享有自然状态下的占有权①。这是因为，社会公约所建构的政治共同体只是局限于该集体成员内部，而它仍然与外部的其他国家或共同体处于自然状态之中，缺乏法律来确认私人财产所有权，只能依据最先占有权来捍卫共同体的财产。在国际关系所处的自然状态中，国家或政治共同体类似于法人或拟人格拥有对共有资源的占有权，但是并不具有法律确认的所有权。所以卢梭说，个人将全部财富转让给政府以后，非但没有侵犯个人的财产权，反而使得公民的所有权"更为强而有力和更为不可变更"，因为集体、国家的力量比个人要强大得多②。

从内部关系来看，个人财产权的转让也绝对不是所有权的转移，而是将财产交给国家来共同保管，以法律将个人对资源的享用和占有权转化为所有权，成为真正的权利，得到共同体全体成员的尊重。财产转让的唯一特点是："集体在接受个人财富时远不是剥夺个人的财富，而只是保证他们对自己财富的合法享有。"③ 与洛克对个人财产权的绝对神圣捍卫不同，卢梭的个人财产所有权并不是神圣和绝对的，它必须从属于集体对所有人具有的权力。绝对的私人财产权势必会造成共同体的瓦解和不平等，甚至出现人类社会的悲剧，如当出现饥荒等灾难，若继续坚持私人财产的神圣性和不可侵犯，将造成人类饿死或相食的局面。霍布斯和普芬道夫认为，人类自我保存的需要可以让人违背政治法，当遭遇到极端情况下，个人可以违背法律对于私人财产的保障，因为这源于自然法，比成文法更为神圣的法律④。由于卢梭对自然法的拒斥，所以他将这种自我保存的权利交由集体来行使。当个人的财产权已经涉及共同体的根本利益时，它就与集体

---

① 卢梭的自然状态实质上可以划分为两种：一是人类共同所处的状态；一是某个单一政治共同体形成后，与其他政治共同体仍处在自然状态中，因为缺乏一个根本性公约将他们组织起来形成单一的人类政治共同体。

② ［法］卢梭：《社会契约论》，何兆武译，商务印书馆 2008 年版，第 27 页。

③ ［法］卢梭：《社会契约论》，何兆武译，商务印书馆 2008 年版，第 29 页。

④ ［德］塞缪尔·冯·普芬道夫：《人和公民的自然法义务》，鞠成伟译，商务印书馆 2010 年版，第 102—104 页。

有关，主权者可以做出判断。

社会公约的达成，个人所有权利的转让并不是个人的泯灭，相反，公约是以法律的形式，以政治自由代替了天然的独立，以集体、稳定的生活取代了不可靠、不安定的孤立生活，以人身安全的保障取代了自然状态下的相互侵害，以集体的力量保护了个人面对强力的迫害。在正常情况下，个人在私人领域内的事务享有充分的自由权，受到法律的保护免于他人的侵犯与政府的干涉；只有涉及他人事务或与集体有重要关系时，共同体才能对此进行干涉。虽然是否与他人或集体有关系的判断权交由主权者，但由于主权者只能干涉普遍性的事务，并且公民作为主权者的一员，因此这种判断必将是谨慎与明智的，而不至滥用。

卢梭的社会公约理论，没有取消个人的自由与独立，赋予共同体任意处置公共约定所留给公民的财富和自由的权力，相反，"除了这个公共人格之外，我们还得考虑构成公共人格的那些私人，他们的生命和自由是天然地独立于公共人格之外的。问题就在于要很好地区别与公民相应的权利和与主权者相应的权利，并区别前者以臣民的资格所应尽的义务和他们以人的资格所应享的自然权利"①。这段话清楚地表明卢梭试图在政治共同体中仍然保持公民的权利和区分臣民的义务，面对主权的绝对性，公民已然具有权利减少个体对共同体的服从。从人类现实生活来看，卢梭对于公民权利的保障较之于洛克的个人主义，更能有利于共同体的维持和发展，而避免过于坚持个人的自由与财产的神圣所造成的灾难。

## 第二节　政治共同体的意志：公意

卢梭在讨论完社会公约之后，用一句简短的话概述了其内容："我们每个人都以其自身及其全部的力量共同置于公意的最高指导之下，并且我们在共同体中接纳每一个成员作为全体之不可分割的一部分。"② 上一节我们讨论了个人如何将全部权利转让给共同体，但是遗留"公意"概念未作讨论，这是因为卢梭公意概念的复杂性。

① ［法］卢梭：《社会契约论》，何兆武译，商务印书馆2008年版，第37页。
② ［法］卢梭：《社会契约论》，何兆武译，商务印书馆2008年版，第20页。

　　长期以来，"公意"是卢梭思想中最具争论性的概念，如其内容是什么、公意与个人意志之间的关系、公意如何表现及产生。史珂拉认为"公意概念表达了卢梭一切想说的东西"①，公意概念不仅贯穿了卢梭的政治理论，也是将主权、法律、政府联系在一起的线索。读者需要留心的是，公意概念并不是卢梭首创，赖利在对公意的观念史做了一番研究后，认为公意概念最早源于神学领域关于上帝一般意志与特殊意志的争论，17世纪逐渐被运用于政治领域②。在卢梭之前，孟德斯鸠与狄德罗已经在政治学领域中用到了该词。孟德斯鸠将"公意"等同于国家的立法权，认为行政权是公意的执行，法律是公意的宣告③。但是真正将"公意"作为重要的概念引入政治学并深入探讨，应该归功于卢梭。那么，为什么卢梭会引入"公意"概念，并将其放置核心的地位呢？

### 一　公意：意志的联合

　　17、18 世纪的舆论气候中，思想界的共识是个人意志决定了人的行动，自由意志构成了人格的统一和独立。同理，国家或者政治共同体如果要统一行动并具有力量执行法律和实施统治，必须将共同体中的个人联合起来，形成统一的单一人格。普芬道夫、霍布斯、洛克虽然对于主权者构成的偏好不同，但是他们都认为国家是一个独立的"大写的人"，其意志通过主权者（个人、团体或全体）的意志表现出来，通过法律宣告出来。契约理论家们认为，自然状态下的个人通过社会契约建构共同体的过程，实质上是将分散的个人意志联合起来的过程，他们之间的差异在于个别意志的联合方式。

　　霍布斯认为国家构成必须具有"单一意志"，每个人都必须将自己的意志服从于它，这样主权者的意志将被视为是所有人的意志。个人将自己的意志服从于单一意志之后，才能将自己的全部力量和权利转让给国家，国家才能具有独立的"人格"。因此，这个统一的意志既可以是人民意

---

① Shklar J. N. ed., *Men and Citizens：A Study of Rousseau's Social Theory*, Cambridge：Cambridge University Press, 1969, p. 184.

② Riley P., "The general will before Rousseau", *Political Theory*, Vol. 6, No. 4, November 1978, pp. 485 – 516.

③ ［法］孟德斯鸠：《论法的精神》，张雁深译，商务印书馆1978 年版，第 157 页。

志，也可以是议会或者君主的意志，无论这单一意志以何种方式存在，个体必须完全地服从它。普芬道夫虽然强调人类的社会性，但是他认为社会性并不能构成统一的共同体，因为缺乏一个单一的或全体的意志将分散的小团体联合起来。若国家欲构成，它就必须将众多意志联合在一起，"唯一方式就是使所有人都服从于一个人或一个团体"①，在这一全体意志之下，国家就获得了比任何单独的个体都要强大得多的力量。洛克使用"社会意志"或"统一的意志"指代国家单一意志，它能够将社会各个要素整合起来。洛克坚持每个人基于社会契约组成的共同体，实质上是"一个整体，具有作为一个整体而行动的权力"②，在社会意志的基础上，国家才能成为一个整体并且具有独立性，立法机关使它得到表达，政府则依据它而行动。因此，当卢梭用公共人格来比喻国家，强调共同体的单一意志时，并不具有或未能意识到现代政治所给予的极权主义或集体主义内涵，也不具有"有机体国家"所蕴含的专制主义色彩。在当时，国家被比喻为人格，是当时的舆论气候所致，读者需要回到卢梭写作的时代背景中，按照当时的用语去理解卢梭所使用的概念和比喻。

卢梭提出"公意"概念时，前人实际上已经用不同的词来指代其内涵。与之不同的是，他们并没有充分强调意志的公共性与单一性在社会契约理论中的作用，而卢梭则用公意统摄了共同体，认为只有在最高的公意指导之下，平等与自由的共同体才能真正构成。卢梭之所以强调"公意"的使用，源于他对契约理论家们的不满，因为他们的社会契约理论并不能将基于自利出发的个人真正地联合起来，也不能在共同体建构完成后形成具有真正的单一意志并发挥集体的力量。霍布斯与普芬道夫强调个人对单一意志的服从，不是出于暴力的恐惧，就是出于安全的考虑；洛克虽然注意到恐惧并不能将人们的意志联合起来，而主张用生命、自由、财产权来限制主权者的权力，但是他的逻辑基础仍是自利的个人。当共同体完全是建立在自利基础之上的联合时，个人意志与共同体意志仍然处在矛盾与冲突之中，公民之间的个人意志也是处于不断冲突的状态下，所以个人仍然

①　［德］塞缪尔·冯·普芬道夫：《人和公民的自然法义务》，鞠成伟译，商务印书馆 2010 年版，第 192 页。

②　［英］洛克：《政府论》（下篇），叶启芳、瞿菊农译，商务印书馆 1996 年版，第 60 页。

面临着意志压迫和共同体崩溃与瓦解的可能。卢梭认识到个人与共同意志之间的冲突，表现为"市民"与"公民"身份的冲突。他不具有启蒙思想家所具有的对人性的乐观理念，他对人性的悲观认识使他强调公意概念，希望通过公意将自利的现代人转化为公民，完成自然状态向政治社会的过渡。只有依赖于转化的公民，才能在共同体的公共领域消减个人意志与公意的矛盾。

社会公约的达成，个人完成将所有权利、力量和财富向共同体的转移，是国家或共同体单一人格形成的神圣时刻。在公约完成的那一刻，一个有着单一意志的道德存在体也就随之诞生，它的意志不仅是个人意志的聚合，也是凌驾于众人意志之上的联合。卢梭区分了个别意志、众意与公意：个别意志实际是个人出于自利的本性，倾向于偏私与追求个人利益；众意则是个别意志的总和，它通常与公意混淆；公意则是着眼于公共利益。卢梭认为以自利人为出发点的霍布斯、洛克等人恰恰是将众意等同于公意，因此主张多数人的权利、多数人的意志具有权威。在卢梭看来，个人意志与公意之间存在着紧张的冲突关系，这是由它们的性质决定的，"纵使个别意志与公意在某些点上互相一致并不是不可能的……只能是机遇的结果"[1]。

个别意志与公意之间的张力是共同体兴亡的关键：如果个人意志或其聚合的众意被当作公意，则共同体不再可能是自由与平等的，因为它脱离了共同利益的宗旨而满足于私人或集团利益；当公意完全指导共同体时，法律的制定与执行完全以共同利益为目的，共同体就能够维持下去。顺此逻辑，卢梭的政治理论倾向于反对共同体内部其他政治团体的存在，唯一的政治团体只能是共同体，主权者也必须是人民作为集体而存在，而不能是任何个人或者团体。但是，这不意味着卢梭否定其他社会团体的存在，这是许多研究者批评卢梭政治理论所犯错误之一。卢梭从未说过或反对任何公民结社的自由，也未反对其他非政治团体的存在，在《论戏剧》和《山中来信》中，卢梭主张公民有着团体生活，但是这种团体的力量或者其团体意志不能影响公意的存在。同个人权利转让给共同体的限度一样，个人意志同样存在于私人领域或社会领域，作

---

① ［法］卢梭：《社会契约论》，何兆武译，商务印书馆 2008 年版，第 32 页。

为社会的个体，他们可以依赖于个人意志讨论政治话题，但是当他们作为公民，作为主权者一员决定共同体事务时，他们的个人意志将会沉默，公意突显。

个人只有在意志下行动，共同体也必须在唯一的公意指导下维持运转。只有通过公意，将众多不同的个别意志或个人利益联合起来，才可以实现公民在政治社会中的自由与平等。公意，"对国家所有的成员来说，无论是他们相互之间，还是他们与国家之间，它都是衡量正义与非正义的尺度"①，也是一切政府的第一原则和基本法则。

### 二　公意与个人意志：身份的转变

公意是什么？这是一个棘手的问题，因为卢梭从未明确赋予其实质性内容；同时它也是一个易回答的问题，字面意思就是公共意志或普遍意志。卢梭在著作中未对公意下过明确的定义，往往用"公共幸福""共同利益"来限定公意的宗旨或范围，以区别个别意志与众意。唯一明确对公意内容有过简单的描述之处，是"除掉个别意志间正负相抵消的部分而外，则剩下的总和是公意"②。许多研究者从这句话分析卢梭的公意概念，依赖数学公式来区分公意、众意和个别意志。普拉梅纳茨就通过数学公式表达了这段话，认为卢梭的"公意"概念在何种情况下都纯属无稽之谈：

> 约翰的意志是 $x + a$，理查德的意志是 $x + b$，托马斯的意志是 $x + c$；$x$ 是他们共有的，$a$、$b$、$c$ 是他们特有的。倘若公意是"正"与"负"抵消后依然存在之物，它就是 $x$；然而，倘若公意是差异的总和，那它是 $a + b + c$。无论哪一个，它不能同时是两者。③

---

① ［法］卢梭：《政治经济学》，李平沤译，商务印书馆 2013 年版，第 6 页。
② ［法］卢梭：《社会契约论》，何兆武译，商务印书馆 2008 年版，第 35 页。
③ 张奚若同样从类似的数学公式来表达卢梭的公意。参见 Plamenatz J. ed.，*Man and Society: A Critical Examination of Some Important Social and Political Theories from Machiavelli to Marx*，London：Longmans，1963，p.393；张奚若：《张奚若文集·社约论考》，清华大学出版社 1989 年版，第 55 页。

　　吉尔丁认为普拉梅纳茨的分析误解了卢梭对数学公式的运用，因为卢梭对数学公式的运用只是一种比喻方法，易于让读者以生动的方式理解公意[①]。但是笔者认为普拉梅纳茨的错误在于完全混淆了"众"与"公"的理解，同样的错误也存在于从奥尔森的集体行动理论来分析卢梭的公意。奥尔森指出集体行动理论的困境在于基于理性地追求个人利益最大化的经济人，虽然能够为了共同利益而组成集体行动，但是随着集体规模的扩大，"搭便车"行为随之出现并使得集体不能维持运转[②]。把奥尔森的理论放入卢梭的公意学说中时，个别意志就是个人利益的追求，众意就是共同体的利益，由于公意和公共利益的公共性，个人在个别意志的主导下就会出现"搭便车"的动机，逃避个人义务的履行而只享受权利，从而公意就消失于个人意志当中。形式上看，奥尔森的集体行动理论与卢梭的公意学说有着相似性，但是他们二者的理论基石完全不同，因为前者的出发点是理性的经济人，而卢梭的公意恰恰是要摆脱个体的理性而转化为从共同利益出发的公民。

　　为了更好地理解卢梭的公意，必须将其与个人意志的关系纳入讨论之中。与过往的研究将个人意志与公意对立起来不同，笔者认为最好先深入探讨一下何为个人意志[③]。个人意志具有双重含意，既包含了个体作为市民或臣民具有的私人利益或特殊利益，这就是他的特殊意志；也包含了个体作为公民所具有的公共利益，这是公共意志。如果将卢梭的公意与个体意志完全对立起来，则公意本身也就失去了意志的基础，因为它必须是建立在个人的主观意志判断和认识基础之上。较为合理的看法是，卢梭的公意否定的是个人的特殊意志，因为特殊意志指向的个人特殊利益与公意所指向的公共利益存在着摩擦和矛盾。只有将特殊意志从公共领域清除，公意才能得到无障碍的彰显。前文我们已经讨论，社会公约中个人并非将所

　　① ［美］吉尔丁：《设计论证——卢梭的〈社会契约论〉》，尚新建、王凌云译，华夏出版社2006年版，第61—63页。

　　② ［美］曼瑟尔·奥尔森：《集体行动的逻辑》，陈郁译，上海人民出版社2006年版。

　　③ 谈火生讨论公意概念时，区分了个人意志与特殊意志，认为公意是在个人意志基础上否定特殊意志。陈炳辉认为公民身份使个人兼具公共人格和私人人格。参见谈火生《卢梭的"共同意志"概念：缘起与内涵》，载马德普《中西政治文化论丛》（第六辑），天津人民出版社2007年版，第357—383页；陈炳辉《西方民主理论：古典与现代》，中国社会科学出版社2016年版，第112页。

有权利全部转让给共同体，在公共领域之外，个人仍然具有作为臣民享有私人领域的权利而不受主权的干涉。个体具有臣民与公民的双重身份，决定了他意志上的双重属性：公意与特殊意志在个人身上兼存。

卢梭认为公意只能通过主权者来表达，也就是说，只有召开公民大会才能使公意表现出来。一旦公民大会召开，个体的身份随即发生转变，他不再是以臣民或市民的身份来考察个人利益，而只能以公民或主权者的一员的身份来考察共同利益。因此，公民在对公民事务投票的过程中，不是问他的个人特殊意志赞不赞同，而是问他这个提议是不是符合他所认知的公意。

公意的正确理解关键在于"公共"的概念，公民大会召开之前，众意、个人的特殊意志与公意有着区别；而在公民大会召开时，公意与众意在严格条件下是相同的。这个严格的条件，是个人在公民大会的投票过程中，保证相互之间没有任何勾结和不曾出现派别与小集团。在最为理想的政治共同体下，公民大会中个体完全受到公意的指导，投票会出现全体一致；但是一旦个人利益开始为人所感觉到并影响到公民大会时，"投票就不再由全体一致所支配，公意就不再是众意"[①]。个人身份的转变，公意与特殊意志在个人意志中的关系，决定了公意能否表现。当个人仅局限于私人利益，或者公民德性败坏时，个体的特殊意志总能战胜公意，使公意被回避；当个人仅仅作为公民考虑公意时，则公意总是稳固的、不变的和纯粹的。

卢梭认为政治社会是将"自然人"转化为"公民"，但是这种转变在笔者看来不是像施特劳斯学派所主张的彻底转变，而是公共领域的转变，个人在私人领域仍然可以保存他的特殊意志和私人利益。公民身份仅存在于公共领域当中，而非存在于社会的一切领域；公意对公民精神的指导同样只存在于公共事务之中，而当涉及私人利益或私人生活时，个体仍然保留其对自身利益的追求和保护。公意的彰显，并不意味着对个人意志的消除：如果卢梭的公意概念意味着对个人意志或团体意志的完全消灭，卢梭被认为是极权主

---

① 卢梭虽然在《社会契约论》第一、二卷严格区别了公意与众意，但是在第四卷中，认为召开公民大会时，公意与众意是可以等同的。参见［法］卢梭《社会契约论》，何兆武译，商务印书馆 2008 年版，第 132 页。

义则无甚疑义；但如果卢梭的意思是在公共事务中保持个人的特殊意志与公意一致，则卢梭的"极权主义先驱"的标签就需要受到质疑。

公意将自利的个人联合成为一个整体，共同体的行动必须基于公意的指导，公意表现于公民的投票，借助投票结果得以宣告。在卢梭构建的共同体中，公意是公约的产物，也是客观与永恒性的存在，它既不能被毁灭，也不会消失，而只能被腐化的社会和腐化的公民所回避。传统契约理论家所构建的共同体由于是建立在不平等与自利个人基础之上，因此不能产生公意，只能是意志的聚合，而不是意志的联合。即使洛克等人强调个人出于自愿意志的同意，产生了对主权者的服从义务，但是这并不能强迫个人意志对"社会意志"的服从，因为个人在其中不能找到一种公共意志，找不到自身的意志，最终只能服从于个人或团体的意志。因此，自愿同意的社会契约并不一定能带来真正的自由与平等，而只有建立在公约基础之上，服从公意的指导才能真正实现公民的自由与平等。公意由于其公共性与集体性，其合法性来源于公民个体身份的转换以及特殊意志的服从。在公意下，公民之间是完全平等与自由的个体，他们履行共同的义务，也享受平等的权利，每个成员都是共同体的主权者一员。

### 三　多数规则与强迫的自由

由于公意只能是主权者的意志，因此它不能脱离主权者而存在，这也限定了它只能在公民大会上表现出来。最直观的体现就是公民的投票，卢梭采取多数规则来确定公意，但是这只是确认而不是决定公意。许多研究者在公意的属性上有着诸多争论，部分认为公意是由投票产生，多数人所赞成的决议就是公意，它不是先验存在的实体；也有部分学者认为公意是客观存在，无论是多数人还是少数人赞成都不能产生公意，正义的理念确认公意的内涵①。笔者更为倾向梅尔泽的观点：公意的客观性并不是说它

---

① 威廉姆斯与梅尔泽在卢梭的"公意"概念上发生争论，前者认为卢梭是一名柏拉图主义者，正义概念优于公意，因此公意有着先验主义属性；后者认为卢梭是霍布斯主义者，公意是道德建构出来的产物。Melzer A. M. , "Rousseau's Moral Realism: Replacing Natural Law with the General Wil", *American Political Science Review*, Vol. 77, No. 3, September 1983, pp. 633 – 651; Williams D. L. , "Justice and the General will: Affirming Rousseau's Ancient Orientation", *Journal of the History of Ideas*, Vol. 66, No. 3, July 2005, pp. 383 –411.

是先验的，而是客观存在，并通过一定条件去认知。当个人的道德或制度出现腐败，主权者的意志就会偏离公意。威廉姆斯认为正义优于公意，公意必须遵循正义理念的看法，混淆了公意的客观性与理念的普世性。在柏拉图的理念论中，正义作为一种理念是具有普世性的真理含义，公意作为它的产物也就具有了普世性的属性。然而，在卢梭的政治理论中，"普世性"与公意概念是相互对立和排斥的。正如卢梭拒绝世界主义和普遍主义，卢梭拒绝了狄德罗的"普遍意志"而选择"公意"。

公意是社会公约的产物，它只能对于政治共同体内部成员来说是公共的，对于共同体外部来说，它只是个别意志。公意属性的正确认识对卢梭理论解读有着重要的影响，因为它意味着卢梭是自由主义者还是极权主义者，或者说其理论蕴含了极权主义成分。支持卢梭是极权主义的学者，常常引用卢梭的一段话："任何人拒不服从公意的，全体要迫使他服从公意。这恰好就是说，人们要迫使他自由。"① 迫使的自由或者强迫的自由，这对于自由主义者而言，无疑是为一种绝对权力或极权主义的辩护。但是，这种观点忽视了一个极其重要的问题，卢梭是在什么意义上使用"自由"一词，其"公意"又有着什么样的属性呢？首先，让我们试图回答后一个问题。

确实，卢梭主张公民大会采取一种多数规则。只有社会公约本身是必须全体一致同意才能达成，它意味着个体出于自愿意志下的同意，也意味着接受共同体的管理和对主权者的服从。由于现实的各种原因，人民作为一个集体不可能在所有事务中达成一致，为了集体行动的可能就必须采取一种决策规则——多数规则。多数规则不仅被卢梭所采用，同时也被洛克所接受，他们共同的理论基础是社会契约的一致同意赋予的个人对多数规则的服从义务。但是，多数规则对于卢梭的公意而言，不是充分条件，而只是必要条件。它与洛克等人的多数规则在性质上有着根本差异，后者因为社会意志是聚合的结果，只能采取少数服从多数的决策规则；而卢梭的共同体是意志的联合，少数对于多数的服从并不是基于人数的多少，而只能是多数人可能较为接近于公意。所以，公意只能通过多数表达出来，但是多数表达出来的却有可能是众意而不是公意。

---

① ［法］卢梭：《社会契约论》，何兆武译，商务印书馆2008年版，第24—25页。

为了保证多数人公意的正当性，梅尔泽认为卢梭从道德和制度双重因素入手强化公意①。道德方面强调的是个体在市民与公民身份之间的转变，制度强调人民主权制。与此同时，也有学者引用孔多塞的"陪审团定理"为卢梭的公意理论寻求认识论基础，即多数人在信息充分的情况下更能得出接近真理的认识和做出正确的判断②。但是这混淆了卢梭的公意基础，它不是出于认识论而是出于道德或伦理学的基础，公意不是多数人判断的结果，而只能是作为公民身份对公共利益所做的判断③。笔者认为梅尔泽的观点更符合卢梭对公意的界定，虽然公意是社会公约的产物，但是通过道德与制度的双重因素能够保障主权者的投票接近公意。

卢梭对于公意的表达，有着严格的条件限制，这是由于他深刻认识到腐化的社会下个人只从特殊利益出发，而不是从共同利益出发来看待公共事务和做出判断。为了防止个人特殊意志对公共意志的影响，卢梭要求尽可能地减少政治团体的存在，因为它导致团体意志掩盖公意的彰显；同时个人在公民大会上不能有任何勾结，而只能表达自己的意见。在杜绝了派系与特殊意志对公民的影响后，卢梭要求公民在投票过程中只能依据"公民"身份对公共事务做出判断，问自己的判断是否符合公意。在严格的条件下，公意必然以公共利益为依归，而不能服从于个人特殊意志。当少数人在该条件下所作出的判断与多数人不一致时，"只是证明我错了，只是证明我所估计的公意并不是公意"④。当公民意识到自己错了的时候，它就必须服从多数所表达出来的公意，并且遵守这种公意。

那么，强迫的自由又如何理解呢？崔之元与袁贺认为这是汉语翻译的

---

① Melzer, A. M. ed., *The Natural Goodness of Man*: *On the System of Rousseau's Thought*, Chicago: The University of Chicago Press, 1990, p. 170.

② Grofman 和 Feld 从孔多塞的陪审团定理推演出卢梭公意理论的正确性，国内如崔之元等学者也同意这种见解。参见 Grofman B., Feld S. L., "Rousseau's General Will: a Condorcetian Perspective", *American Political Science Review*, Vol. 82, No. 2, June 1988, pp. 567 – 576；崔之元《卢梭新论》，《读书》1996 年第 7 期。

③ Schwartzberg 从历史考察出发，反对 Grofman 认为卢梭的公意理论受到了孔多塞的影响的看法，事实是孔多塞对卢梭的公意有所认识并受到其影响，对卢梭公意的理论认识应该从格劳秀斯和普芬道夫带给卢梭的道德认识分析。Schwartzberg M., "Voting the General Will Rousseau on Decision Rules", *Political Theory*, Vol. 36, No. 3, June 2008, pp. 403 – 423.

④ ［法］卢梭：《社会契约论》，何兆武译，商务印书馆 2008 年版，第 136 页。

误读，正确的理解是"使之能够自由"①。但是笔者认为将这个理论难题理解为翻译的问题将过于简单化，忽视了该问题在中西学界引起的长期争论，应必须从学理上重视这个问题。一个人只有出于自我意志的行为，我们才能称之为自由，如果不是出于自我意志而强迫服从，那么这就只能称之为奴役。从字面上来看，强迫的自由不符合意志自由，是强力的结果。但是，这种强迫的自由不是与卢梭所倡导的政治自由相冲突吗？卢梭在书中自问，"一个人怎么能够是自由的，而又被迫要遵守并不是属于他自己的那些意志呢？反对者怎么能够既是自由的，而又要服从为他们所不曾同意的那些法律呢？"② 显然，卢梭已经意识到强迫的自由存在着形式上的悖论，而解决这个悖论的方法就是如何理解自由和法律。

法律是公意的宣告，通过多数规则所制定，所以服从法律就是服从公意和接受公意的指导。何为自由？共同体下的自由不是自然状态下的独立，而是政治社会中对法律的服从，卢梭"主张的是法律治理下的自由，没有法律，自由就不可能存在"③。公意＝法律，法律＝自由，则公意＝自由，在这种逻辑关系下，强迫服从公意就是强迫的自由。当公民个体对公意的服从不是强力下的迫使，而是道德认识上的转化，则"强迫的自由"也就失去了压制个人自由的内涵。在自由主义理论体系中，强迫少数人对法律的服从是合理的，则卢梭的强迫的自由同样具有合法与正当性。

公意概念作为卢梭政治理论的核心，它维系着政治共同体的运转，同时也保障公民的自由与平等。在公意的指导下，共同体不可能伤害个人利益，也不会存在极权主义的成分。公意，不是建立在知识论基础之上，而是建立在道德认识论基础之上，它的彰显需要自利的个人向公民身份的转变，"需要最高尚的道德修养给以足够的启示"④。研究者之所以将卢梭界定为极权主义者，是对卢梭公意概念的断章取义，以及混淆了公意理论上的可能性与实践中的复杂性。卢梭对公意的彰显所做的严格限制，是现实

---

① 崔之元：《卢梭新论》，《读书》1996 年第 7 期；袁贺：《一个人的卢梭——评朱学勤的卢梭研究》，《开放时代》2004 年第 1 期。

② ［法］卢梭：《社会契约论》，何兆武译，商务印书馆 2008 年版，第 136 页。

③ ［法］卢梭：《山中来信》，李平沤译，商务印书馆 2012 年版，第 178 页。

④ ［法］卢梭：《政治经济学》，李平沤译，商务印书馆 2013 年版，第 11 页。

政治社会中难以做到的，也易于被某些野心家操控和代言，但是这并不是卢梭政治理论的错误。相反，卢梭的公意概念蕴含了自由的理念，它不仅源于个人的意志自由，而且也以实现政治自由为目的。

公意是源自于个人自由意志下的联合，任何的强迫或者奴役并不能赋予任何统治以合法性，政治共同体的合法性只能来源于个人意志的自由和同意。政治共同体的建构，不能以牺牲个人自由为代价，因为当个人放弃自身的意志后，其行为也就失去了任何的道德性，也失去了做人的资格，其建构的共同体也就不具有任何正当性。公民在共同体中接受公意的指导，因为公意不是任何个人意志或团体意志，而只能是一种共同意志，它既不能伤害个人的权利，也不能侵犯个人的自由。公民对公意的服从和对法律的遵守，都是自由意志下的行为。所以，卢梭教导爱弥儿，"社会契约之下生活比在自然状态中生活更为自由"①。

社会公约达成的瞬间，造就出了公意指导下的共同体，人类也就完全告别了自然状态而进入政治社会。然而，仅仅依赖于个体由自然人向公民的身份和道德过渡并不能维持共同体的运转，因为人性在社会条件下必然是呈现堕落与下滑的趋势，也必然是从最初的自由与平等共同体蜕化为专制与奴役的共同体。卢梭批评自然法学派的社会契约理论，正是意识到依据他们的人性与制度建设并不能阻止专制与奴役的建立，所以在强调理想共同体在公意的统治基础上，它还必须需要制度层面的建设。政治权利原理不仅是赋予公民应然的政治权利和主权者的身份，它还需要在此基础上设计制度保障公民的权利，维持共同体的独立与运转，尽可能地减缓共同体蜕化的速度。

---

① ［法］卢梭：《爱弥儿》，李平沤译，商务印书馆 1978 年版，第 709 页。

# 第 四 章

# 政治共同体的主权：人民主权

当从立法或政治共同体创制的角度来看待卢梭的政治理论时，《社会契约论》就不再是"那种狡猾的形而上学"①，而是一门有着现实意义的政治科学。卢梭在完成从应然层面探讨公民政治权利原理之后，接下来的工作是为人民提供一套完整的政治制度，使得主权者与政府各司其职，共同体全体成员遵守社会公约并维持共同体的和平与繁荣。正是在人民主权与政府等具体制度设计上，对卢梭政治理论的矛盾与多样解读得以呈现。

施特劳斯将卢梭称为"第一位真正的民主理论家"，卢梭是首位考虑到民主问题的复杂性，为民主辩护，倡导人民主权的思想家。长期以来，直接或纯粹民主在西方政治思想传统中是受到诟病的政治制度。共和主义虽然倡导人民是一切权力的来源，但是，人民的权力通常需要元老院（贵族权力）或君主权力的制衡，即民主制只是作为混合宪政体制中的一部分存在。在混合宪政中，人民的权力必须结合其他权力来共同维持共同体的运转，人数的力量、智慧或理性的力量以及行政的效率三者之间需要取得一定的平衡②。但是，"一切权力属于人民"与"一切权力来源于人民"之间存在着根本上的观点差异：前者意味着人民掌握权力，后者则

---

① 贡斯当是继伯克之后，批判卢梭政治理论的重要思想家之一，他在其书中多次批判卢梭的《社会契约论》是一门玄学、狡猾的形而上学、空洞的抽象理论，而忽视了卢梭《社会契约论》实质上是一门创制的书籍，具有强烈的现实内涵。参见［法］邦雅曼·贡斯当《古代人的自由与现代人的自由》，阎克文、刘满贵译，上海人民出版社 2005 年版，第 144、161、271 页。

② 英国内战建立的代议制度在共和主义传统看来，实质上就是古代共和国在现代的另一种形式存在。孟德斯鸠认为英国的政治制度就是完美的商业共和国，君权、议会、人民三者之间存在着完善的制约关系。参见［法］孟德斯鸠《论法的精神》，张雁深译，商务印书馆 1978 年版，第 162 页。

意味着人民将权力委托或转让出去；前者主张人民直接行使主权，后者则仅将人民主权作为政治合法性的来源。在卢梭之前，人民主权概念已经被许多思想家直接或间接提出，但与卢梭不同的是，"人民主权"或被认为是合法性的来源，或被理解为是为其他主权理论辩护的过渡性制度，或者"人民主权"远非一种好的政治制度。

霍布斯在《论公民》一书中认为，人民主权或直接民主制度是人类最早的政治制度。因为它需要借助人民主权制度完成人类由多数的聚合向联合的转变，个人与其他人相互签订契约形成国家和人民，再由人民以集体的形式将主权转交给少数人形成贵族制，或者交给某个人形成君主制。无论如何，主权在民有着逻辑的优先性，只有在"人民"单一人格产生后主权的转让才可发生①。卢梭虽然不是"人民主权"概念的首创者，但他对人民直接行使主权的坚持，使他成为最重要的民主思想家。与此同时，"民主思想家"称呼背后隐藏着的是各种争议：佩特曼、巴伯等人将卢梭视为参与式民主的先驱；也有人视卢梭为激进民主或直接民主之父；熊彼特则批评卢梭直接民主的非现实性，人民作为集体不可能行使主权，必须交由具体的权力执行者；弗兰林、马斯特则称卢梭的民主理论为代议制民主。类似种种争议，让卢梭民主理论的研究者陷入了矛盾的境地。

卢梭自身对民主的回答更是让读者陷入了迷茫，如他在《社会契约论》第三卷第四章提及民主制时说，"就民主制这个名词的严格意义而言，真正的民主制从来就不曾有过，而且永远不会有"②，但是紧接着第十章，卢梭在评论罗马共和国在保民官设立后，"有了一个真正的政府和一个真正的民主制"③。这样的前后矛盾似乎验证了卢梭思想的断裂，如果坚持卢梭政治思想的严谨和一致性就必须对卢梭的民主理论有着清楚的认知，即卢梭到底是在什么意义上理解民主制，这也就涉及卢梭政治理论中的主权、代表与政府理论。本章将具体探讨卢梭的人民主权制度，他的

---

① 霍布斯在后期认识到赋予人民主权以政治制度的基源性功能之后，他的政治和主权理论不仅能为君主制辩护，实质上同样也可以为民主制辩护。于是，在《利维坦》一书中，霍布斯引进了"代表"这一概念作为补充，为君主制辩护。参见［英］霍布斯《论公民》，应星、冯克利译，贵州人民出版社 2003 年版，第 80—81 页。

② ［法］卢梭：《社会契约论》，何兆武译，商务印书馆 2008 年版，第 84 页。

③ ［法］卢梭：《社会契约论》，何兆武译，商务印书馆 2008 年版，第 109 页。

政府理论将在下一章展开。与此同时，为了深化对卢梭人民主权与政府理论的研究，还将讨论卢梭对代表制的认知脉络，因为这在很大程度上影响了卢梭的主权与政府理论。

## 第一节　人民主权：主权民主制

学界长期为卢梭贴上"民主主义者"的标签，但正如政治学谱系的多元化一样，"民主主义者"的身份并不能遮掩卢梭民主理论的复杂。将卢梭奉为参与式民主、激进民主的研究者，认为卢梭对人民主权的坚持是其理论的主要特征；认为卢梭是代议制民主的研究者，则依据卢梭对选举贵族制政府的偏好，及其对直接民主的批评而认为其与自由主义民主更为接近；极权主义批判者则认为，卢梭所谓的人民主权由于人民概念的抽象性与行使主权的不现实性，在政治生活中极易嬗变为极权主义或独裁主义。面对如此多样甚至冲突的解读，笔者认为，研究者需要对人民主权有着深入的了解，才能客观地看待卢梭对民主的理解，以及他所理解的主权民主是否与参与式民主或纯粹民主理论家所用的直接民主概念相同。

### 一　人民主权的内涵

主权概念是近代政治思想的产物，在古代政治学中虽然有着关于共同体最高权力的阐述，但是并没有使用"主权"这一词汇进行指称。法国政治学家布丹是首位对主权进行系统论证与研究的学者，他认为，主权是国家或共同体支配其成员的最高权力，它不受法律的约束，因为法律来源于主权者的意志。共同体不仅需要单一意志实现众人的联合，还需要单一权力使共同体能够行动，主权就是共同体普遍意志的行为。受到布丹的影响，后继的政治学者在研究国家或政治共同体时，主权成为共同体最高权力的象征，主权的归属决定了政体形式，随之主权问题实际上就演变为谁统治和谁应该统治的问题。卢梭与霍布斯、洛克等人在政治理论上的差异，很大程度表现为主权归属问题的争论。

卢梭之前，近代西方政治思想史对主权的问题可以划分为两类：一类是认为主权是绝对的、完整的、不可分割的权力，以布丹和霍布斯为代表；另一类是对主权进行限定，认为绝对主权带来专制统治，主张将主权进行内部划分或权力限制，以洛克和孟德斯鸠为代表。布丹认为，一旦国家缺乏完整的主权，或对主权进行划分，则国家秩序就会陷入无政府状态。霍布斯的主权概念，涵盖了立法权力、行政权力、司法权力等一切权力，主权者不仅是绝对的统治者，也是一切法律和行政权威的来源，从而达到为绝对王权辩护的目的。虽然霍布斯的政治理论中包含了人民主权与议会主权的可能，但是，主权者人数的增多将会复杂和分裂主权的行使，因此，单一的君主主权制将更为有效地实施国家统治和社会治理。

为了区别霍布斯对君主主权的使用，以及对于主权绝对性的担忧，洛克使用"最高权力"代替"主权"，以避免主权者的绝对权力，并且将主权局限为议会的立法权，立法权监督和制约国王或政府所享有的行政权力。孟德斯鸠在洛克的基础之上，意识到绝对权力所带来的危害，主张权力的分立，他将主权一分为三——立法权、司法权和行政权，三者之间相互制衡与约束。虽然洛克与孟德斯鸠对主权的界定是建立在权力制衡基础上，避免了霍布斯的君主专制，但卢梭仍然批评洛克、孟德斯鸠等人的主权理论，由于"没有能形成对主权权威的正确概念，出自把仅仅是主权权威所派生的东西误以为是主权权威的构成部分"①。洛克与孟德斯鸠的问题在于将主权分割为立法、司法和行政三权，试图通过权力之间的相互制衡来保障人民的自由，但这同时也破坏了主权的至高性和完整性。在卢梭看来，霍布斯虽然坚持主权的不可分割和统一性，但他混淆了主权背后的公意观念，以君主意志代表了共同体的普遍意志。

依据上述思想家对主权的认知，卢梭认为，政治共同体的主权具有三种属性：（1）主权者的权力是绝对和不受限制的，主权者就是达成社会公约的全体成员，主权不受行政、司法等权力的限制；（2）主权者的权力必须是不可转让的，因为公约是集体签订的，必须交由集体共同行使，主权背后是共同体的公意，意志不可转移与代表的性质让主权也不可转移与代表；（3）主权是不可分割的，它只能是共同体集体的意志，而不能是个别的意志，它在性质上与行政权相区别，主权是制定法律的权力，而行政权、司法权等权力不过是法律的执行和运用。

社会公约的达成，不仅创造出人民作为唯一的主权者，并且主权也只

---

① ［法］卢梭：《社会契约论》，何兆武译，商务印书馆 2008 年版，第 34 页。

能以人民集体的名义行使。人民对主权的直接行使，不仅使卢梭区别于传统的共和主义和自然法学派思想家，也使他区别于代议制民主理论家。在卢梭的理论中，主权是公意的表达，它具体表现为立法权力，而不包括行政权、司法权等。从"人民主权"的表面含义来看，卢梭的主权者与主权概念将"人民"拔高到至上地位，与霍布斯的绝对君主相似，这也正是自由主义者所批评的。但这种表面的相似性却混淆了卢梭与霍布斯在主权观念上的根本差异。

首先，卢梭的人民主权是不可代表与转移的，而霍布斯的君主主权实质上是建立在主权可代表基础之上，不仅君主的意志代表了人民的意志，君主的权力也代表了人民主权。其次，人民作为主权者享有的权力并不是完全不受限制的，主权者自身并不能去执行法律，政府虽然不能限制主权者，但是主权者意志的实施却必须依赖于政府和行政部门。此外，如本书在第三章中所分析的，社会公约关于个体权利的转让仅仅是有关集体性事务方面，公民在私人领域仍然享有充分的自由、财产权利。所以，绝对的主权并不是专断和不受限制的权力，它本身受到社会公约和共同体宗旨的限制。一旦主权的行使违背了公约或共同体的宗旨，则共同体自身也就瓦解，公民也就不再具有对主权者或主权服从的义务。

为了实现人民主权，而不至于被政府（议会或君主）所篡夺，卢梭采用了人民直接行使主权的制度。在政治权利原理上，社会公约既然是全体成员共同达成的，则主权的行使就必须交由人民集体。因此，制度设计上，卢梭选择了人民集会或公民大会，由全体公民出席与在场保障人民主权者的身份。公民大会不仅是公意得到体现的场所，也是主权行使的权力机关，它是共同体的最高机构。为了回应批评者的指责，认为公民大会不可能召开和不具有现实性，卢梭以罗马的公民大会为例，说明它既然能够在古代得到实践，在现代政治社会中同样能够实现。在为日内瓦的立法工作中，卢梭具体阐述了公民大会如何在现代国家中行使主权（这将在后文中得到展开和分析）。但是，除此之外，主权者并没有在公民大会闭会期间消失了，而是一直存在着，只是保持沉默。卢梭认为，公民大会闭会期间，主权虽然不再能够行使，但是，主权者的身份让公民具有政治权利监督政府，防止政府的篡权。公民并不是仅具有对政府的服从义务，他们作为主权者的一员具有监督政府的权利。一旦政府篡夺了人民主权，或者架空公民大会的权力，人民有权利召开临时公民大会以集体的名义重新行使主权。

由于人民主权的绝对性、不可转移、不可分割等特征，造成了对卢梭人民主权理论的极端解读：将卢梭视为民主主义之父的研究者认为，人民主权原则实际上确立了人民是一切政治权威的来源并具有最高统治权力，任何政治统治必须建立在人民主权之上；将卢梭理解为极权主义者的研究者则认为，主权的绝对性使得卢梭将必然建立一个极权的共同体，并由于人民这一抽象概念而使得绝对权力掌握在某个人或某个集团之手；试图调和自由主义与民主主义的研究者认为卢梭的人民主权理论实际上蕴含了分权的概念，它区别于孟德斯鸠等人的权力制衡概念，主权或立法权是高于行政权和司法权的，后二者在性质上是接受主权者的委托而并非转让的权力，卢梭利用政府的行政权力尽可能地压缩了人民或主权者的权力。

笔者认为上述三种不同观点的出现，源于研究者对卢梭人民主权理论作为政治权利原理和政治制度设计的混淆。从政治权利原理来看，卢梭的人民主权理论是激进的，因为他将人民从统治权力的边缘拉回到核心，从被统治者的身份一跃成为统治者，人民不再仅仅作为君主统治下的臣民，也不再仅是共和国的权力来源，而成为最高权力的享有者。人民主权原则，实际上也就确立了民主的本质，现代任何一个政治体或国家都不能否认主权归属于人民，代议制民主与直接或激进民主的争论在于人民是否直接行使主权，但这个问题实质上已经转向了政治主权制度的设计。

人民直接行使主权，即主权民主制，在卢梭看来，这是一种理想的制度，既能彻底地实现人民主权，同时也能最好地防止主权被政府所篡夺。它区别于代议制民主，因为人民是以集体身份直接行使主权；同时，也区别于直接民主，因为它并不赞同主权者篡夺政府的权力，主权者不能干涉具体的事务。然而，制度与原则的区别在于，原则是政治共同体的根本，而制度则需要随着现实环境的变化而作出调整。当卢梭面对现实国家立法或创制时，他所面对的已经不是古代理想的公民，同时国家也不再是城邦，共同体制度的选择必须在主权与治权制度双重层面做出调整。制度的灵活性与现实立法的需要，使得卢梭需要在理想与实践中做出平衡，卢梭政治理论的张力与平衡将在他的具体立法实践中得到展现。

卢梭的人民主权理论包含了人民主权原则与人民直接行使主权制度，

它们共同构成了卢梭的主权民主制。确认了人民主权原则与主权制度的区别后，接下来的工作就是具体分析人民直接行使主权制度运行中是否存在着批评者所说的弊端与危险。从政治制度的设计来看，卢梭的人民直接行使主权制度并不是一种完全的民治。人民作为主权者实际上享有的权力是有限的，虽然有着公民大会的制度支撑，可它被具体化为有限的立法权，不能直接参与到具体的社会治理当中，所以它不是一种无所不包的政治权力，主权的有效行使必须依赖政府才能真正实现。贡斯当与密尔等人对卢梭主权理论的批评，正是源于对卢梭人民直接行使主权制度的不满，然而他们的缺陷是忽视了卢梭政府理论。为了探究自由主义者对卢梭人民主权制度的批评是否成立，以及卢梭的人民直接行使主权是否导致极权主义的后果，我们需要考察卢梭主权的实质以及人民如何参与到主权的行使。

## 二　人民主权与公民能力

关于人民能否直接行使主权的争议，实际上，可以划分为两个具体的问题:一是公民是否具有足够的政治能力参与到政治事务之中;二是卢梭的主权实质是什么，人民直接行使主权或者公民作为主权者如何参与到政治事务之中。

自由主义主张的代议制民主与生俱来地带有精英色彩，它不相信普通公民具有充分的政治能力参与政治事务。虽然许多思想家坚持人民主权原则，但是，人民并非直接行使主权，而是交由政治代表完成，公民的政治参与局限于政治选举过程中。参与式民主理论家坚持卢梭的人民直接行使主权制度，认为公民作为主权者的政治参与并不仅仅局限于选举，否则民主沦为选主的手段，人民应该积极和全面参与到政治事务之中，行使主权者权力。争议到此，问题也就不再是人民主权原则的正确或错误，而是卢梭在什么程度上坚持人民直接行使主权制度，以及"人民"在卢梭的政治体系中扮演着什么角色。如果人民在卢梭所构建的政治共同体中拥有不受限制的权力，并且对公共事务具有完全的决策权，则卢梭所创制出来的政治制度实际上就类似于自由主义者对纯粹民主所做的批评;如果人民作为主权者，即使具有主权者的地位，可对公共事务的参与是有限的，其权力受到限制，则卢梭建构的政治制度就不是简单的民粹主义或直接民主理论。因此，研究者讨论人民在卢梭政治理论中到底享有什么样的权力之前，需要先讨论卢梭对普通公民政治能力的认知。只有了解公民的政治能力，才能决定他们具有什么权利，在行使哪些权力上可以信赖人民。

卢梭在《论不平等》中研究人类不平等现象时，区分了自然不平等与政治不平等。自然不平等表现在个体由于年龄、健康状况、体力、智力或心灵的素质所产生的差异上，而政治不平等则是由某种习俗、偏见所产生的。自然不平等由于是自然的结果，所以卢梭认为，它是可以接受的。卢梭并不认为人类可以做到完全的平等，在理性能力与政治能力方面，个体公民之间存在着不平等之处，这也就有了哲学家、立法者与普通公民的区别。但是，自然不平等不能决定人类的政治不平等，特别是因为公民能力的不足而否定人民具有主权者的身份。

翻阅卢梭的著作，卢梭对普通公民的理性能力和政治能力是持怀疑和不信任态度的，不仅表现在其著作的读者区分上，也表现在他对启蒙主义的态度上——卢梭反对启蒙主义的根本原因不是反对科学与文化，而是反对科学与文化的普遍化和对大众的启蒙。在卢梭看来，哲学不适合没有足够理性能力的公民，它既对个人的私人道德和生活造成破坏（卢梭认为华伦夫人的生活混乱源于她哲学老师的教诲），还对政治生活中的公民德性造成腐蚀，破坏了共同体的团结纽带；政治事务的具体判断同样不适合普通公民，应该交由专家和专业人士来做出。卢梭对普通公民能力的怀疑在政治理论上一览无遗，具体表现在公意的认知以及对纯粹民主制的拒绝态度上。

公意的认识上：一方面，公民需要经由立法者运用宗教、风尚、舆论来培养能够发现公意的道德能力；另一方面，公民大会多数人投票的结果并不是公意的充要条件，而只作为必要条件而存在。在卢梭看来，普通公民永远都是处于缺乏足够理性的程度和境况中，因为他们是凭借激情而行动，而不是依据理性、慎思而行动。在古老的政治制度中，由于理性能力的缺乏，他们容易受到言辞善辩人士的诱惑，音乐、诗歌的政治魅力在于挑动他们内心深处的激情；现代政治中，公民开始具有一般的理性能力，愚昧、谎言的宗教和古老的诗歌语言不能再次进入他们的内心，但是，所谓的哲学家打着哲学和启蒙的幌子却依然挑动他们的激情。激情，是公民或人民判断和行动的基础，它意味着变动、偶然性；法律制定、公意的发现却必须建立在慎思、熟虑的基础之上，意味着稳定、恒久。卢梭反对政治的激烈变革，他认为任何变革带来的效果都是未知的，如若政治共同体完全建立在人民的激情基础之上，共同体将缺乏稳固的基础而大厦将倾。

卢梭反对纯粹民主制，不是认为它不好，而是因为它对人民或公民的能力要求太高，只有类似于神明存在的公民才适合于这样一种政治制度。他倡导选举贵族制，是因为人民主权与贵族制能够将公民的激情与少数杰出之士的才能、理性、智慧相结合，将主权者的意志与政府的判断相结合。在对公民政治能力的判断上，卢梭与共和主义传统重新联系在一起，后者因为对人民理性的缺乏和激情的担忧，要求古代的元老院和近代的两院制，这不仅为洛克所采用，美国的建国之父们有着同样的考虑。从现代自由主义或者代议制政体的本质来看，它们同样是建立在对公民政治能力的不信任基础之上，自由主义思想家与卢梭的共同点是他们将公民的自由意志与精英的理性能力结合在一起，这构成了现代政治民主、自由、稳定的基石。

卢梭对公民德性的强调，使得解读者认为卢梭所构建的不是现代的自由共同体，而是"道德乌托邦"，这实质上是卢梭与自由主义思想家们对现代人性认识差异的结果。自由主义思想家们认为，人性恶是不可更改的，只能通过制度性的渠道来抑制和规范人的行为，内心与精神层面则是个人的事情;对于卢梭而言，人原本是善的，是社会造成了人性的堕落，因此，通过制度可以改变人性，使得人性善复归。卢梭对普通公民的理性能力和政治能力的怀疑，根源于他对文明人人性的认知。在人类由野蛮人向文明人的逐渐发展过程中，人的理性水平有了很大的提高，但是它并不被用来提升人类的自爱之心，而是作为手段来尽可能地实现人的自利之心和自我利益。在这个认识基础之上，卢梭意识到智者的教化与立法者的工作，不应是将智识普遍化，亦不是提高人类的科学与艺术，而是如何通过公民教育培养合格的具有美德的公民。

对于公民能力的担忧，使得卢梭对于人民如何直接行使主权是有着限制的。主权民主制不意味着人民权力的无限性，他不赞同极端的平民主义政治，将共同体的全部事宜都交由全体公民大会来审议。立法权与行政权的区分，主权者与政府的区分，正是卢梭为弥补人民政治能力不足而做的制度安排。但是，卢梭对公民能力的认知并不意味着他对民主的贬低，也不意味着他支持某种建立在能力基础上的威权统治。公民理性能力、政治能力的缺乏，并没有否定人民主权者的地位，也不否定人民直接行使主权制度，只是主权的具体内容从涵盖一切统治权力转化为最高的立法权力。

　　人民的意志而非能力或判断使他们具有至高无上的地位。卢梭对人民直接行使主权制度的坚持，让他区别于任何的独裁主义和专制主义。在他所创制的政治制度中，政府、保民官代表着能力与判断，它们都是人民统治和管理的工具与手段，它们对主权的任何觊觎和篡夺都是非法与不正当的。人民以集体的名义行使主权，不意味着公民仅作为抽象的主权者而存在，他们在政治制度中仍然扮演着重要角色，积极参与到公共事务之中，无论是作为主权者的一员，还是作为共同体的公民。正如佩特曼分析"参与"概念在卢梭理论中的重要价值，个体公民的政治参与并不仅仅是为了体现他作为主权者的权力，更是在这个过程中个人"既学会了如何成为一个私人公民，也学会了如何成为公众人物"①。政治事务的参与不仅能够塑造公民德性，还能逐步提高公民的政治能力，能够通过沟通、协商等活动逐渐有效地做出合理的立法。正是通过人民主权的不断表现，人民时刻彰显自我主权者的地位，既能对政府形成威慑和监督，也能够在这个政治参与过程中完成个人向公民身份的转变，不仅是道德意义上的变换，也是政治能力上的学习。

### 三　人民主权与公民协商

　　卢梭将人民置于主权者的地位，并没有消减对于他民主理论的争论，反而由于他对公民能力的不信任使得人民在他的政治制度设计中陷入了争议。巴伯和佩特曼基于卢梭关于人民直接行使主权的描述，认为卢梭主张公民在政治事务中全面参与。其他研究者则从卢梭对公民能力的担忧出发，认为卢梭非但没有主张人民的完全政治参与，相反，却通过各种政治制度与权力分配实现对人民主权的限制，这就将卢梭放置在代议制民主的谱系中，接近于熊彼特式的精英民主。马斯特认为，在卢梭的政治学中，卢梭排斥公民积极参与到公共事务当中，主权者被局限为仅具有立法投票

---

　　① ［美］卡罗尔·佩特曼：《参与和民主理论》，陈尧译，上海人民出版社 2006 年版，第24 页。

的功能。这里的争论实质上不再是围绕人民是否可以直接行使主权,而是主权民主制中公民在什么程度上参与到主权的行使和共同体的统治当中。辨清人民或公民在卢梭政治制度中的角色和地位,或者人民如何行使主权,成为讨论卢梭主权民主的重要线索。

(一) 主权的性质:立法权

众所周知,卢梭的主权实质上就是立法权力,只有自我立法,才能保障个人的意志自由,但他所使用的"立法权力"与现代政治学对于"立法权力"的描述具有很大差异,后者往往包括法律的提案、制定、修改和废止权力,它在性质上是与司法权、行政权相互平行和制衡的权力。但是,卢梭的立法权是一切政治权力和权威的来源,它在行使过程中被局限为制定和废止法律的权力。

卢梭在《论不平等》的献词中明确将法律制定的提案权从立法权中剥离出来,并转交给政府。"为了防止出现谋求私利和考虑不周的法律以及那种最终使雅典人走上衰亡道路的危险的改革计划,我主张:无论任何人都无权因自己的心血来潮而随意提出新的法律。只有主管的官员们才有这种权利……而人民则应思之再三才能对法律的制定表示赞同。"① 斯科特对卢梭在献词中的这番话提出质疑,认为卢梭之所以做出这种表态是基于对日内瓦政府的讨好,避免著作的出版审查。他认为,卢梭既然将主权者与政府做出区分,区别行政权力和立法权力,就不可能会将立法的提案权赋予政府,否则上述的区分也就毫无意义。在卢梭写作的时代,立法权和主权毫无疑义地属政府所有②。但是,斯科特忽视了两点:首先,卢梭对立法提案权的讨论不仅见于给日内瓦的献词中,在卢梭的其他著作中同样可找到相关言论与主张;其次,卢梭的主权者与政府的区分,焦点并不是立法权的归属,而是主权的性质与背后隐藏的有关人民意志与理性或政治能力关系的讨论。

卢梭说日内瓦共和国不能重蹈雅典的覆辙,不是因为雅典的直接民主

---

① 〔法〕卢梭:《论人与人之间不平等的起因和基础》,李平沤译,商务印书馆 2007 年版,第 23 页。

② Scott, J. T., "Rousseau's Anti-Agenda-Setting Agenda and Contemporary Democratic Theory", *American Political Science Review*, Vol. 99, No. 1, February 2005, pp. 137 - 144.

或纯粹民主建立在人民的意志基础上有问题，而是人民的激情容易受到煽动。组成人民的个体包含着许多私人利益和特殊意志，若将法律的提案权完全交给人民，则法律很大程度上就会成为一种众意而不是公意，这也就违背了共同体的宗旨。正是基于对公民能力的考察，卢梭将法律的提案权交给了政府和少数官员，让他们对公共事务做出判断，再交由人民的意志来决定。

卢梭在《山中来信》中详细谈到了立法权的内容，他指出，立法权包括法律的制定和维护两个方面，前者表现为对法律的投票表决，后者则体现为对行政权的监督。虽然卢梭支持日内瓦公民具有提出《意见书》的权利，但是，它具体包括两个方面的内容：一是对法律的修改，二是如何纠正某些违反法律的行为。针对《意见书》的不同内容，卢梭认为，政府具有不同的权力：针对前者，政府具有否决权；而对法律的违反行为，政府则不具有否决权而必须交由公民大会来审议。

总而言之，卢梭坚持认为，新法律的制定、修改必须得到政府或类似立法委员会全会的认可，"这个权力是无可争辩地属于他们的"①。普特曼认为，卢梭将立法议程交由政府掌握，并没有削弱人民作为主权者所具有的权力和地位。虽然法律的提案权牢牢由政府把握，但是，人民作为最后立法的投票者，实际上是立法议程的守门人②。卢梭之所以坚持提案权与投票权的分割，不仅是为了彰显主权者的至高无上地位，同时也是为了实现主权者与政府之间力量的均衡。从卢梭对主权的描述看，行政权并不处于与主权或立法权的平行地位，而是前者隶属于后者；但是，出于对人民能力的担忧和激情的多变，将提案权从立法权中分离出来，从而实现理性对激情的指导以及维持共同体的稳定。

（二）公民协商

提案权从立法权中分离出来，不意味着人民作为主权者仅仅具有投票权，而无发言权和协商、审议等权力。主张卢梭反对公民政治参与的研究

① ［法］卢梭：《山中来信》，李平沤译，商务印书馆 2012 年版，第 229 页。

② Putterman, E., "Rousseau on Agenda-setting and Majority rule", *American Political Science Review*, Vol. 97, No. 3, August 2003, pp. 459-469；Putterman E., "Rousseau on the People as Legislative Gatekeepers, not Framers", *American Political Science Review*, Vol. 99, No. 1, February 2005, pp. 145-151.

者往往从《社会契约论》中寻找论据，认为卢梭虽然坚持人民直接行使主权制度，但实质上却最大程度地限定了主权者的权力，人民在卢梭构建的政治制度中成为摆设或民主的象征。

支持上述观点的最大证据来自卢梭的公意理论。"如果当人民能够充分了解情况并进行讨论时，公民彼此之间又没有任何勾结；那么从大量的小分歧中总可以产生公意，而且讨论的结果总是好的。"① 从字面意思来看，卢梭认为，在公民大会上，公民作为主权者的一员，不能进行任何沟通、协商；在公民大会之外，公民作为臣民，也不能形成群体讨论公共事务。因为一旦公民之间有了沟通与协商之后，他们之间就会基于个人利益而形成众意或团体意志，偏离公意。为了公意的最好体现和表达，公民之间最好只能是表达自己的意见。但是，这是否是卢梭的最终判断或唯一方案呢？

卢梭反对公民在主权者大会上的勾结、讨论、协商，其目的是保障公民投票的意志自主、多数规则的公正性，以及公意的纯粹性。所以，反对的根本原因并不是阻止公民间的协商，而是意识到在私人利益众多的情况下，担心个人特殊意志的聚合所产生的众意影响公意，甚至遮掩公意。联系卢梭对投票问题的讨论，他认为，在人类政治共同体中，可能出现全体一致、绝大多数同意、多数同意和伪全体一致等多种结果。在个人特殊意志未产生的情况下，公民大会的立法一般会快速地全体一致通过；但是，当个人特殊意志产生，共同体内部出现阶层分化时，就会出现长时间的争论、冗长的争议，这时立法会出现多数同意的结果；一旦团体意志成熟，并且某集团凌驾于其他集团意志之上时，则公意完全被众意所取代。面对最坏的情况，卢梭提供了两种选择：一是如前文所说的，禁止公民之间任何的联系、讨论和协商，这样就阻止了任何团体意志的诞生；二是"如果有了派系存在的话，要么就必须增殖它们的数目并防止它们之间的不平等"②。第二种方案与麦迪逊所提倡的多元主义有着相似，但是，卢梭对同质共同体的偏好使他拒绝了第二种方案，也使得卢梭的研究者忽视了第二种方案。

---

① ［法］卢梭：《社会契约论》，何兆武译，商务印书馆 2008 年版，第 36 页。
② ［法］卢梭：《社会契约论》，何兆武译，商务印书馆 2008 年版，第 36—37 页。

了解到卢梭为什么反对公民协商之后，我们也就明确了他反对的具体情境，也就可以推测在某种情境下卢梭可能支持公民对政治的参与、讨论和协商。韩国学者江郑仁认为，卢梭对待不同政治共同体的状况而允许不同的公民协商和参与，可以划分为四类国家：（1）理想的共同体，农业社会，公意容易达成，没有私人意志；（2）半理想共同体，如斯巴达城邦和早期罗马共和国，私人意志形成，但不妨碍公意；（3）正在败坏的国家，雅典、罗马等，团体形成；（4）严重败坏社会，公意不可能达成，如当时的欧洲社会①。这四种社会的划分，符合卢梭对自然人向公民过渡的阶段说。即使是在卢梭视之为理想的罗马、斯巴达共和国中，他也从未忽略个人特殊意志和利益的情形，只是在公共事务中，公民身份使得公民们往往暂时抑制住了他们对私人利益的考量。批评者往往引用卢梭在《爱弥儿》中斯巴达一位失去孩子的母亲的陈述，指出作为一名尽职的公民需要完全排除个人的自然情感。然而卢梭的原文是，"凡是想在社会秩序中把自然的感情保持在第一位的人……经常在他的倾向和应尽的本分之间徘徊犹豫，则他既不能成为一个人，也不能成为一个公民"②。在这里，卢梭实际上探讨的是公民义务和个体自然情感的价值优先问题，而非是互相排斥。

自然人向公民身份的转变不是在于完全否定个人的自然情感、特殊意志，而是在它们与公民义务、责任矛盾时，公民身份要优先于个人需求。因此，卢梭绝对不是希望将政治共同体完全建立在绝对的公民基础之上，而是建立在公共性优于个人性基础之上。在个人特殊意志次于公共价值的情况下，卢梭需要公民不断参与到政治过程之中。如果说卢梭对罗马共和国投票问题的讨论验证了他并没有反对公民参与，他在晚期对日内瓦共和国的讨论更加证明了卢梭本人从未反对公民协商。

从日内瓦的风尚来看，卢梭并不认为它的人民能够媲美斯巴达人和罗马人，也远不是处于完美的理想共同体中。在当时的日内瓦，公民生活的重心在于追求私人利益，忙于经商而不是重农，但是，相比于其他欧洲人

---

① Kang J. I. , "Reexamining Political Participation in Rousseau's Political Thought", *Interpretation of Political Philosophy*, Vol. 39, No. 2, 2012, pp. 139 – 163.

② [法] 卢梭：《爱弥儿》，李平沤译，商务印书馆1978年版，第10页。

民，他们又是延续了古老良风美俗的人民。卢梭说日内瓦的政治制度符合他的设想，它的人民也是欧洲最好的公民。与批判者所主张的观点相反，他没有拒绝日内瓦公民的政治协商和对国事的讨论，无论是在民间社会，还是公民大会。

日内瓦的"俱乐部"，在卢梭看来，就是一个良好的既能实现公民娱乐，也能培育公民团结和情感的社团。古人在公共广场商讨国事，现代日内瓦人继承了共和主义的遗风，不仅在公民大会上有着协商与沟通，在公民大会之外仍然可以在俱乐部"畅谈国家大事和道德风尚"[①]。同时，卢梭并没有忽视俱乐部所带来的弊端，但是，这些弊端不是源于俱乐部本身，而是参与俱乐部的人，它的利弊取决于公民的德性，是私人意志占上风，还是公共情感占上风。公民讨论、协商并不是由于其本身的性质而被卢梭所拒绝，而是基于不同公民的德性有着不同的对待。当日内瓦政府控制了公民大会的议程，拒绝公民作为主权者行使主权时，卢梭为日内瓦人民的政治权利辩护。"由行政机构来规定立法机构的议事规则，规定立法机构应讨论的问题，不给立法者以发表意见的权利，由行政机构来行使立法机构的绝对权力，甚至制定约束立法机构的规章，这一切，难道不是有违常情的吗？"[②] 为了捍卫日内瓦人民的立法权力，卢梭详细阐述了他在《社会契约论》中并未展开的投票权、发言权、讨论权。

卢梭区分了 deliberation、opinion 和 voter 三词的用法：deliberation 指慎重考虑赞成还是反对，opinion 是发表意见和说明理由，voter 的意思是投票表决[③]。在共和国中，公民大会对公共事务的决策过程，首先是人们把事情提出来商讨，让大家发表意见，最后是投票表决。但是在君主国，由于缺乏用词的精确性，投票权简单化为表决，而忽视了公民的商讨与发表意见。同样，在现代精英民主理论下，公民的政治权利仅仅表现为一种选举，投票率的多少反映了一个国家民主的程度。在卢梭看来，这都是对人民作为主权者享有主权的篡夺，人民在这样的政治情境下不是作为主权者被对待，而是作为被统治对象所奴役。

---

① ［法］卢梭：《致达朗贝尔的信》，李平沤译，商务印书馆 2011 年版，第 144 页。
② ［法］卢梭：《山中来信》，李平沤译，商务印书馆 2012 年版，第 208 页。
③ ［法］卢梭：《山中来信》，李平沤译，商务印书馆 2012 年版，第 210 页。

　　按照卢梭对投票权的理解，现代读者就不应简单地将主权者的投票权理解为现代政治意义上的表决权，而应涵盖了公民之间的协商与审议过程。在沟通、协商与审议的过程中，公民作为主权者的一员，是被允许按照理性原则而改变意见，因为它需要更为接近公意；如果个体公民的意见不可更改，这才是对人的自由意志的否定。"每个公民只能是表示自己的意见"，它所拒绝的是个人在特殊意志下寻求某种利益的勾结，它所要求的是个体公民在讨论和协商过程中能够从公共性出发，发表自己最为真实的意见，而这个意见是可以更改的。主权者也正是凭借广义的投票权，不仅能够对政府所提出的议案进行审议，也包括对政府法律的执行进行监督，看他们是否违背了法律。

　　通过结合其他著作，我们能够推论卢梭在《社会契约论》中并未谈到发言权、提议权、分议权、讨论权等。主权民主制中，人民作为主权者，虽然将法律的提案权交由政府或者专门的立法委员会，但是，这并不意味着人民仅仅享有立法的投票表决权，而是享有着更为充分的政治参与权，表现为对政府提案的审查、协商，以及对政府的监督和管理。当政府或者其他代理机关超越了法律赋予它们的权力，或者违背了人民的委托、篡夺主权，人民具有足够的政治制度和政治空间对他们进行制裁。由于卢梭将召开主权者大会的权力交给了政府，一旦政府违背法律推迟或者取消公民大会的召开，在这紧要的时刻，人民仍然具有权力召开紧急公民大会，以表决是否需要更换现有行政官员，或者改变现有政府形式。这充分说明了公民作为主权者成员享有的权力并不是空洞与象征性的；相反，卢梭将立法提案权交给了政府或专家，反而让人民真正起到了守门者的角色，一切违反原有法律和违背公意的法律提案绝对得不到通过。

　　人民主权原则的坚持，使得卢梭理应被视为民主的倡导者和鼻祖，他改变了西方传统对民主制的贬斥，主权民主逐渐发展成为一切政治合法性的源泉。从一切权力来源于人民的共和主义传统，到一切权力属于人民的民主观念，彻底改变了人民在政治制度中的角色和地位。人民作为主权者，不应简单地理解为现代政治的投票和选举，它包含了人民如何积极参与到公共事务的决策和法律的制定过程中。虽然人民的概念遭到贡斯当与熊彼特的批判，但是，他们与卢梭有着共同的目的，即在现实政治中如何通过制度性渠道满足民主的要求。参与式民主理论家将卢梭视为他们的先驱，但是，他们忽略了卢梭对纯粹或直接民主制的批判，这不仅源于卢梭对公民政治能力的担忧，也源于他意识到政治事务的复杂性需要专家和才智之士的辅助。人民主权原则与专家治国并不是处于绝对的对立之中，在卢梭的政治体系中，人民的意志与少数人的才智相互补充。卢梭的主权民主，让后世的研究者难以将其轻易地划入精英民主、激进民主、参与民主的种种范式之中，因为他理论的创新性和术语的独特性，使之与常规政治学用语有着较大的差异。

## 第二节　双重代表制

随着近些年来研究者对卢梭主权与政府理论研究的深入，"代表"概念越来越受到重视：一方面，与人民主权密切相关，卢梭基于对代表制的反对而要求人民直接行使主权；另一方面，与卢梭的政府理论密不可分，政府在性质上作为行政权力代表而存在于共同体之中。对卢梭代表概念理解的差异，影响了学者对卢梭主权与政府理论的不同解读：有学者从代表制政府出发，认为卢梭实质上是代议制政府的支持者；有学者认为，人民直接行使主权只是作为手段而存在，当代议制能够达到同样的政治效果时，卢梭会接受代表制；与前两种观点相对立的是，部分研究者认为，卢梭对人民直接行使主权的要求和坚持，是从原则上彻底否定了代议制民主。这些冲突理解的背后，蕴藏的问题是卢梭对代表制有什么样的认知，以及他是在何种意义上使用"政府作为人民的代表"。对卢梭代表制理论的认识和研究，不仅能够重新理解卢梭人民主权理论，也能帮助我们理解卢梭的政府理论，以及更好地看待现代民主的危机。

过往学者对卢梭的政治思想研究集中于《社会契约论》一本著作，认为是其政治思想成熟之作。但是，随着对卢梭文本的重视和其他一手文献的发掘，学者越来越重视从整体上把握和解读卢梭政治思想，改变以《社会契约论》为单一研究文本的路径。在此研究路径下，研究者发现，卢梭对代表制的认识是不断变化与发展的：《政治经济学》中卢梭将人民主权与代表制等同，议员代表了主权者或人民；《社会契约论》中则彻底否定了代表制；《论波兰的治国之道》中重新引进代表制作为民主制在大

国实现的重要政治制度。这对卢梭研究提出了重要的难题：如何把握卢梭
对代表制的看法？为什么他对代表制的认知有着前后的矛盾。弗兰林将卢
梭对代表制的这种冲突认知归结于思想家与立法者身份的矛盾，政治原则
与政治制度之间的妥协造就卢梭的代表观，这一切根源于卢梭对公民的态
度：一方面是理论上坚持人民主权原则，另一方面则是实践中对公民能力
持怀疑态度①。道格拉斯和罗宾认为，弗兰林的研究混淆了卢梭的双重代
表概念：对主权代表的坚决否定和对行政代表的采用②。卢梭思想解读之
难在于卢梭思想的独特性与创新性，特别是其对政府与主权者的划分。因
此，我们需要重新梳理卢梭对代表制的认知脉络，方能系统理解卢梭的代
表观念。

　　本书的基本观点认为，卢梭对代表制的态度是随着其政治思想的逐渐
成熟而不断变化与发展，并且与他所处的政治环境和对政治议题的关注有
着密切关系。这种历程可概述如下：早期的卢梭受到百科全书派的影响，
特别是狄德罗与霍尔巴赫等人，认识到代表制产生于中世纪的封建制度，
被贵族所享有，但是，依然可以通过对代表制的改革而能够与民主相结
合。在后期，由于他对主权的关注，以及对日内瓦共和国内部政治斗争的
认识深入，致使卢梭对代表制深恶痛绝，认为其与人民主权原则相冲突。
此时的卢梭，对代表制的认识是从现代政治主权观念的视角来理解，这被
许多研究者所忽视，他们往往仅将卢梭对代表制的批判与中世纪封建制度
相联系③。

## 一　卢梭对主权代表的接受

　　了解百科全书派对代表制的态度，最佳途径是阅读霍尔巴赫在《百

---

　　①　Fralin R. , "The Evolution of Rousseau's View of Representative Government", *Political Theory*,
Vol. 6, No. 4, November 1978, pp. 517 – 536; Fralin R. , *Rousseau and Representation: A Study of the
Development of his Concept of Political Institutions*, New York: Columbia University Press, 1978, p. 3.

　　②　Douglass R. , "Rousseau's Critique of Representative Sovereignty: Principled or Pragmatic?",
*American Journal of Political Science*, Vol. 57, No. 3, July 2013, pp. 735 – 747.

　　③　马里尼认为卢梭的选举制政府就是现代的代议制政府，他指出，对卢梭"代表制"的认
知应该是基于主权概念，而不是政府或行政代表。Marini F. , "Popular Sovereignty but Representa-
tive Government: The Other Rousseau", *Midwest Journal of Political Science*, Vol. 11, No. 4, Novem-
ber 1967, pp. 451 – 470.

科全书》中撰写的"代表"词条，它反映了 18 世纪思想界对代表制的普遍认识。霍尔巴赫在文中追溯了代表制产生的历史源头，代表制是封建社会的产物，是作为贵族限制王权和保障自身利益的重要工具。但是，随着时间的变迁，议会或代表机关不再是人民和贵族利益的保障，而成为王权的统治工具。霍布斯在为绝对王权的辩护中，就将议会界定为君主的咨询机关，而不是作为君权的制衡机构①。在 18 世纪的法国，代表机关长期被贵族所垄断，三级会议鲜有召开（从 1614 年之后三级会议再也未举行），各省的议会也只享有审判权力，逐渐沦为高等级贵族的政治工具②。鉴于英国革命后议会取得的巨大胜利，建立了君主立宪制共和国，法国启蒙思想家们希望法国代表制能够重现英国议会的光荣。百科全书派希望恢复古老的三级会议，通过对议会机关的改革实现议会对王权的约束和监督。虽然代表制是封建制度的产物，但是，通过对它的改革仍然可以实现自由与平等，形成对君主权力的制衡。与此同时，百科全书派也意识到英国议会制度存在的问题，并对英国的代表制提出批评。

作为现代议会制发源地的英国，当时代表制处于一种萌芽状态，国王仍然能够通过金钱或者其他手段控制着议会，议会的选举也经常被地方士绅操纵，成为他们追求利益的机构③。布齐认为，18 世纪代表制的概念并不具有现代政治代表概念的内涵，代表们不是伯克所说的代表着全国人民的利益，实际上是一种团体概念：代表被视为是某些团体或职业群体的代理人——如律师、贵族和资产阶级等，他们不会超越自己所属阶层而发声，只是传达或表达阶层或群体的利益和要求，反映所属团体的意志和判断④。即使在美国独立战争中，美国人民反对英国的原因是没有一位来自

① ［英］霍布斯：《论公民》，应星、冯克利译，贵州人民出版社 2003 年版，第 70 页。

② Fralin R. , *Rousseau and Representation*：*A Study of the Development of his Concept of Political Institutions*，New York：Columbia University Press，1978，pp. 22 - 25.

③ 实质上，卢梭对英国的批评并不是个案，18 世纪的法国思想家已经开始对英国议会制度存在的分歧和君主制度有了深刻的认识，虽然英国制度在理念上是完善的，但实践中存在着诸多问题，如党派斗争、利益冲突。霍尔巴赫"把英国看成世界上最为不幸的国家，认为英国的自由只是表面的，实际上比东方专制国家中的任何一个国家都要不幸"。参见［以］塔尔蒙《极权主义民主的起源》，孙传钊译，吉林人民出版社 2004 年版，第 50 页。

④ ［英］A. H. Birch：《代表：政治学的基本概念之一》，朱坚章译，幼狮文化事业公司 1978 年版，第 29 页。

美洲大陆的代表在英国议会中代表自己的利益。因此，代表就是某个阶层、集团或地区的利益与意志代表，至于代表是否由选举产生并不是当时代表制的核心概念；相反，当时许多代表是通过继承或任命产生。在中世纪，代表制作为限制民主和公民参与的工具，是以世袭或继承方式出现的贵族统治工具，早期的议会代表制仍然延续着该特征；现代代议制往往作为人民的代表而出现，通过选举和任期实现代表制与民主的融合。

通过对代表制的历史溯源，以及对英国议会制度的考察，霍尔巴赫针对法国的三级会议提出一些改革方案。他在承认贵族和僧侣拥有代表制的基础上，希望将代表制扩大到市民、手工业者，或至少应该满足他们的利益要求。通过代表制度在社会阶层上的广泛分配，使得社会各阶层和团体的利益、要求都能够在议会上发声，这样就避免了英国存在的两极党争和利益冲突。此外，当时对代表制改革抱有期望不仅限于英国的成功，它也反映了当时政治理论界或共和主义传统在人民政治能力上的观点。孟德斯鸠认为，代表制有着两个优点：一是能够在大国中实现人民通过代表参与到政治事务之中；二是通过代表的选举，能够将普通公民排除在政治事务之外，而依赖于有着杰出品性和能力的贵族代表人民决定政治事务。这种对普通公民与自然贵族政治能力上的不平等的考虑，天然地赋予了代表制以价值上的正当性和实践中的优越性。"代表的最大好处，在于他们有能力讨论事情。人民是完全不适宜于讨论事情的。这是民主政治重大困难之一。"[1]

早期的卢梭，显然受到了百科全书派的影响，虽然意识到代表制是"起源于封建政府，起源于那种使人类屈辱并使'人'这个名称丧失尊严的、既罪恶而又荒谬的政府制度"[2]，但是，他并未将其视为主权民主制的对立而存在，这表现在《政治经济学》词条的撰写中。词条中，卢梭对代表制并未呈现出一种敌意姿态，而是将公民大会与代表制等同，认为代表能够代表人民，代表他们的意志做出判断。

卢梭将公民大会与代表等同使用主要是在税收问题上。税收问题在

---

① ［法］孟德斯鸠：《论法的精神》，张雁深译，商务印书馆1978年版，第158页。

② ［法］卢梭：《社会契约论》，何兆武译，商务印书馆2008年版，第121页。

17—18 世纪的重要性无须多提，英国内战、美国革命与法国革命爆发的直接导火索就是税收问题，美国革命的口号就是"无代表不纳税"。在当时，人民能够推选或选举代表参与议会，意味着议员能够代表他的选民参与到国家立法当中，意味着人民的意志体现在国家立法当中。"代表"在革命中就是人民的声音、人民利益的保卫者。卢梭全文中三处将"代表"与"人民"画上等号，认为代表的同意就是人民的同意，代表的意志反映了人民的意志。"捐税的征收，只有得到人民或其代表的同意，才是合法的。这一点，已经得到了所有的哲学家和在法学界颇负盛名的法学家的普遍认同。""在动用这笔经费之前，应当由人民大会即国家的各阶层人士（实际上就是三级代表会议）加以验收，并由他们决定如何使用。""征人头税和对绝对的生活必需品征税，是直接侵犯个人财产权的，因此是直接损害政治社会的基础的，如果没有得到人民或其代表的明确同意便征收的话，那是会产生极其严重的后果的。"① 显然，这时卢梭对代表制的认知是在洛克的影响之下②。

　　然而，代表制议题并不是洛克政治理论的重心，研究者很难认为洛克对代表制或议会制有着深入和系统性的研究，在其理论中，议员天然的代表了选民，因为选举是人民让渡权利的方式。人民在选举过程中，不仅是将权利让渡给立法机关，更是选择了自身意志的代表者，相信议员能够在国家立法工作中代表他们的意志和利益。虽然洛克主张人民是一切权力的来源，但是，这并不能说他是人民主权理论的支持者。《政府论》下卷中，洛克通常用"最高权力"来指代其他思想家的"主权"概念。因为在当时的舆论气候中，主权通常用来描述君主的专制权力，它意味着君主在国家内享有绝对的不受侵犯和干涉的权力。洛克也正是在当时的背景下，明确地区分了"主权"与"最高权力"：前者用来描述君主的权力和家庭中的父权；后者用来描述议会的权力和人民所拥有

---

　　①　［法］卢梭：《政治经济学》，李平沤译，商务印书馆 2013 年版，第 41、35、50 页。
　　②　卢梭的文字在很大程度上与洛克的文字有着相似性，这种相似性说明了洛克对卢梭的影响，如"政府没有巨大的经费就不能维持，凡享受保护的人都应该从他的产业中支出他的一份来维持政府。但是这仍须得到他自己的同意，即由他们自己或他们所选出的代表所表示的大多数的同意"。参见［英］洛克《政府论》（下篇），叶启芳、瞿菊农译，商务印书馆 1996 年版，第 88 页。

的权力①。

洛克在"最高权力"的使用上是含糊的：一方面，他将这种权力等同于立法权，则主权就必然属于人民选举出来的代表，议员或代表能够代表人民行使主权，监督政府的首脑——君主，也就是所谓的议会主权；另一方面，他又认为，人民"享有最高权力来罢免或更换立法机关"，即被代表者对代表的监督和约束。但是，人民对立法机关的监督不构成"人民主权"，因为人民这项最高权力缺乏制度性的渠道来行使。洛克对人民的"最高权力"的阐释是非常模糊和让人难以理解的，有时候，他认为，"社会始终保留着一种最高权力，以保卫自己不受任何团体，即使是他们的立法者的攻击和谋算"；有时候认为，当立法机关与人民相冲突的时候，人民只能诉诸上帝，因为人民与立法机关之间不存在客观、中立仲裁者②。

洛克在主权上的模糊凸显了共和主义的传统，即人民是一切权力的来源，但并不是一切权力属于人民。此外，洛克的政治理论是为议会对抗专制君主的绝对权力而作的辩护，他首要关心的问题是议会如何限制王权，立法权如何监督和约束行政权，至于立法机关与人民之间的关系并不是他思考的重心。所以，在日内瓦共和国内部的主权归属之争中，政府派引用洛克的议会主权和代表制为其政府统治辩护，认为政府与人民共享主权。

早期的卢梭，由于政治思想正处于萌芽状态，受到自然法学派和百科全书派友人的影响，认为政治共同体或国家的目的是捍卫人民的神圣财产权。他对主权的归属并未做出更多的关注，也就未能意识到主权归属问题背后隐藏的深层政治问题。在该种政治认知下，卢梭虽然意识到代表制源自中世纪，但是，仍然相信经过现代社会契约论的改造，能够呈现出与民主相融合的倾向。这种乐观的认知并没有持续很长时间，随着他与日内瓦民主派人士的交往密切，和对日内瓦共和国内部主权之争的了解，代表制与人民主权的关系越来越呈现出一种紧张关系，最后成为完全对立的存

---

① 洛克在《政府论》下卷中，共计五次使用了主权一词，三次与君主联合使用，两次与父权联合使用，如"君主的绝对主权"。

② ［英］洛克：《政府论》（下篇），叶启芳、瞿菊农译，商务印书馆1996年版，第97、133页；［英］洛克：《论宗教宽容》，吴云贵译，商务印书馆1996年版，第38页。

在。在《论不平等》一书的献词中，卢梭阐释了其理想的政治原则，此时的卢梭开始坚持人民主权原则，反对主权的代表制。"主权者和人民只能有一个共同的利益，以便国家机关的一切活动都永远以共同的福祉为宗旨，而要做到这一点，就必须人民和主权者彼此视为一体。"① 这里，卢梭的人民主权概念趋于成熟，主权者与人民概念合一，代表制在主权理论中已无存在空间。

### 二　卢梭对主权代表的拒绝

洛克的议会主权让卢梭接受了代表制，霍布斯的主权理论则让卢梭完全拒绝了主权代表的可能，也就是研究者普遍认为的对代表制的拒绝。霍布斯在《论公民》中已经提出了人民主权，也意识到这可能为民主制辩护，为了避免理论客观上达到为民主制辩护的效果，他在《利维坦》中引入了"代表"概念。

从西方政治思想史来看，霍布斯是将"代表"引入政治学的第一人。为了走出战争的自然状态，人类需要通过社会契约将权利转让出来，而接受者可以是一人、少数人或者多数人，被授予权力者成为具有人格的集合体，国家依靠人格而行动。"一群人经本群中每一个个别地同意、由一个人代表时，就成了单一人格；因为这人格之所以成为单一，是由于代表者的统一性而不是被代表者的统一性。承当这一人格而且唯一人格的是代表者，在一群人中，统一性没法做其他理解。"② 在这里，霍布斯对代表的认知不再是授权者的再现，而是通过代表者的统一人格赋予了国家以行动的力量，主权归属不是在于授权者，而是代表者。代表制的逻辑不是代表依赖被代表者，而是被代表者通过代表存在，实现其意志。"国家不是人，除开通过代表者以外也无法做出任何事情；而代表者就是主权者，所以主权者便是唯一的立法者。"③

人格代表的引入，意味着代表制从中世纪逐渐过渡到现在政治学的内

---

① ［法］卢梭：《论人与人之间不平等的起因和基础》，李平沤译，商务印书馆 2007 年版，第 20 页。

② ［英］霍布斯：《利维坦》，黎思复、黎廷弼译，商务印书馆 1986 年版，第 125 页。

③ ［英］霍布斯：《利维坦》，黎思复、黎廷弼译，商务印书馆 1986 年版，第 206 页。

涵，它不仅避免了人民主权在实践上的可能，代表的统一性和单一性也能更好地实现为王权辩护的目的。客观上看，霍布斯关于主权的代表理论并不必然支持王权，其逻辑同样适合于民主制与贵族制等其他形式。"国家的区别在于主权者的不同，也就是在于代表全体群众和其中每一个人的人有差别。当代表者只是一个人的时候，国家就是君主国，如果是集在一起的全部人的会议时便是民主国家或平民国家，如果只是一部分人组成的会议便称为贵族国家。"① 但如斯金纳所理解的，霍布斯的主权代表制理论倾向于王权制，一个理想的代表者只能是具有代表性的个人，他作为被代表者的象征而出现，而这个人就是国王②。因此，通过社会契约，人民放弃了自然权利，而将全部权力转让给契约不对等的代表者，代表通过契约授权获得了主权。如此，代表成为主权者，也成为立法者，而被代表者在选出代表的那一刻丧失了权利和自由，只能依附于代表者。

英国内战时期，霍布斯与议会派关于主权与代表之争的关键是主权在议会还是主权在国王，二者的共同逻辑出发点是谁作为人民的代表谁就具有主权。霍布斯诉诸代表制，使得国王成为全体人民的单一代表；洛克等议会派则诉诸议会的代表权力，认为议会比国王更好也更具代表性，特别是议会是由人民选举出来，而国王则依赖于世袭。但是，在卢梭看来，无论是议会主权，还是君主主权，人民在签订社会契约之后都放弃了主权，陷入被奴役的状态。代表制的背后隐藏的是对人民主权原则的背弃，是人为地将代表者凌驾于被代表者之上。如果想彻底地实现公民的自由和平等地位，就必须将主权赋予公民，坚持主权民主制而不是赋予人民的代表；必须坚持人民主权，反对主权代表。如果说卢梭对于代表制的理论认识是源于霍布斯和洛克的代表理论，他关于代表制的实践认知则是源于英国与日内瓦共和国的政治观察，这更加明确了他对主权代表制的反对和拒绝。在《社会契约论》中，卢梭对英国人民的评论是，"英国人民自以为是自由的；他们是大错特错了。他们只有在选举国会议员的期间，才是自由

---

① ［英］霍布斯：《利维坦》，黎思复、黎廷弼译，商务印书馆 1986 年版，第 142 页。

② Skinner, Q. , "Hobbes on representation", *European Journal of Philosophy*, Vol. 13, No. 2, August 2005, pp. 155 – 184.

的；议员一旦选出之后，他们就是奴隶，他们就等于零了"①。

卢梭对日内瓦政治的关注和认知，一直是学界争议的话题之一。《社会契约论》和《论不平等》中卢梭一直将日内瓦共和国视为理想政治共同体，这被许多学者视为卢梭对日内瓦政治的不了解。但是，笔者并不赞同这种看法，实际上，卢梭一直对日内瓦国内政治斗争有着充分的认知，只是他采用了一种较为委婉与隐秘的方式在讨论日内瓦②。

依据卢梭的通信录，研究者发现，卢梭在巴黎与日内瓦的逃亡平民领袖之间有着紧密的来往，其中有勒涅普、缪沙尔③等人。鉴于卢梭与二人一直保持着密切的通信和友谊，有理由相信他通过勒涅普能够了解到当时日内瓦国内政局的情形④。结合卢梭在舅父贝纳永藏书中的发现⑤，可以合理地推测卢梭对于日内瓦民主派和政府派的斗争有着清楚的认知，知道他们政治争论的焦点。

长期以来，日内瓦民主派和政府派围绕主权归属与小议会的性质等主题展开针锋相对的论战。民主派认为，日内瓦政府是纯粹民主制国家，主张恢复公民大会的主权者地位，要求召开公民大会实现人民直接行使主权。与此相对的是，自然法学派的巴贝拉克与布拉奎尔站在政府派的立场，用自然法和社会契约理论为小议会做出辩护，认为政府与人民之间存在着一份契约，政府作为人民的代表，小议会、两百人议会和公民大会共同享有主权。日内瓦宪政不是建立在公民大会作为主权者的基础上，日内瓦是民主—贵族制的混合共和国，纯粹民主制是一种多数暴政和无政府主

---

① ［法］卢梭：《社会契约论》，何兆武译，商务印书馆 2008 年版，第 121 页。

② 卢梭与日内瓦的关系将在第六章详细讨论。

③ 勒涅普 1731 年被日内瓦政府逐出日内瓦，并取消公民权，后逃亡至巴黎生活，于 1766 年遭到法国政府逮捕。根据他的来往信件可知，1731 年至他被逮捕期间，他一直参与了日内瓦内部的政治斗争。卢梭称缪沙尔为"实践的哲学家"，在他的家中，卢梭与勒涅普结识并成为好友，缪沙尔临终前的一刻他们二人始终陪伴左右。参见［法］卢梭《忏悔录》（第一部），黎星译，人民文学出版社 1990 年版，第 460—461 页。

④ Rosenblatt H., *Rousseau and Geneva：From the First discourse to the Social Contract*, 1749 - 1762, Cambridge：Cambridge University Press, 2007, pp. 48 - 50.

⑤ 卢梭 1737 年重返日内瓦时，他在其舅父贝尔纳的藏书中发现了一些有趣的书，其中有一份文件是关于米舍利·杜克莱对日内瓦筑城计划的不满，并附有日内瓦的要塞防御计划。据卢梭的介绍，杜克莱是一个博学多才的人，由于牵涉伯尔尼的阴谋事件而遭到日内瓦官员们残酷迫害，死于阿尔贝的城堡中。

义。这场争论在 1738 年伯尔尼、苏黎世和法国的调停下得出最终结论，并达成《调停法》，在宪法层面确立了日内瓦不是纯粹的民主制国家，而是混合共和制，也确定了日内瓦的主权不再仅由人民享有，政府等其他机关共同享有主权。虽然日内瓦共和国不存在严格意义的代表制，但是日内瓦政府为了篡夺公民大会的权力，声称自己与人民共同享有主权的时候，借助的正是代表理论。

卢梭虽然没有直接参与到日内瓦内部的权力斗争当中，但是，作为民主派的支持者，他意识到这场斗争的核心问题在于主权的归属，为了反对政府派的代表理论，他就必须通过社会契约理论确立人民主权原则和主权民主制，反对主权代表理论。因此，我们也就不难想象，当《献词》和《社会契约论》中对人民主权原则的坚持和要求人民直接行使主权的民主制会如何触动日内瓦政府的敏感神经。

卢梭借鉴了霍布斯的主权理论，认为主权者拥有的是立法权，但是，他不赞同霍布斯的代表制，认为主权不可分割，也不可代表，人民才是唯一的主权者。他认为，当时的政治理论家们在政体理论上都犯了共同的错误，忽视了主权者与政府之间的区别，这也直接指向了日内瓦政府的主权理论。"民主制政体至今一直没有得到人们的深入研究。所有那些谈论这个问题的人，不是对它不十分了解，便是对它不太感兴趣，或者从错误的方面对它加以论述。他们当中没有一个人对主权者与政府、对立法权和行政权详加区别。尽管没有哪一个国家的这两种权力不是互相分离的，但人们往往硬把它们混为一谈。"① 这不仅是针对霍布斯、洛克等人所作，也是针对当时日内瓦民主派所说。主权者与政府的区别后面实质上隐藏的是卢梭对主权代表与行政代表的不同态度，他拒绝了主权代表坚持主权民主制，但并不意味着他拒绝了行政代表和否定政府的存在。

### 三　主权代表与行政代表的区分

代表制的讨论主要集中在《社会契约论》第三卷第十五章"论议员或代表"，卢梭在这章中集中阐述了代表制的由来和对代表制的否定。但是，研究者往往忽视了卢梭对两类代表的区分：主权代表和行政代表。之

① ［法］卢梭：《山中来信》，李平沤译，商务印书馆 2012 年版，第 216 页。

所以有这种忽视, 一是源于卢梭对"代表"的不区别使用①; 二是源于翻译和词汇的用法问题, 即 representation 和 delegation 的差异。乌尔比纳蒂认为 representation 是主权权力再分配的一种形式, delegation 则是主权意志执行的一种形式, 卢梭反对 representation 的理由在于拒绝主权的转移, 接受 delegation 理由在于它与主权归属无涉, 而只涉及行政权力的授权②。将 representation 与 delegation 翻译成现代词汇, 前者指的就是主权代表制, 后者就是行政代表制。在卢梭的文本中, 他对双重代表制并未做出明确的界定和区分, 但是研究者在解读过程中仍然可以发现二者的差异。如卢梭在描述立法权力和行政权力能否被代表时写道, "十分显然, 在立法权力上人民是不能被代表的; 但是在行政权力上, 则人民是可以并且应该被代表的"③。卢梭在《社会契约论》中将代表划分为立法代表与行政代表, 对二者不同的态度是基于他对现代政治中主权问题的理解。

卢梭将政治共同体比喻为类似人身体的有机体: 人的行为是自由意志和行动的力量共同作用的结果, 共同体的行为同样是由公意和执行力量所构成。主权是公意的宣告, 政府是公意的执行; 主权具体表现为人民以集体身份掌握的立法权力, 政府则掌握行政权力。由于主权是公意的宣告和表达, 类似意志不能代表, 主权同样不能转移, 所以, 卢梭拒绝了霍布斯和洛克的主权代表理论。一旦主权或最高权力能够代表或转移, 则主权就不再是公意, 而只能是代表者的特殊意志。公意的彰显和宣告对共同体的维持和运转的意义无须多言, 它不仅保障了法律的公正和正义, 也是维持公民平等和自由的重要条件。主权被代表和转移, 不仅意味着人民主权原则被破坏, 还意味着政治共同体重蹈制度衰退的旧途。

弗兰林认为卢梭在波兰立法工作中, 对议会代表制的接受是与卢梭的政治原则相匹配的, 认为卢梭的民主理论与代议制民主之间存在着逻辑的

---

①　卢梭阐述公民大会召开, 行政官员复归公民身份和政府一切权限终止的原因是, "因为在被代表的人已经出现的地方就不能再有什么代表了"。这里对"代表"的解读就很重要, 谁是代表, 谁是被代表者。显然, 被代表者是公民, 代表是政府官员, 但是这不是主权的代表, 而是行政权力的代表。参见 [法] 卢梭《社会契约论》, 何兆武译, 商务印书馆 2008 年版, 第118 页。

②　Urbinati, N. , "Rousseau on the Risks of Representing the Sovereign", *Politische Vierteljahresschrift*, Vol. 53, No. 4, January 2012, pp. 646 – 667.

③　[法] 卢梭:《社会契约论》, 何兆武译, 商务印书馆 2008 年版, 第 122 页。

一致性。弗兰林犯的错误是他否定了人民主权原则是卢梭整个政治理论的核心，也未能认识到卢梭对代表制否定的背后是对主权与公意概念的理解。虽然卢梭在《政治经济学》中受到百科全书派和洛克的影响接受了代表制，但是他并未放弃人民主权概念，只是认为代表制可起到与人民直接行使主权相似的功能。当卢梭意识到自然法学派关于主权转移背后所隐藏的问题时，他反对了主权可代表或转移的观念，而坚持人民直接行使主权，认为这是唯一既能保障公民的平等和自由，同时也能实现对政府监督的制度。即使卢梭在波兰立法工作中，勉强地接受了代表制，但是，他仍然对代表制施加了许多限制，并且阐述了严格的代表伦理。在由众多小型共和国组建的大联邦国家下，各省的代表实质上只能担当"大使"的功能，与我们现代代议制政府中的政治代表有着显著的差异性①。所以，卢梭说，"代表观念是近代的产物……在古代的共和国里，而且甚至于在古代的君主国里，人民是从来不曾有过代表的，他们并不知道有这样一个名词"②。

对主权代表制的拒绝，不意味着对行政代表制的否定。由于立法权力和行政权力的根本差异，卢梭接受了行政代表制，因为行政代表不是基于意志的代表，而是基于力量的代表。当卢梭认为古代人不知道也不具有代表制后，话锋一转，认为古罗马的保民官在本质上也是人民的代表。实际上，在雅典的直接民主中同样存在着代表制。在亚里士多德描述希腊的极端平民政体中，依然存在着行政机构，它们由选举或抽签产生，与主权者的差异是他们不具有任何的裁决权力，而只是作为执行和咨询机关存在③。如果读者不区分主权代表和行政代表，则就不明白为什么卢梭会在"保民官"的性质上出现看似矛盾的判断。行政代表不涉及公意和主权，而只涉及公意的执行，所以它不是在意志上代表人民，而只能在判断上代表主权者，从而使得人民主权与行政代表制相适应。

正是看到了这点，乌尔比纳蒂认为卢梭的民主理论并不排斥代议制民主，后者是对人民主权的补充和完善，在公民的意志与精英人士的政治能

---

① 对卢梭波兰立法工作中代表制的讨论，可参阅本书的第六章。
② ［法］卢梭：《社会契约论》，何兆武译，商务印书馆 2008 年版，第 121 页。
③ ［古希腊］亚里士多德：《政治学》，吴寿彭译，商务印书馆 1983 年版，第 220 页。

力间取得平衡，兼顾意志与判断。为了更好地理解卢梭的行政代表制，乌尔比纳蒂认为将主权者与行政代表的关系理解为市场关系中的"委托—代理关系"更为恰当。主权者作为市场上的消费者，具有最终的决策权力和意志自由，而政府作为主权者的代理者，只能在消费者的意志下做出最佳的决策安排供其选择①。在这种代表概念的基础上，卢梭的政府理论称之为"代表制政府"也就更为恰当。政府作为主权者的行政代表，只是为主权者的立法提供最为恰当的安排，最终的立法权属于主权者。一旦政府作为代理者不限于提供判断，而试图取代主权者的决策权力时，则就篡夺了主权，人民也就陷入政府的专制与奴役之中。

立法或主权代表在卢梭的政治理论中没有存在的空间，行政代表则作为人民的公仆与办事员，承担执行法律和公意的职能。因此，理想的政治共同体的政治建构是：主权者—政府—公民。政府作为主权者与公民之间的中间组织，一方面执行主权者的公共意志，另一方面又作为人民的委托者管理公民与社会。但是卢梭认识到这种理想政体在现实政治生活中的两种困境：一是公民作为主权者参与人民大会的积极性会降低，懒于行使自身的主权者权力，这源于公民特殊意志的产生；二是政府作为法律的执行者，并不愿局限于人民的受托者身份，自身利益的寻求使其希望篡夺主权者权力，而成为专制政府。"爱国心的冷却、私人利益的活跃、国家的庞大、征服、政府的滥用权力，所有这些都可以使我们想象到国家议会中人民的议员或代表的来历"②。

卢梭认为议会制是民主政府和专断政府之间的中间力量，原本理想的政治体制转变为现实中"主权者—议会与行政机关—公民"的结构，行政机关与议会共同组成政府。然而，在现代政治中，议会的权力性质却发生变异，本来与行政机关同样作为人民办事员的议员却篡夺了人民的主权，宣称自己是主权或立法代表。人民本来交由议会代表来完成他们监督行政机关的任务，但是最终结果却是创造出与行政机关一样的权力怪物，将公民置于被奴役的处境之中。卢梭对代议制民主的批判正是源于对议会

① Urbinati, N., "Rousseau on the Risks of Representing the Sovereign", *Politische Vierteljahresschrift*, Vol. 53, No. 4, January 2012, pp. 646 – 667.

② ［法］卢梭：《社会契约论》，何兆武译，商务印书馆 2008 年版，第 120 页。

的变异做出的批评，事实也验证了卢梭的批评是正确的，因为代表们往往有着自身的特殊意志和利益，而背叛公意与公共利益。行政代表虽然在性质上与主权或立法代表存在差异，但是，特殊意志与私人利益使得行政机关与议会都具有篡夺主权的野心，这是代议制民主理论家所未能注意与认识到的。

区分了卢梭的双重代表制后，我们也就明白卢梭对代表制的态度是建立在主权概念基础之上，也了解卢梭对政府与主权者所做的区分。人民主权作为卢梭政治理论的根本原则，一方面它要求人民以集体的名义行使，不能代表和转移；另一方面它也要求某种制度来执行公意。正如人民对公意的认知一样，想实现公意但却看不到公意，主权者想执行公意但是却在激情之中偏离了公意。在这个过程中，卢梭对代表制的认知和研究已经逐渐淡化了对中世纪代表理论的批评矛头，而是将其重心放在现代意义上的政治代表制。卢梭的代表概念，不仅能让我们重新去解读他的人民主权理论，也帮助我们重新厘清"主权—政府"的关系。卢梭对议会或代表制的反对是防止他们像政府一样对主权的觊觎和篡夺，而行政代表制又为卢梭接受代表制政府奠定了理论基础。

## 四　主权民主与直接民主的差异

明确了卢梭人民主权理论的实质和内涵，以及卢梭对主权代表和行政代表的区分之后，也就理解了卢梭在主权层面坚持民主制，而在治权层面采用了代表制。代表制与民主制的区别是民主体现为人民的直接参与，代表制是权力的委托。虽然从主权与治权层面能够理解卢梭的主权民主与直接民主存在的差异，但仍遗留的问题是卢梭的主权民主与古代直接民主或平民主义的关系尚未做出探讨。在 18 世纪的舆论气候中，甚至在今天，政治研究者往往将直接民主制等同于主权民主制，或者不区别地使用，这也导致了对卢梭民主理论的误读，认为卢梭的人民主权就是直接民主或纯粹民主。但在卢梭政治理论中，主权民主制与直接民主制在性质上截然不同，他对"民主"一词的使用往往指代的是政府形式，主权层面的民主则使用"人民主权"一词来表述。如果混淆或不区分卢梭的用词差异，也就不能正确理解卢梭的民主理论。

细心阅读卢梭著作的读者会发现卢梭对"民主"或"民主制"一词

的使用是含糊的,有时用它来描述一种政府形式,有时又用来描述主权的形式。卢梭的这种含糊源于他政治理论的独创性。古希腊思想家开了政体划分的先河:柏拉图将政体划分为君主制、贵族制、寡头制、民主制和僭主制,它们之间呈现一种政体衰退和循环关系;亚里士多德则引入了统治人数的多少和施政目的,将政体划分为正态和变态政体,包括君主制、贵族制、共和制和僭主制、寡头制和民主制。亚里士多德对政体的划分对西方政治思想产生了长远影响,虽然后来西塞罗等人提出一种混合宪政共和国,但仍然依据的是上述六种政体划分。这种划分方式在主权概念之后出现了新的讨论。

霍布斯认为真正存在的政体只有三种类型:君主制、贵族制和民主制,掌握主权人数的多少决定了政体的类型,正态政体和变态政体的划分只是描述施政的好坏①。孟德斯鸠同样依据最高权力或主权的掌握人数将政体划分为共和政体、君主政体和专制政体三种类型,其中共和政体包括民主政体和贵族政体②。他与霍布斯的区别是将"法治"的概念引入政体类型中,专制政体是不依法统治的君主统治。

近代思想家对政体的划分对卢梭的影响很大,使他意识到共和国必须建立在法治的基础之上,同时最高权力即主权的归属决定了共同体的性质。但是,无论从何种维度对政体进行划分,民主制从来没有被认为是一种好或善的政体形式,柏拉图将民主政体视之为一种暴民或无政府政治,亚里士多德则认为,纯粹的民主制是一种平民的统治,混合宪政将民主制视为权力的来源,而不是权力的掌握者。对民主制的这种偏见一直延续到卢梭的时代。

在西方语境中,democracy 或 populist 一直被视为多数人的统治或平民的统治,其中蕴含的是对普通公民或人民政治能力的怀疑,认为他们极易受到激情的煽动与影响,而偏离政治统治或决策的理性化。与他们不同,卢梭认为,唯一具有正当性和合法性的共同体只能是建立在人民主权基础之上,也只有基于主权民主的共同体才是合法的共和国,至于政府形式则不是合法性考虑的重心。"凡是实行法治的国家——无论它的行政形式如何——我就称之

---

① [英]霍布斯:《论公民》,应星、冯克利译,贵州人民出版社 2003 年版,第 76—77 页。
② [法]孟德斯鸠:《论法的精神》,张雁深译,商务印书馆 1978 年版,第 8 页。

为共和国……一切合法的政府都是共和制的。"① 人民主权原则彻底地将贵族
制、君主制从主权归属问题上驱逐出去，只有坚持主权民主制才是一种正
当与合法的统治。也正是在这个意义上，民主制才获得了今天的普世价值，
无论采取何种政府形式，它都必须坚持人民主权的原则，区别在于人民对
主权的行使是间接还是直接形式。贡斯当认为，代议制民主是在间接形式
上坚持了人民主权原则，而卢梭由于对人民直接行使主权的坚持则被贴上
了直接民主或纯粹民主的标签。但是，主权民主制与直接民主制是不是等
同的概念呢？

卢梭在一封写给友人的信中谈到对于指责他为纯粹民主者的回应：
"我不论在日内瓦，还是在其他各地，一直是谴责纯粹民主的。"② 由于这
项指责的背景是卢梭当时的朋友遭到政府逮捕，据说发现卢梭参与到日内
瓦共和国内部民主派与政府派的政治斗争当中，故卢梭的回应有逃避责难
之嫌③。但是，如果阅读卢梭对雅典政治的批评，结合他的政府理论，可
知道卢梭是反对直接民主或纯粹民主制的，他对"民主"概念的认知并
不是通常对纯粹民主的理解。

现代直接民主的提倡者往往将雅典城邦视为民主的典范，因为雅典公
民不仅直接掌握立法权力，还掌握司法、行政等一切权力，执政官的选择
也是采取抽签和轮换的方式。因此，直接民主或纯粹民主的重要特征是人
民掌握一切政治权力，参与公共事务和制定决策。但是，卢梭并不将雅典
视为民主的典范，即使它的最高权力由全体公民掌握。"雅典实际上不是
一个民主制国家，它是一个由一群涂迳口辩的知识阶层人士统治的暴虐的
贵族制国家。"④ 一方面，虽然雅典的公民参与到公共事务当中，但是，
他们对修辞术和演讲的重视，往往使得少数善辩精英能够引导舆论和公
众，使得公共意见偏离公意；另一方面，卢梭对雅典更为重要的不满在
于，雅典人民的行动和权力超越了主权，而将原本属于行政官的司法权和

---

① ［法］卢梭：《社会契约论》，何兆武译，商务印书馆 2008 年版，第 48 页。
② ［法］卢梭：《卢梭评判让－雅克：对话录》，袁树仁译，上海人民出版社 2007 年版，第
362 页。
③ 布兰查德认为卢梭对直接民主指责的回应源于他内心的胆怯，故意回避他真正的民主态
度。
④ ［法］卢梭：《政治经济学》，李平沤译，商务印书馆 2013 年版，第 9 页。

行政权掌握在手中，取消了政府作为人民的行政代表。

在卢梭看来，主权者与政府的区别是立法权力和行政权力的差异，在于主权本身的权力界限。主权的本质是公意，公意只能指向公共利益和关注普遍性事务，当它"具有个别的目标时，也就轮到它自己变了质，也就不能再作为公意来对某个人或某件事作出判决了"。主权者与政府的区别，使得卢梭对政府形式的划分有了独创性，他依据行政权力归属人数的多少将政府划分为民主制、贵族制和君主制。"民主制"是指"主权者把政府委之于全体人民或者绝大部分的人民，从而使做行政官的公民多于个别的单纯的公民"①。当主权民主与政府层面的治权民主相结合时，卢梭将此称为"真正的民主制"，也就是现代人所推崇的雅典式纯粹民主制或直接民主制。在这种体制下，公民不仅是法律的制定者，也是法律的执行者。然而，卢梭认为"就民主制这个名词的严格意义而言，真正的民主制从来就不曾有过，而且永远也不会有"②。这也就将雅典从民主制国家中摒弃，也否定纯粹民主制在人类政治生活中的现实性。正是卢梭的这番评论，让研究者认为卢梭是反对直接民主，而具有转向代议制民主的可能性。

卢梭反对直接民主的观点可以从实践条件的严格和结果的危害性来看。从实践的角度来看，实施直接民主的政治共同体必须满足以下条件：（1）政治共同体的规模必须小、人数少，才能满足公民参与到公共事务之中；（2）共同体的风尚必须淳朴，否则复杂的公共事务难以让普通公民参与和处理；（3）公民之间必须保持地位、财产上的高度平等，否则政治平等难以保持。如果某个共同体能够满足这些条件，在卢梭看来，它也就无需政治权威，因为完全依赖道德风尚就能够维持社会的运转，读者可以联想卢梭所描述的人类黄金时代。

从直接民主实施的后果看，卢梭认为，这是一项非常危险的制度：由于公民既是主权者，又是执行者，将导致个人特殊意志对公意的误导和公意的变质，从而在法律的执行上偏离公意和法律的滥用；民主政府易于发生内战和内乱。民主制度的维持需要公民德性的维持，但是，德性又是极

---

① ［法］卢梭：《社会契约论》，何兆武译，商务印书馆 2008 年版，第 81 页。
② ［法］卢梭：《社会契约论》，何兆武译，商务印书馆 2008 年版，第 84 页。

其脆弱和易受影响，只有类似"一种神明的人民，他们便可以用民主制来治理。但那样十全十美的政府是不适合于人类的"①。从卢梭的最后判断来看，他对民主制存在着期望，但是由于对政治社会中人性的担忧，他并不相信这种完美的制度能够适合于普通公民。

理想中的直接或纯粹民主制，对于卢梭而言当然是好的，但它只能存在于理想之中；现实中的真正民主制，不仅存在着诸多弊病，而且将导致人民的政治灾难。民主制的理想与现实差异，让卢梭拒绝了直接民主制，而选择更为可靠的主权民主制与代表制政府。然而，诸多参与式民主理论家存在着对卢梭人民主权的错误解读，认为人民直接行使主权意味着人民直接参与到政治决策的制定过程之中，将主权的行使确定为"围绕政治决策过程中每个公民的个人参与"②。对于卢梭而言，主权行使绝对不是具体的公共决策的制定，而是普遍性事务或立法行动。倘若将具体政策的制定交给主权者，则就混淆了主权与行政权的区别，也混淆了主权者与政府的差异。从参与式民主理论对卢梭人民主权理论理解而言，它的确是一种激进民主或纯粹民主，鼓励人民广泛和直接地参与到政策的制定当中；但是就卢梭对主权者与政府的区分而言，卢梭拒绝了治权层面的民主制而坚持主权民主。民主的内涵是人民的自治与权力的亲自行使，人民直接行使主权既是人民主权原则的坚持，也是主权民主制的要求。但是，当民主适用于治权层面时，它就违背了主权的属性，篡夺了政府的行政权力。故而，卢梭拒绝了民主制政府，而采用代表制政府。

卢梭对民主制的态度是复杂的，一方面，对于自由和平等的向往，使得他坚持主权层面的民主制；另一方面，对人性的不信任和公民能力的担忧，使得他拒绝了治权层面的政府民主制③。但无论如何，卢梭对人民主权的倡导，使他成为民主运动的精神导师，也改变了政治思想史上对民主

---

① ［法］卢梭：《社会契约论》，何兆武译，商务印书馆 2008 年版，第 86 页。

② ［美］卡罗尔·佩特曼：《参与和民主理论》，陈尧译，上海人民出版社 2006 年版，第 22 页；［美］本杰明·巴伯：《强势民主》，彭斌、吴润洲译，吉林人民出版社 2006 年版，第 323 页。

③ 伯特伦从卢梭的公意概念出发，围绕实证主义与先验性的争论，认为卢梭对民主的态度是模糊的：对于共同体的合法性而言，民主是必要的但是又是不充分的；为了削弱民主的力量，卢梭区分了主权者与政府，即主权民主与治权民主。Bertram C. , "Rousseau's Legacy in Two Conceptions of the General Will: Democratic and Transcendent", *The Review of Politics*, Vol. 74, No. 3, July 2012, pp. 403 –419.

的诟病。当我们理解了卢梭的双重民主概念后,也就明白了他对不同含义下的民主具有何种不同的态度,也能帮助我们重新理解他对人民主权的坚持和对代表制政府的偏好。虽然卢梭对"民主"词汇的使用有时并不十分遵循他的理解,但是,读者依然能够从上下文去判断卢梭到底是在何种意义上使用它。当再次回到卢梭对罗马共和国的判断上,他认为罗马是真正的彻底的民主制国家,这里的民主制并不是直接民主的意义上使用,而是指主权意义上的民主制,因为当时罗马共和国是有着元老院、保民官等行政代表和政府制度的政治体制。

# 第 五 章

# 政治共同体的治权：代表制政府

"一切自由的行为，都是由两种原因的结合而产生：一种是精神的原因，亦即决定这种行动的意志；另一种是物理的原因，亦即执行这种行动的力量。"① 政治共同体就好比人的身体，它的行为也需要意志和力量来共同完成。依据意志和力量的区别，卢梭创造性地区分了主权者与政府，这也在某种程度上为理解他的政治理论增加了难度。

在此之前，无论是古代哲学家，还是近代自然法学派，皆未对主权者与政府做出区分。在霍布斯的理解中，政府就是主权者，他们是最高权力或主权的握有者；虽然洛克、孟德斯鸠区分了立法权和行政权，区分了议会与行政机关，但政府与主权者的界限仍然模糊，甚至混淆。由于卢梭意识到政府在性质上与主权者存在着根本差异，主权是最高权力，只能掌握在人民手中；政府作为意志的执行者，可以掌握在一个人手中，也可掌握在少数人或多数人手中，人数的多少决定了政府的形式。在自由主义者看来，政府作为人民意志的代表，一般由立法机关、司法机关和行政机关共同组成，代表人民统治国家和治理社会。但是，在卢梭的政治理论当中，主权者的权力就是立法权，政府虽然是人民的代表，仅仅承担法律的执行工作。政治共同体中，立法权或主权者是共同体的心脏，政府或行政权力则是共同体的大脑，没有大脑共同体仍然可以生存，但是，如果没有心脏或者心脏死亡，则共同体也就消亡或瓦解了。

由于卢梭对主权的强调，以及对人民直接行使主权制度的坚持，使得政府理论在他的整个政治理论中沦为边缘位置，并由于他对政府的独特性

① ［法］卢梭：《社会契约论》，何兆武译，商务印书馆 2008 年版，第 71 页。

理解偏离了自由主义的传统，使得研究者忽视对他的政府理论的研究。然而，当读者重新从整体上看待卢梭的政治理论时，会发现政府虽然依附于人民主权，但它却是政治共同体中不可或缺的一部分，它不仅强化了卢梭对直接或纯粹民主的拒绝，也为卢梭的人民主权理论与代议制民主之间的调和提供了理论的基础。

马斯特认为卢梭对选举贵族制的偏好，实际上就是现代政治中的代议制政府或议会的别名①。笔者认为，这种见解混淆了卢梭对政府的描述以及政府的权力实质，因为政府绝不是人民的意志代表，绝不能代表人民参与法律的制定。国内学者李剑鸣使用"代表制政府"区别于"代议制政府"，前者从政府的广义概念上（包括立法机关和行政机关）代表了人民，后者适用于立法机关代表人民的狭义政府②。笔者认为，虽然国内学者对代表制政府与代议制政府的使用上不加以区分，但是，二者仍然存在着概念上的差异。因此，本书借鉴了李剑鸣的"代表制政府"的用法，但不是从广义政府概念出发，而是从狭义的政府概念出发，即强调行政机关对人民的代表功能，认为这样的术语翻译用来理解卢梭的政府理论更为合适。它拒绝了代议制对政府的前置定语，这源于前文中对卢梭代表概念的讨论，主权代表被卢梭从民主政治中驱逐出去，而政府仅仅成为主权者的治权或行政代表存在；同时，也能够与立法机关的"代议士"相区别，政府仅仅限于行政权力的代表。作为人民代理的代表制政府，不仅包括了通常所谓的行政机关，还涵盖了古罗马的保民官制度。

# 第一节　代表制政府的性质与类型

主权作为公意的彰显，它是作为共同体的头脑而发挥作用；相比之下，政府则是作为共同体的身体，接受主权者的指挥，执行和运用法律进

---

① ［美］马斯特：《卢梭的政治哲学》，胡兴建、黄涛等译，华东师范大学出版社 2013 年版，第 520 页。

② 李剑鸣通过考察英国代议制与美国代表制的差异，认为中文学界"代议制政府"或"代议制民主"是对代表制政府或民主的错误理解和翻译。参见李剑鸣《美国革命时期关于代表制的分歧与争论》，《史学月刊》2014 年第 11 期；李剑鸣《从代表制到代表制政体——再论美国革命时期民主概念的演变》，《清华大学学报》（哲学社会科学版）2015 年第 5 期。

行共同体的治理和政治秩序维持工作。在上章中，已经介绍卢梭在主权层面拒绝了代表制而坚持人民直接行使主权，政府层面则接受了行政代表制，它不是作为主权者的意志代表而存在，而是力量的代表，它的权力和权威来自人民的委托，而不是权力的转移。

## 一　作为行政代表的政府

"我提请读者注意：本章必须仔细阅读，对于不能用心的人，我是无法讲清楚的。"① 卢梭在《社会契约论》第三卷关于政府总论的开篇，提醒读者对本卷的阅读需要谨慎与细心，因为他在该卷所探讨的内容与其他思想家的著作有着显著差异，这不仅体现在术语的使用上，也表现在他对政府性质的理解上。

《政治经济学》中，卢梭已经有意识地区分政府与主权者的关系，"本文论述的公共经济学（我称之为政府的施政）同最高权威（我称之为主权的行使）是有区别的。它们的区别在于：后者拥有立法的权力，而且在某些情况下可以制约国家本身，而前者则只有行政的权力，只能制约个人"②。虽然这种有意识的区分尚未具有理论系统性的完善，但是，它背后隐藏的是关于立法权力或主权与行政权力的根本差异，前者所关注的事务必须是普遍性的，是对整体性的制约，不涉及具体的个人或者事务；行政权力关注的个别的行动、个别公民的行为，涉及的是法律的执行。

直至在《社会契约论》中，卢梭将这种区分彻底理论化，并且成为他政治理论中创造性和独特性的一部分。法律的本质是公意的宣告，公意只能是普遍性与公共性的；执行法律时，是将普遍性的意志具体实施到个人或特殊行为上，则法律的制订者必然不能承担法律的执行任务，否则法律的执行必然会歪曲公意。卢梭对公意歪曲的必然性认知是基于他对人性的理解，在文明社会中所形成的人性堕落。为了避免法律执行中的弊病，以及根据立法权力和行政权力的性质差异，卢梭引入"政府"作为媒介，成为政治共同体稳定的不可或缺的一环。"政府是在臣民与主权者之间所建立的一个中间体，以便两者得以互相适合，它负责执行法律并维护社会

---

① ［法］卢梭：《社会契约论》，何兆武译，商务印书馆2008年版，第71页。
② ［法］卢梭：《政治经济学》，李平沤译，商务印书馆2013年版，第5页。

的以及政治的自由"①。

政府的职能不在于立法，如霍布斯所说的拥有绝对的权力，是共同体的主权者；它同样不是立法权力的并行者，如孟德斯鸠所说的，共同分享主权。相较于其他人，卢梭与洛克关于行政机关或者政府的观点有着诸多相似之处。洛克区分了立法权力和行政权力，前者是最高权力或者主权，后者隶属于前者并接受它的监督与制约②。但是，与立法机关由人民选举代表不同，洛克并未具体讨论行政机关的产生方式，而只是说二者都接受人民的委托而行使权力。行政机关作为国家的最高执行者享有人民服从的权力，但这仅限于他是法律的执行者和他自身对法律的遵守，它"是被赋有法律权力的公仆，因而它应该被看作是国家的象征、表象或代表，依照国家的法律所表示的社会意志而行动"③。与立法机关一样，行政机关也是接受人民的委托作为代表而存在，它们共同代表了社会或共同体的意志；当它们违背人民的委托，或者违反法律的时候，它们也就不再作为人民代表的存在，人民对它们也就无服从的义务，因为它们此时只具有个人意志而无公共意志。

从行政机关作为人民委托的代表来看，洛克与卢梭关于行政机关的理解似乎不存在巨大差异，但是，从"委托"的本质来看，却有着根本性区别。前文中已经谈到，卢梭已经拒绝了人民意志上被代表的可能性，而洛克认为立法机关与行政机关都是公共意志的代表。洛克认为，考察代表的关系就可有效制约政府，以及通过委托的责任实现政府的宗旨：一方面，人民通过选举或者任命的方式产生立法机关或者行政机关；另一方面，作为受托者的政府，则必须承担人民赋予他们的责任，捍卫他们的权利。洛克的代表制理论不仅当时被广为接受，也奠定了代议制政府的理论基础。但是，卢梭并不这么看待这看似完美的权利和义务链条。当日内瓦政府宣称作为人民主权的代表时，不仅与人民共同享有主权，还通过对公民大会议程的控制实现政府对团体利益的追求。相对的是，日内瓦人民作

① ［法］卢梭：《社会契约论》，何兆武译，商务印书馆2008年版，第72页。
② 洛克对政府的广义理解包含了立法机关与司法机关，所以，卢梭说洛克的政府是社会契约的产物。但是，鉴于卢梭从行政机关来描述政府，并且洛克的行政机关在性质上与立法机关差异不大，因此，本书着重从行政机关来比较二者的政府理论。
③ ［英］洛克：《政府论》（下篇），叶启芳、瞿菊农译，商务印书馆1996年版，第93页。

为主权者，却对政府的篡夺主权行为缺乏实质和有效的制度抵抗。为了捍卫人民主权和限制政府，卢梭提出的解决方案：一是人民直接行使主权制度的坚持，坚持民主共和国；二是重新限定政府的性质和职能，构建代表制政府。

首先，政府是接受人民委托而行使权力，它不是契约的产物，主权者对于这项权力可以限制、改变和收回。这里的委托，不是作为意志代表，而是作为人民的代理人，主权者享有最终的决定权。作为人民力量代表或代理的政府，本身不享有共同体的最高权力，而是作为主权者与臣民之间的中间体存在。

卢梭对代表概念的使用与现代政治词汇具有不同含义，如他曾经多次使用"政府代表人民"，但是，正如前文对卢梭代表概念的分析，他区分了主权代表与行政代表，前者更接近于我们对于"政治代表"的使用，后者更接近于我们对"代理"的使用。一旦卢梭将政府作为主权者的代理时，则彻底改变了自然法学派中关于政府与主权的关系①。

洛克认为行政机关受到"人民的双重委托"，一方面参与立法机关具有立法权力，又同时担任法律的最高执行者，接受行政权力的委托②。虽然洛克预见到无论是立法机关，还是政府都有可能违背他们作为人民代表的责任和委托，他仍然相信由于人民作为权力的来源，具有重新组建政府的权利。相较于洛克的乐观主义，卢梭对于政府作为主权者的意志代表反对更为强烈，因为他认识到"代表制"背后是政府依据强大的权力和更高的效率更容易做到对人民的违背。因此，他绝不认为政府与人民之间的关系是一项契约，而是一种行政的任命，政府仅仅是主权的代理者。如果人民与政府之间真的存在着这一份契约，那么这份契约也是与人民主权相冲突的无效契约。因为主权是至高无上的，它不受任何权力的限制，主权者不可能在自身基础上设立一个能够限制主权者的权威，否则主权者就不享有真正的最高权威。退一步说，如果这份契约存在，在卢梭看来，它也

---

① 政府与人民之间隶属契约关系，可以参见霍布斯、普芬道夫、洛克等人的观点。但是，鉴于洛克理论被日内瓦共和国政府派广为引用，本书相信卢梭对政府与主权者关系的讨论更多的是针对洛克而作出的回应。

② ［英］洛克：《政府论》（下篇），叶启芳、瞿菊农译，商务印书馆1996年版，第134页。

是类似于霍布斯所说的无效契约，因为这是人民与某个人或者团体签订的个别行为，它不是主权者的行为，也缺乏第三方来保证契约得到有效和公正的实施。

其次，政府的创制是一种复合的行为，包括"法律的确立和法律的执行"。卢梭意识到这里存在逻辑上的困难和悖论：一方面，确立政府的形式是一种法律，必须交由主权者来完成；另一方面，选定政府的行政官员又是一种个别的行政行为，主权者不能完成，必须交由政府来完成。在政府创造出来之前，怎么能够具有政府的行为呢？

为了解决这个逻辑上的悖论，卢梭引入了"民主制"，它称之为"政治体的最可惊异的性质之一"，即"主权猝然间转化为民主制而告完成"，公民全体瞬间成为行政官员，由普遍的立法行为过渡到个别的任命行为，完成政府形式的创建和政府官员的任命[①]。卢梭并不认为人民从主权者身份到民主制政府的行政官员的变化是玄虚的思辨，这在英国政体中每天出现，即国会在主权者与政府之间来回变换。由于这里的民主制是临时与瞬间的政府形式，当人民作为行政官员选举政府后立即就将行政权力转交出去，所以，它与卢梭对彻底民主制的拒绝并不冲突。当政府行政官员的选择不是基于契约，而是基于法律的行为和选择时，主权者将牢牢地限制政府强大的权力，当政府觊觎或篡夺人民主权时，人民既然可以委任他们也就可撤换他们。"行政权力的受任者决不是人民的主人，而只是人民的官吏。"[②] 但是，卢梭并不希望任命行政官员的权力被人民经常使用，也不希望人民作为行政官员而存在，因为他对人民政治能力的怀疑和不信任态度，同时也是因为他对主权者与政府区分的坚持。

卢梭创造性地将行政机关或者政府作为人民的力量代表而存在，既否认了洛克等人所主张的作为意志代表的代议制政府，也拒绝了霍布斯所倡导的绝对君主专制。代表制政府与现代政治的代议制政府有着诸多的区别，不仅表现在主权归属上，也表现在政府的性质和职能理解上。相较于

---

① 卢梭关于"民主制"的功能与霍布斯在《论公民》对民主制的讨论非常相似，认为政府的其他形式必须建立在民主制基础之上，这被学界称为"民主的基源性"功能。参见［法］卢梭《社会契约论》，何兆武译，商务印书馆 2008 年版，第 126 页；［英］霍布斯《论公民》，应星、冯克利译，贵州人民出版社 2003 年版，第 80—81 页。

② ［法］卢梭：《社会契约论》，何兆武译，商务印书馆 2008 年版，第 127 页。

政府作为人民的意志代表，作为力量代表的政府更能捍卫人民主权，也更容易实现人民对政府的监督。主权者作为权力的委托者，不仅具有对公共事务的最后决定权，而且能够因为政府的不作为或者权力滥用而收回代理权。此外，为了防止政府利用召开公民大会和对议程的控制而不受制约，卢梭特别赋予了人民具有特别紧急召开公民大会的权利，恢复民主制的基源性功能，这弥补了洛克理论中人民与立法机关之间缺乏仲裁者的缺憾。但是，卢梭深知，虽然政府作为人民的代理而存在，但其野心和对主权的觊觎绝不会因为困难而退缩。

## 二 政府形式的三种类型

主权者与政府的区分，使得卢梭解决了主权的归属问题，以及政府正当性的问题。政府是在人民的委托下，接受公意的指导、遵照法律来治理社会的工具。一旦政治共同体混淆了政府与主权者，则主权要么被政府所篡夺而陷入专制之中，无论是绝对君主制或者温和的资本主义共和国；要么是主权者取代了政府功能，陷入直接民主或无政府状态。

现实政治生活中，以及在许多思想家的政治理论中，更多是将主权者与政府混为一谈，认为人民与政府之间存在着一份契约，将主权交给了政府所掌握，因此有了民主制、贵族制和君主制的划分。基于传统对政体划分的理解，政治学的主要任务就是寻求一种最佳的政府形式，它既需要某种政治德性的支撑，也需要制度上的权力平衡。但对于卢梭而言，主权只能掌握在人民手中，政府只是主权者与臣民之间的中介或者比例中项，用于平衡二者的力量。主权者或者臣民任何一端人数的改变，就会影响政府的形式，卢梭与之前思想家一样，依据人数的多少将政府形式划分为三种：民主制、贵族制和君主制，但它们都有着共同的前提，即人民主权原则的坚持。只有在人民主权的前提下，这三种政府才具有合法性与正当性，被称之为共和国，否则就是政府篡夺了人民主权而成为专制政体。此外，人数只是环境因素中的一种，气候、地形、土壤等客观条件也是影响政府形式选择的众多考量因素。在比较这三种政府形式的利弊之后，卢梭认为，现实政治生活中不存在永恒不变的最佳政府形式，"它们之中的每一种形式在一定的情况下都可以是最好的，但在另一种情况下又都可以是最坏的"①。

（一）民主制政府

卢梭详细讨论了民主制政府形式。民主制政府是指主权者与行政官员由相同者担任的政府形式，人民既作为主权者，同时也是行政官员。人民主权与民主制政府的结合，即主权与治权民主同一的政治制度，被卢梭视为真正的或彻底的民主制。日内瓦的民主派认为这是最好的政府形式，因为主权者最了解法律的本质和精神，因此是最适合担任法律实施工作的人。然而，这遭到了卢梭的否定。虽然现在的思想家将卢梭视为直接民主主义者，但这显然误解了卢梭的民主理论。正如本书在上一章所分析的，卢梭是在主权层面坚持了民主制度，但是，在治权层面反对人民承担政府的责任。因为治权层面的民主制对公民的要求甚高，并且不适合于大的共同体，反而由于其脆弱性更易导致人民陷入奴役状态。

> 就民主制这个名词的严格意义而言，真正的民主制从来就不曾有过，而且永远也不会有。多数人去统治而少数人被统治，那是违反自然秩序的。我们不能想象人民无休无止地开大会来讨论公共事务；并且我们也很容易看出，人民若是因此而建立起各种机构来，就不会不引起行政形式的改变。②

这段话，卢梭实质上从两个维度否定了民主制政府：第一，从政府或治理的维度上否定了民主制，这是"违反自然秩序"的，"自然秩序"应该是少数人统治而多数人被统治，因为统治秩序的维持需要杰出的政治才能和丰富的政治经验，而普通公民相对缺乏这些能力；第二，从现实客观角度否认了民主制政府，时间和规模等因素制约了人民执行法律，统治与治理工作需要快速和有效的决策，一旦治理人数增多，反而使得决策难以有效做出，陷入程序的繁杂和冗长的讨论之中。所以，民主制政府的实施需要严格的主观和客观条件，不仅要有着崇高的公民德性，在国家规模等因素上也有着重要考量。虽然卢梭没有否认历史上可能存在着彻底的民主

---

① ［法］卢梭：《社会契约论》，何兆武译，商务印书馆 2008 年版，第 83 页。
② ［法］卢梭：《社会契约论》，何兆武译，商务印书馆 2008 年版，第 84 页。

制，但是，这极端不稳定，要么陷入柏拉图所描绘的群氓政治中，要么因为统治和治理的需要而将政府作出内部划分，形成各种机构，最终将治理的权力交给少数人而改变民主制政府形式。卢梭对民主制政府的否定不在于其价值上的批判，而在于它不具有现实性和可操作性。

（二）君主制政府

与民主制政府对立的政府形式是君主制，民主制是将行政权力交给人民或多数人，而君主制则是将权力交给一个自然人①。在君主制下，政府作为道德人格或法人的拟人格与君主的自然人格同一，从而将公意与君主的个人意志联系起来。在霍布斯看来，君主制是最为有效的统治方式，因为它避免了政府意志的冲突与混乱，能够有效承担统治和治理功能。但是，在卢梭看来，霍布斯的君主制实际上是一种专制君主形式，君主不但是政府的最高首脑，还篡夺了属于人民的主权。真正的合法君主制只能是在坚持人民主权下的政府形式，人民是法律和权威的来源，劣质君主制不是专制政制，而是暴君制。在合法与开明的君主制下，卢梭认为，这样的政府是最具活力与最有权力的形式。因为整个共同体的行政权力掌握在一个自然人手中，它的意志排除了其他政府形式可能存在的团体意志，需要调和的仅仅只有公意与君主的个人意志。"这样，人民的意志、君主的意志、国家的公共力量和政府的个别力量，就全都相应着同一个动力。"② 当人民的福祉与君主的福祉一致的时候，这个共同体将有着最为有效的治理，主权者的任务就是如何教化和选择一名好的君主。然而，正如公民的特殊意志经常与公意相背离一样，君主的个人福祉也与公众的福祉相冲突。君主制政府下，君主常常打着人民的利益和福祉的口号而寻求自身利益的最大化。

君主制由于其权力的集中，最易形成对主权的篡夺和对人民的暴行。对于统治他人的权力，只有极少数人能够抵抗住权力的诱惑。在君主统治

---

① 何兆武先生在翻译《社会契约论》中，将"君主制政府"翻译为"国君制政府"，是为了区别于"君主"一词在书中的独特含义。"我们一直把君主作为由法律的力量而结合的一个道德的与集体的人格，并作为国家中行政权力的受托者来考虑的。"但是，依笔者看来，这种译法反而增加了对卢梭政府理论理解的难度，卢梭所使用的"君主"一词是对政府的统称，所以有西方学者将之翻译为 the ruling body。参见［法］卢梭《社会契约论》，何兆武译，商务印书馆2008年版，第89页。

② ［法］卢梭：《社会契约论》，何兆武译，商务印书馆2008年版，第89页。

下，卢梭看到了君主制的弊端，正如"天性上的国王"难以被人民推选为君主，贤明的公民也难以被君主选中辅助他完成治理工作。选拔过程中，由于人类个体自尊心的存在，君主将会更多选择卑鄙的骗子和阴谋家，他们不是依据英明能干而被君主挑选出来，而是因为对君主个人意志的服从、对君主的阿谀谄媚。因此，君主制政府下，只有极少数的成功治理案例，更多的是君主对公共利益的剥夺、对人民的压迫。实际上，卢梭对君主制的利弊分析并不是从严格意义上的共和国出发，而是以现实中的君主专制为观察。

（三）贵族制政府

与民主制将权力交给多数人、君主制将权力交给一个人不同，贵族制政府是主权者将行政权力交给少数人握有。卢梭认为，贵族制政府可以划分为自然、选举与世袭三种形式：自然贵族制往往存在于人类社会初期，经验、年龄成为权威的基础，年轻人服从长者；选举贵族制则与人类自然与社会的不平等息息相关，能力、财富成为权威的基础，人民往往通过某种标准选择、选拔少数人来掌握权力；世袭贵族制则是权力世袭下的产物，它是贵族制中最坏的方式，仅仅以出身和血缘关系来选择行政官员。

自然贵族制适用于淳朴的民族，因为社会情况的简单化，依赖于人类的经验就能够解决治理问题；但是，随着社会生活的日趋复杂，经验不能充分解决问题，它还需要人类的能力和才智。一种好的选举贵族制能够依据某种标准，将少数贤能从众人中挑选出来担任公共职务，为共同体事务做出应有的贡献。选举贵族制的"选举"，并不是会议上的投票选举，而包括选择、选拔、择贤而任，所以"选举"在卢梭的政治制度中是非常复杂的过程。在为波兰立法工作中，卢梭详细讨论了国王与议员的选举方式和过程，它不仅涉及选拔出来的官员能否有资格与能力担任，同时也关系到能否树立正确的公共舆论引导公民对祖国的热爱，培养公民对德性的尊重。开放与公平的选举，以及作为行政官员所享受的尊重，能够让公民们将自己的荣誉建立在为祖国的服务上，而不是建立在自我利益的满足上。所以，卢梭说选举贵族制是真正的贵族制。

选举贵族制，作为卢梭偏好的政府形式，具有双重优点：首先，选举保证了"正直、明智、经验以及其他种种受人重视与尊敬的理由，成为政治修明的新保证"①；其次，有限的行政官员人数保障了治理过程的效率和决策的有效性，避免了民主制下人数庞大导致的低效，也克服了君主制下决策的个人独断。卢梭是在古典共和主义传统熏陶下成长的思想家，他意识到人民虽然是主权者，但是，这不意味着他们能够有足够的才智和理性去做出决策，他们需要少数杰出智士的辅助，而贵族制政府类似立法家的存在，在良好的政治制度中能够为了公共利益去治理群众。当伟大立法者为共同体创造出优良的制度后，政府的工作就是如何选拔杰出之士去维持制度的运行，用自身的言行和法律的执行引导公民德性、舆论与风尚。

行政官员作为选举的贵族，实质上彻底舍弃了"贵族"这一称谓在封建时代所具有的特权内涵。结合卢梭的代表制政府观念，选举贵族制实际上也改变了传统对代表的认识，代表不再是依赖血缘、出身获取的权利，而是现代社会开放选举下的社会精英。因此，现代部分学者认为，卢梭的选举贵族制政府实际上就是代议制政府。的确，二者存在着诸多的相似性，都是通过选举社会精英来代表人民治理社会。然而，二者在职能和性质上也存在着差异：选举贵族制政府中的选举远不是我们现代代议制民主中所谓的投票概念，卢梭的"政府"仅仅是行政机关，而不具有现代"政府"所具有的广义概念。

民主制、君主制和贵族制作为单纯的政府形式在现实政治共同体中是难以存在的，它们的提出不过是为了方便政治理论上的研究与探讨。虽然卢梭拒绝了关于何种政府是最佳形式的选择，并且考察了不同环境下（包括人民条件、地形、气候等因素）何种政府形式最为合适，如君主制只适合富饶的大国，贵族制适合财富和版图适中的国家，民主制适合小而贫穷的国家。但是，在《山中来信》中，卢梭选择倾向于介于民主制和君主制中间的贵族制政府，"在这三种政府当中，最好的形式是贵族制政府，最糟糕不过的是由贵族掌握主权"②。贵族制政府统治，在卢梭看来，是人类最早的治理方式，同时也是最自然的方式。

---

① ［法］卢梭：《社会契约论》，何兆武译，商务印书馆2008年版，第87页。
② ［法］卢梭：《山中来信》，李平沤译，商务印书馆2012年版，第175页。

### 三　政府的蜕化

卢梭对人民直接行使主权的坚持,并没有让他赞同彻底的民主制,反而意识到政府在政治共同体中有着巨大的作用,作为主权者与臣民之间的中间体,不仅维持着共同体的运转,并且也将使普遍性的公意和法律得到具体实施。与此同时,卢梭也意识到随着政府在共同体政治制度中的引入,"共同体的利益在这里也就开始更少按照公意的命令来指导公共的力量了;而同时,另一种不可避免的倾向又会从法律夺走一部分的力量"①。这里所谓"不可避免的倾向"指的就是政府特殊意志的形成,将会成为共同体的威胁。卢梭的政治体系中,有两个重要的变量决定了共同体的维持和运转:一是公民的个人特殊意志与公意之间的关系,它决定了主权者能否发现公意和制定的法律能够宣告公意;二是政府的特殊意志与公意之间的关系,它决定了政府是否篡夺人民主权。在卢梭看来,政府与公民精神是导致政治共同体瓦解或衰退的两个根本原因。

政府作为一个小规模的共同体存在于政治共同体之内,它的内部也具有多种意志:官员个人的意志,倾向于个人的特殊利益;政府作为团体所具有的意志,相对于政府它是公意,但是,相对于政治共同体它是团体意志;行政官员作为公民所具有的公意。根据意志的自然倾向,个人特殊意志最强,团体意志第二位,公意最为薄弱,因此,相较于对主权者的责任和义务,政府本身就具有违背责任的自然冲动,对主权一直存在着觊觎的野心。但是,在不同政府形式下,对该野心的制约不同。

民主制下,虽然团体意志更接近公意,但是,个人特殊意志却分散存在,随着官员人数的增多反而影响了法律的执行,更接近无政府状态;君主制下,君主个人意志与团体意志合一,政府更有效率更有力量,同时野心也最大;贵族制,则在个人特殊意志、团体意志和公意之间能够取得一种平衡,但它对主权的野心却没有消退。基于对政府野心的认识,卢梭认为,无论哪种政府形式,它们都有篡夺主权和滥用权力的可能。当共同体中缺乏任何一种团体意志能够与政府的团体意志相抗衡与制约的时候,政府将会最终压倒主权者并摧毁社会公约,从而人们重新进入一种新的自然

---

① [法]卢梭:《社会契约论》,何兆武译,商务印书馆2008年版,第88页。

状态，这里对法律的服从不再是个体意志的自愿，而是强力下的屈服①。

卢梭指出，政府蜕化有着两种不同的方式：一是政府的收缩，即行政官员人数由多数向少数的过渡，民主制蜕化为贵族制，贵族制接着蜕变为君主制，这是政府的自然倾向和不可逆的过程。二是国家解体出现的无政府状态，要么由于政府篡夺了主权权力（国家收缩），要么是由政府内部分裂造成国家分裂与解体。卢梭认为，政府的收缩过程或国家解体的情况并不是理论中的假设，而是基于历史与现实政治的观察。从历史上看，威尼斯共和国正是由民主共和国逐渐演变为寡头制政体，在这个过程中，公民的权利逐渐被少数人所剥夺。从现实政治考察，卢梭看到了日内瓦共和国政府的蜕变过程②。

传统上，公民大会由日内瓦公民和有产者构成，享有同等投票权，是日内瓦最高权力机构，具有立法权、税收权，等等。但是，在 18 世纪，作为主权者的公民大会的作用逐渐发生变化，权力被缩小或者逐渐转移到被称为"两百人院"的大议会和小议会手中，不仅丧失了征收赋税的权力，其选举权也被局限于选举由小议会提名的执政官。与此同时，从三百人议会的构成来看，它主要由少数大家族所掌握，这意味着行政官员的选择由开放选举逐渐沦为家族世袭制。据统计，1570 年三百人院大议会由来自 176 个不同家族的成员构成，而到 1734 年减少为 94 个家族，其中与特朗布雷族有关系者共计 108 位，与卢林家族有关系者共计 97 位，这也就从根本上改变了日内瓦的政治体制③。日内瓦的主权不仅由公民大会转移到小议会手中，而且政府权力也逐渐转移到少数几个贵族家庭手中，它不再被称为民主共和国，而被政府称之为民主—贵族制共和国。政府收缩的根源在于行政权力的诱惑，它植根于人性中的自尊心，通过地位、权威、财富来获得他人眼中的尊重与荣耀。政府为了统治的需要，它会不断

---

① 这里，卢梭在强调政府团体意志对公意篡夺的同时，指出其中一个重要原因是其他团体意志的缺乏。可以验证卢梭在《社会契约论》第一卷第三章的方案，指出当共同体中有派系存在的话，需要增加派系的数目以防止团体之间的不平等，尽量避免任何一种特殊意志的独大。

② 卢梭说《社会契约论》中所建构的理想政治共同体是日内瓦共和国，但同时他也指出了日内瓦政治制度的弊端，而这弊端正是主权者如何去防范政府日益增长的野心。对日内瓦政府如何篡夺人民主权的过程详情可参见［法］卢梭《山中来信》，李平沤译，商务印书馆 2012 年版。

③ Rosenblatt, H., *Rousseau and Geneva: From the First Discourse to the Social Contract*, 1749 – 1762, Cambridge: Cambridge University Press, 2007, p.18.

地收缩权力来维系共同体的生存，最终结果是政府为了自身的利益而终将瓦解政治共同体，将公民陷入奴役状态。当政治共同体的基础不是社会公约基础上的自由和平等时，也就意味着人们从政治社会中倒退复归至自然状态。但不同的是，此时个人的自然自由已完全消失，处于奴役的状态。

卢梭对于政府的态度是矛盾的。基于主权者与政府的划分，他意识到政府是人类政治社会必要的存在，因为有它共同体才能得以生存和有效治理。但同时，政府本身也是社会和共同体的恶，这种恶根源于人性在社会下的堕落，源于人自尊心和自利之心所产生的特殊意志。从理想状态而言，政府只能是接受公意的指导，按照法律来治理社会。但从现实政治考量，政府毕竟是由人所组成的小型团体，它有着自己的团体意志和利益，任何完美的制度设计都不能避免政府所带来的蜕变和共同体的瓦解。虽然卢梭试图构建完美的政治共同体来实现人向公民的转变，但是，他也深知这是不可能的结果；政治共同体犹如人的身体一样，其成长与衰老、瓦解是不可避免的结果。然而，不可避免的结果不意味着要放弃对公民精神的塑造、对人性改造的希望，政治学的任务是要设计合理的政治制度，尽可能地延长共同体的寿命，利用各种权力制约来规避政府的野心。从政府作为必要的恶来看，卢梭的政府理论与自由主义者的理论并无多大差异，但是对于卢梭美德共和国和公民德性的过于强调，忽略了政府权力的制度约束。

## 第二节　代表制政府的制度约束

如公民的个人特殊意志倾向于背离公意一般，政府的团体意志也倾向于违背公意，政府的行为会不断地反对主权者，凌驾于法律之上。政治共同体构成的那一刻，主权者与政府的关系已经注定了政治体将逐步走向衰亡，即使立法者创制出最完美的制度、最合适的政府形式。卢梭欣赏的人类制度楷模——制度最为优良的斯巴达共和国和罗马共和国，也消失于历史长河之中，历史的教训告诫卢梭不要对永恒的政治共同体报以幻想，政治创制的目的不在于一劳永逸地提供良好的制度，而在于创建之后如何更好与更为有效地维持。

虽然主权者在共同体中扮演着守门者的角色，但无论是以集体的名义行使主权，还是以公民个体的身份参与到政治事务之中，面对政府强大的权力和严密的组织，他们仍然处于弱势的地位。面对政府可能出现的权力滥用、对代表职责的违背，卢梭着手通过制度设计来规范和制约政府。过往的研究者习惯强调主权者所握有主权的绝对性，认为这为独裁者提供了掌握绝对和专制权力的可能性。他们忽略了卢梭对于权力的警惕，不仅主权受到社会公约和公民个人权利的制约，政府权力同样也是共同体需要注意和防范的重要对象。从历史上看，专制往往来源于政府，而不是人民，或者暴政更多的是少数人的统治，而多数人暴政并未有着过多邪恶的历史教训。因此，卢梭对于主权者的绝对权力并不感到担忧，他担心的是主权者如何能够避免和抵御政府对主权篡夺的野心，人民如何免于政府专制以获得自由与平等。

## 一　人民主权对政府的制约

卢梭引入政府这一中间媒介，是为了在主权者与国家之间保持着力量的平衡。卢梭运用数学公式来表达主权者、国家和政府三者之间的比率关系：主权者/政府＝政府/国家，或者政府$^2$＝主权者×国家。这个公式说明，政府所享有的行政力量必须等于主权者所委托的权力，政府并不能享有未被委托的权力。政府的权力受到来自主权者授权的限制，它能够施加于公民或社会的权力必须等同于主权者授予的权力，一旦政府运用了超越主权者授权范围之外的权力，则政府也就同时丧失了正当性。静态的共同体中，这种比例可以保持不变，它意味着政府形式不会变化，共同体在主权者与政府两端都能保持稳定。但是，一旦主权者想要取代政府进行直接统治（民主制），或者政府想篡夺主权（专制政治），或者臣民对政府不服从，则共同体的平衡结构将被打破。

对于主权者和臣民可能给共同体带来的威胁，笔者已经在上一章中有所讨论，主权者权力是绝对的但不是专制和不受限制的，同样，个体需要完成在公共领域从市民向公民的身份过渡，政府的设置或存在正是卢梭对主权者和公民的担忧。较之对人民滥用主权的担忧，卢梭更为关心的是政府这一必要的恶如何在共同体中得到有效的制约。在现实政治生活中，政府往往会超越主权者所委托的权力，公民由于个人事务的忙碌和懒惰而不去关注政府的行为。在漫长的时间中，政府将会逐渐摆脱人民的监督，篡夺主权。为此，卢梭提出根本方案，就是人民必须出场，以主权者的权威对政府施以威慑和制约。

人民直接行使主权，是卢梭政治理论中最为核心与重要的制度。公民个体并不能行使主权，只能以人民的名义共同行使立法权。这种集体的方式，就是以人民集会或公民大会的方式来彰显主权者的权威。自贡斯当以来，许多学者经常批评卢梭人民主权理论的空想性和不现实性，在现代民族国家中，不可能经常，甚至一次也不能召开全体公民大会，更毋庸提及公民大会上立法工作所需要的长时间讨论、审议和协商，规模、时间等条件从客观上限制了人民直接行使主权的实现。但是，他们都忽略了卢梭写作的背景，当时大的民族国家并没有成为时代的趋势，公民权也没有得到普及，具有政治权利资格的公民人数十分有限。即使有着如英国、法国等较大规模的国家，可更被思想家所推崇的国家却是城市共和国。尽管当时的英国被思想界认为是理想的共和国，但是，享有选举权的公民仍然十分有限。笔者认为，对于人民直接行使主权在现实中是否可能，批评者不仅需要回到卢梭写作的时代，更重要的是，如何准确地理解卢梭人民主权中的"人民"概念。

通常而言，"人民"在卢梭的政治理论中有着三种含义：一是指构建政治共同体的全体个体；二是具有主权的公民集合；三是指某个民族的所有成员。就人民主权而言，显然是指前面两种内涵，放置于具体的政治情境中，就是指具有政治权利的公民。在谈到威尼斯与日内瓦共和国的政体时，卢梭认为，他们并不是贵族制，而是主权民主制。在这两国中，贵族成员就是人民的一员，它们与普通公民构成了主权者[1]。因此，就卢梭写作的时代而言，人民主权并不具有现代政治中的激进革命内涵，它只不过是恢复公民原有的政治权利；人民直接行使主权对于卢梭而言，并非是不可行的，只是在政治权利普及化的今天让它难以想象与实现。

不可否认，卢梭是一位没有时代前瞻性的思想家，他的历史观是复古的，对于他而言，公民大会的召开、人民主权的行使并不存在时间和规模的困境。面对人民直接行使主权的不现实指责，卢梭以罗马共和国为例，

---

① "如果说那里的人民在政府里根本没有份的话，那么那里的贵族本身就是人民了。"参见[法]卢梭《社会契约论》，何兆武译，商务印书馆2008年版，第139页。

现代人认为所不能实现的事情但古人却做到了，如果现代人能够完成自然人向公民的过渡，同样能够实现古代人的伟业。人民集会或公民大会之所以未能召开，不是现代人没有能力，而是因为现代政府不愿意甚至阻拦主权者大会的召开。

与政府希冀主权者的消失或隐身相反，卢梭的意图是当公民大会选择好政府形式、委派政府官员之后，主权者仍然需要周期性的彰显其权威，让政府意识到权力受到限制。主权者需要"有固定的、按期的、绝对不能取消或延期的集会，从而到了规定的日期人民便能合法地根据法律召开会议，而不需要任何其他形式的召集手续"[1]。卢梭将召开公民大会、安排公民大会的议程的权力赋予了政府，不仅避免了因人民意志的多变导致政治秩序的变化，而且他相信在按照公意指导下的政府中能够不违背法律，定期的公民大会能够对政府施加足够的限制，真正起到了守门人的角色。只有按照法律程序召开的主权者大会才是合法的，也才能真正确保立法权的存在。

定期的公民大会，让政府意识到它的权力并非不受限制与约束，在它之上，有着更为崇高的权威。当主权者大会召开时，政府也就暂停了一切工作，行政官员不再具有高于公民的权力，而成为主权者的一员，共同参与到共同体的立法事务之中。除此之外，任何不是由负有这种责任的行政官依法定形式召开的人民集会就是非法的。就算全体公民聚集在一起讨论公共事务，他们也不是以主权者的身份，而只能是以个体公民身份讨论与发表意见。但是，公民大会召开的程序是否意味着主权者大会除法律之外，还必须依赖于政府呢？政府是否成为公民大会的操控者呢？如果属实，则违背法律，或者觊觎主权的政府将尽可能地减少召开公民大会，或

---

[1] 有研究者认为《社会契约论》与《政治经济学》中，卢梭对主权者权威的彰显存在着矛盾：在《社会契约论》中，卢梭主张要定期召开公民大会，彰显主权者权威与公意；但是在《政治经济学》中，卢梭却并不主张频繁召开公民大会去发现公意。笔者认为二者并不矛盾，卢梭的原文是，"每一次处理意外的事情是不是都需要召开全体人民大会呢？我的回答是：尽可能不召开"。他所针对的问题是在一些特殊事务的处理，而非普遍性的事务，他认为，在一个良好的政府治理下，能够坚持按照法律和法律精神对问题做出公正的处理，这种情况下不需要特别的召开公民大会；但是在《社会契约论》中，卢梭讨论的是主权者如何对政府进行监督和制约，而不是政府如何按照法律治国。参见［法］卢梭《政治经济学》，李平沤译，商务印书馆2013年版，第14页。

者通过操控议程尽可能地减少主权者的权力，这也将使公民大会对政府的监督和制约成为形式。日内瓦政府的行为告诉卢梭，定期的公民大会并不能够足以制约政府，也不能有效地抵抗政府持之以恒篡夺主权的野心。所以，在按照法律召开的定期公民大会以外，卢梭认为，主权者还有一种可以不按召集手续的非正式公民大会。

与按照法律程序召开的正式公民大会不同，临时的紧急非正式公民大会关注的不再是立法权或者制定法律，而是事关共同体存亡的重要、特殊或具体事件。这类大会的召开，其缘由往往是政府阻止或拒绝召开公民大会，企图彻底摆脱主权者对政府的权力限制和监督。因此，它的召开区别于定期的公民大会，只能以两个提案开始，而且这两个提案不能取消，并且要分别表决：（1）主权者愿意保留现有的政府形式吗？（2）人民愿意让那些目前实际在担负行政责任的人们继续当政吗？

从提案的内容来看，这种非正式的公民大会对于政府的命运起到了决定性作用，它不仅决定了现有政府能否存在，以何种形式存在，而且直接决定了现任行政官员能否继续仕途。当现有的政府已经不能实现法律的公正执行，或者违背人民的委托时，人民作为主权者具有绝对的权力去废除。主权者的权力是至高无上和绝对的，它不受任何限制。当政府越是强有力时，主权者越是需要召开公民大会，彰显主权者的权威，对政府进行监督和制约，而不是消失在政治权力关系当中。有研究者认为卢梭实际上对这种临时主权者大会有着严格限制，因为卢梭对改革的保守态度，让他拒绝对政府进行大刀阔斧的变革。然而，这类指责实际上混淆了政治准则与政治权利。卢梭解释说"千万不要触动已经确立的政府"的考虑只是作为政治准则，它并不能够限制或取消人民的政治权利，它不是"权利的规定"①。当政府已经与公共福祉不相容时，或者人民已经不能够忍受政府的治理时，人民有权利收回他们委托给政府的力量。

面对政府对主权者或共同体的威胁，卢梭强调人民主权的权威，通过人民的持续在场彰显主权、限制和制约政府。然而仅仅只有人民的在场并不能够完全地限制和约束政府，因为人民缺乏足够的政治能力。理想的政治状态下，主权者、政府、人民能够保持着一种力量的平衡。然而，在现

———————————

① ［法］卢梭:《社会契约论》，何兆武译，商务印书馆2008年版，第128页。

实政治生活中，特别是现代社会下，文明造成人的异化，使得人民忽视了他们的权利和义务。在个人利益和特殊意志的怂恿下，个体将会逐渐追求一己之利，私人利益的活跃与爱国心的冷却让他们不愿行使主权者权威，也不愿监督政府。对此，卢梭认为，还需要从政府内部进行权力的制衡，权力之间的制约能够有效地约束政府野心。

## 二　政府内部的权力制衡

政府作为人民力量的代表，在通常意义下，被卢梭简化为行政权力。但是，在阅读卢梭关于政府的描述文本中，读者会发现他的行政权力与现代政治学中对行政权力的描述有所差异。由于研究者在阐释卢梭的政府理论中混淆他"行政权力"概念与现代政治学的差异，导致对其政府内部权力制衡的忽视。卢梭的政府理论，不仅包含了所谓的行政机关，还包括了保民官制、监察官制等制度，他们不是作为人民的意志代表而存在，而是作为行政代表存在。在描述混合政府形式时，卢梭实际上已经提到了政府内部的权力制衡。当行政机关权力不是充分依附于立法权力的时候，必须对政府内部权力进行划分以弥补政府、主权者与人民之间的比率失衡。主权者可以"设立各种居间的行政官以防止这种不便，这些居间的行政官并不妨害政府的完整，而仅仅能起到平衡上述两种权力的作用并能维持他们相应的权利"①。这里的平衡"两种权力"，指的是行政权力和立法权力，而居间的行政官就是卢梭在后文中所提及的保民官制②。

长时间以来，学界对于卢梭的"保民官制"都保持着沉默，认为它在卢梭的政治共同体或制度框架中不具有重要地位，只是卢梭在介绍罗马政治体制时谈论的一种制度而已。但事实是否如此呢？我们可以发现，不仅在《社会契约论》第四卷专门有一章探讨了保民官制，在第三卷讨论议员或代表时卢梭已经提及了保民官制，并且在《山中来信》也讨论了保民官制。笔者认为，保民官制在卢梭的政治理论中有着重要的作用和职

---

① ［法］卢梭：《社会契约论》，何兆武译，商务印书馆2008年版，第99页。
② 陈端洪认为卢梭构建的政治共同体是以"主权者—政府—公民"的平衡关系维持共同体，而对政府内部的权力结构未进行讨论。正如他自己所说，对于卢梭政治理论中的"保民官制"还需要进一步研究。参见陈端洪《政治法的平衡结构——卢梭〈社会契约论〉中人民主权的建构原理》，《政法论坛：中国政法大学学报》2006年第5期。

能，它对主权者和政府行政权力的双向制衡维持着共同体的稳定结构。

历史中的保民官制源于罗马共和国的制度，一般被理解为是作为平民代表而存在，由平民选举出来捍卫他们的利益，制衡贵族的代表机关——元老院。虽然卢梭所描述的罗马保民官制与历史上存在的保民官制有些出入，但是这并不影响我们对其理论的分析。

与历史上认为保民官是人民意志代表不同，卢梭明确否认了它具有意志代表的概念。保民官对人民的代表，不是主权意义上的代表，其代表的内涵与"政府是怎样代表主权者"一样，仅仅作为力量的代表而已，所以卢梭说古代人并没有现代意义上的"代表"词汇。同时，保民官在权力性质上区别于行政机关，"保民官既然不具有任何部分的行政权力，所以就永远不能以其职务上的权利来代表罗马人民，除非他篡夺了元老院的权利"①。可以得知，卢梭的保民官制决不隶属于行政机关，而是与行政机关共同构成政府。卢梭赋予"保民官制"以神圣地位和特殊权力，"它有时候可以用来保护主权者以对抗政府……有时候，可以用来支持政府以对抗人民"②。

主权者、政府、保民官制之间形成一个严密的权力制衡制度，其中保民官是主权者与政府的中介力量。卢梭认为，保民官制是在行政机关与人民之间，或是在行政机关与主权者之间的比例中项，用数学公式表达：保民官$^2$＝行政机关×人民＝行政机关×主权者。保民官在主权与行政机关之间保持着一种权力的平衡。虽然卢梭没有采用洛克、孟德斯鸠等人所提出的分权学说，但是，他的制度理论中同样存在权力制衡说，只是关于权力的性质和它们之间的关系呈现出不同的形态。与政府作为法律的执行者不同，保民官是法律的捍卫者，同时也是对主权的监察者。

既然保民官制在共同体制度中有着如此重要的地位，卢梭文本中为何没有详细地介绍和阐述其原理，而只是放在最后一卷单独章节介绍呢？笔者揣测其中有两个缘由：（1）《社会契约论》的写作重点是阐述政治原则和政治权利的形成，着重从应然层面讨论政治制度的框架，因此"主权者—政府—人民"的政治体结构已经可以保证共同体的维持；（2）保民

① ［法］卢梭:《社会契约论》，何兆武译，商务印书馆2008年版，第122页。
② ［法］卢梭:《社会契约论》，何兆武译，商务印书馆2008年版，第156页。

官制不存在于理想的政治共同体中，它是主权者败坏和政府蜕化的政治产物。保民官制在卢梭文本中首次出现，是在讨论"代表"一章，与议会制密切相关，而议员或代表在卢梭看来是个人特殊利益已经出现情境下的产物，这时政治共同体已经与理想政体有一定差距。所以，保民官制类似议会制度，应该存在于现实政体当中。在卢梭的理解中，议会制实质上等同于保民官制①。但是，现代的代议制民主改变了最初议会或保民官的权力性质，作为力量代表的他们转身成为人民意志的代表，最终篡夺主权者权力并使公民陷入奴役状态。总之，保民官制作为特殊的制度，不存在于完美的政治共同体中。

源于理想与现实政体的差异，卢梭对待保民官制的态度一直是不明确和模糊的。保民官制作为政府内部权力均衡的重要手段，其本身的存在也有弊端：保民官制，一方面有着篡夺政府权力的可能，另一方面也有篡夺主权者立法权力的可能。罗马共和国灭亡的原因之一就是保民官篡夺了行政权力，斯巴达毁于监察委员的权力暴虐，威尼斯的贵族和人民则陷入了十人会议的血腥统治之中。在卢梭看来，英国的议会正是篡夺了主权者的立法权力，而致使英国人民沦为奴役。因此，卢梭认为避免保民官制弊端的最好办法是废除它，"保民官制既不构成体制的一部分，所以去掉之后也不会损害体制"②。当现实政治需要保民官制时，需要尽量增加它的成员而削弱它的权力，或者采取任期制而非终身制。

由于卢梭对待保民官制的这种可有可无态度，以致研究者长期忽略对其的研究。但是，笔者认为，如果忽略卢梭理论中行政机关与保民官制的区别，则在解读卢梭后期政治立宪的工作中将会造成许多障碍，也难以理解为什么卢梭会在波兰立法工作中接受代议制民主。例如众多研究者认为，日内瓦共和国是卢梭政治理想的模板，这也得到了卢梭在文章中的多次承认。日内瓦大议会作为主权机关拥有立法权，小议会和执政官作为政府机关，执行大议会的法律。从结构形式上看，日内瓦的政治制度建构符

---

① 公民大会召开时，"执政官这时候只不过是人民的主席，保民官只不过是单纯的议长"。卢梭解释保民官的功能和英国下议院的议长职能相似。参见［法］卢梭《社会契约论》，何兆武译，商务印书馆 2008 年版，第 188 页。

② ［法］卢梭：《社会契约论》，何兆武译，商务印书馆 2008 年版，第 158 页。

合卢梭的政治原则①。然而，对大议会和小议会的关注遮掩了日内瓦政治制度中另一机构的存在——二百人议会，但是这并未掩盖卢梭对该机构工作的不满。《调停法》中，二百人议会是与小议会、公民大会等共同分享主权的政府机构，它的重要职能是代表人民制衡小议会为首的行政机关。在卢梭看来，二百人议会作为公民大会（大议会）与小议会之间的中间机关，是类似保民官制的机构存在，它不是代表主权者的机构，区别于政府机关，而是用于平衡政府与主权者的中间力量。在政体运转正常的情况下，二百人议会可有可无，因为它无需对政府或主权者进行权力的制衡；可是当二者力量失衡的情况下，二百人议会就显得尤其重要。在日内瓦当局对卢梭颁布通缉令后，卢梭对日内瓦的政制有着更加清楚的认知，他意识到小议会不仅篡夺了主权者的权力，也篡夺了二百人议会的权力。"二百人议会设立的目的，完全是为了减弱小议会的巨大权力，然而，结果却恰恰相反，它反而加强了小议会的权力。"② 正是由于二百人议会作为人民代表功能的丧失，以及大议会的不作为导致了日内瓦公民处于被小议会或政府奴役的状态。

如果研究者忽略了卢梭对保民官制的分析，或者将其与行政机关的权力性质相混淆，就忽视了卢梭政府内部的权力制约。保民官制作为另外一种形式的人民代表，是一把双刃剑：一方面作为政府的监督者捍卫主权者的权力和法律的执行；另一方面则培育了另一只权力怪兽的存在而危害主权者权力。虽然卢梭并未明确提出分权或者权力制衡理论，因为主权是至高无上的权力，其他权力不过是隶属于它，但是，他很清楚现实政治生活中，行政权力需要议会和代表们对其抵制，实现内部权力制衡。政治共同体的理想情形与现实情形，让卢梭意识到仅仅依赖于美德或德性并不能够支撑共同体的运转，它需要制度与权力来共同协助政治力量的平衡。然而，无论是培育公民德性也好，还是从主权的约束、政府内部权力的制衡也罢，这并不能从根本上挽救政治共同体衰败的命运。

---

① "在研究良知要求一个政府的运作应当遵循的最好准则时，我是如此惊奇地发现，它们在你们的政府中都得到了实行，……你们是世上各民族中享有政府的种种利益而又最有效地杜绝了政府弊端的人民。"参见［法］卢梭《论人与人之间不平等的起因和基础》，李平沤译，商务印书馆 2007 年版，第 20 页。

② ［法］卢梭：《山中来信》，李平沤译，商务印书馆 2012 年版，第 212 页。

### 三　政治共同体的瓦解

卢梭将政治共同体视为有机的共同体，不仅需要公意作为唯一意志，也需要法律、风尚、政府来作为它的肉体的组成部分。也正因如此，政治共同体与人的生命一样，从诞生的那一刻起就宣告它逐步走向衰老、死亡。在《论不平等》中，卢梭批评了自然法学派企图建构永恒政治共同体的想法，认为所有政治共同体的命运必然是从自由走向专制。卢梭认为，以下是肯定的，"政府并不是一开始就是专制政权；专制制度是政府腐败造成的，是走向极端的结果"①。专制社会的出现或共同体的瓦解有着三个阶段：

首先是个体通过社会契约建立政治共同体。在这个阶段，全部成员共同参与公共事务，并且制定法律来规范社会秩序。从政府形式的划分看，这时应该是彻底或纯粹的民主制，主权者既扮演立法者的角色，同时也承担了执法者的职责。随着公共事务的复杂性增多，人们逐渐陷入治理的烦琐之中，为此，人们开始设置行政官，代表主权者行使执法的任务。

第二个阶段，就是执政官的设置，或者是政府的设置。执政官是采取选举（包括选择、挑选）的方式产生，选择的标准通常是依据公民的才能、德性作为标准，因此往往是一些年长者和有能力者担任。然而，也正是该阶段成为孕育共同体瓦解的温床。此一阶段，人民逐渐习惯放弃对执政官的监督和实践自我的主权者权力，因此，他们对于政府与生俱来的野心并未有所防范和察觉。

公民德性的腐败和政府野心的强大，让政治社会走向了最后阶段，合法的权力变为专制的权力。这个时候，政府篡夺了主权并成为握有最高权力者，转身成为整个社会的主人，这也宣告自由与平等的政治社会或共同体瓦解了。专制社会中，法律被专制主的意志所取代，一切规范都以主人的意志为原则，人们也彻底丧失了自由与平等的地位。专制政治社会完全形成之后，共同体中的人类似乎再次回到了平等的状态，因为他们都处于一个共同的意志之下，在专制主面前有着平等的奴役地位。自由必然走向

————————

① ［法］卢梭：《论人与人之间不平等的起因和基础》，李平沤译，商务印书馆 2007 年版，第 109 页。

专制，政治共同体必然瓦解，这表达出来的是卢梭对人类命运的悲观看法，但是，这并不意味着政治共同体的制度创建工作不重要，因为人类仍然需要为自身的命运进行抗争，这也是为什么卢梭思考政治主题的根本原因。

卢梭并非仅仅是一位理想主义者，他对政治制度的思考有着理想与现实两个层面。理想的政治共同体中，卢梭构建了"主权者—政府—人民"的稳定政治结构，在公意对个人特殊意志的指导与克服下，政府、公民、主权者有着崇高的德性，维持着共同体的自由与平等。但是，建立在德性基础上的共同体是脆弱的，三者中任何一方的改变将引起政治结构的动荡。如随着公民人数的增多，个体公民在主权者中的影响力也将逐渐减小，甚至可以忽略不计，这时人民主权的实质意义和作用也就减少。贡斯当与张奚若正是从这个角度看到了卢梭人民主权理论的形式意义，从而认为人民主权采取间接形式更为适宜①。然而，卢梭并非没有意识到人数增加带来个体对主权行使的影响力。卢梭强调的人民主权者并非简单从人数的多少出发，而是从道德或集体人格的公民身份看待人民主权，因此人数多少的变化并不能影响主权，它影响的是政府将采取何种形式能够维持人民与主权者之间比率的平衡。

就卢梭的理想政治结构而言，最大的问题是公民的个别或特殊意志，与政府的团体意志，二者与公意的关系决定了政治共同体能否维持与存在。就公民个体而言，随着个人理性的逐步成熟，个人的自尊、利益逐渐成为他们行为的目的和动因，个人特殊意志或者团体意志也就随之遮盖或偏离公意，这是共同体走向衰退的原因之一。在这个过程中，个体将逐渐摆脱施加于己身的公民身份，对公共事务变得冷漠，也懒于行使主权者权力。公民的精神变化，使得政府看到了篡夺主权的契机，也激发了一直隐藏在公意下的特殊团体意志。从这时候开始，理想政治共同体开始向现实政治生活过渡，并从简单的政治平衡结构转化为现实中更为复杂的制度设

---

① 卢梭在《社会契约论》和《爱弥儿》中已经谈到公民人数增多对主权者带来的影响，他认为随着国家越大，自由就愈小，因为个人对主权者的影响越小，而主权者对公民的影响越大，这也是卢梭坚持小国理想的原因。贡斯当对卢梭的批评实质上针对的是如何将卢梭的人民直接行使主权原则运用于现代大国中。参见［法］卢梭《社会契约论》，何兆武译，商务印书馆2008年版，第74页；［法］卢梭《爱弥儿》，李平沤译，商务印书馆1978年版，第713页。

计。由于卢梭对公民身份和共同体政治德性的强调，使得研究者往往强调卢梭政治共同体的建构是基于美德的乌托邦。但是，通过对卢梭政府理论的研究，笔者发现，卢梭所构建的政治共同体并不是仅仅建立在美德基础上，研究者不能混淆卢梭理想与现实共同体的差异，特别是后者与自由主义者的政府理论有着共同的基础，政府是一种必要的恶，它不仅需要公民德性的支撑，更需要制度上的权力制衡。

现实政治生活中，政府组织的强大和权力的有效行使，它对主权的觊觎野心将逐渐从隐藏走向公开。一旦政府完全篡夺主权之后，也就宣告了政治共同体的解体。政治科学的任务之一是通过培养公民精神、爱国主义来保持个人特殊意志与公意的一致，或公意在价值上优先于个体的特殊意志，强化公民作为主权者的一员要行使主权权威。但政治科学更为重要的任务是通过适宜的制度设计，通过权力的平衡来抑制政府的野心。

首先，确立人民主权是至高无上的。政府或行政权力只能来自主权者的委托，这就从权力根源上厘清了立法权与行政权力，二者不是如洛克、孟德斯鸠所理解的平行权力，主权是不受限制的绝对权力，行政权力对主权者负责。通过人民作为主权者的不断在场，提醒政府作为人民的公仆需要保障人民的利益、财产和生命不受侵害，政府更加不能自身作恶企图篡夺主权者的权力将人民陷入奴役和专制统治之下。人民的持续在场，并不是一种极端平民主义或民粹主义，因为政府作为中介机构的存在与对主权者政治判断的指导，避免了广场政治的出现。

其次，政府内部有着权力制衡系统，虽然它们被统称为行政权力，作为主权者的行政代表而存在。但是，就权力的具体性质而言，它们之间存在着差异。行政权力负责法律的实施，保民官承担着法律的护卫者，代表人民监督行政机关的行为。这种内部的权力制衡系统与现代西方代议制民主的三权分立在根本性质上存在着差异，因为立法权在卢梭政治理论中作为主权而存在。但是，这并不妨碍二者有着共同的政治原则，即以权力制衡权力是现实政治生活中最为有效的方式。当政府的团体意志强大的时候，卢梭希望有着其他强大的团体意志能够对它进行制衡，这就是为什么需要在政府内部有着权力制衡的根源。卢梭为现实政治共同体设计的复杂政治制度系统，不仅在具体的国家创制工作中有着体现，也从理论上为其政治理论与代议制民主的调和做了铺垫。

　　然而，即使有着完美的政治制度、复杂的权力制衡系统，也只不过是延缓政治共同体的衰亡。作为思想家的卢梭，他寄希望依据政治权利原理构建的政治共同体并不是永恒的乌托邦，而是希望能够尽量地维持个人的自由与平等，减少奴役与不平等。在理想的政治共同体中，个人享有充分的政治自由与道德自由，享有自然状态下所缺乏的法律所认可的权利。为了保证这种自由和平等，卢梭拒绝了彻底的民主制，也拒绝了"哲学王"背后所隐藏的绝对专制，他所期望的是理性与意志的平衡，是坚持人民直接行使主权制度基础上的精英治理。

　　卢梭意识到普通公民在理性上的缺乏，也意识到众人在广场上的狂暴和易受挑衅的激情，这需要杰出之士的理性和才能的帮助与引导，这也是卢梭在主张公民广泛参与政治事务的基础之上设置一个强有力的政府的原因。但是，政府本身作为对平等和自由共同体的威胁，它需要制度上的权力制衡，需要接受主权者的监督。代表制限制政府仅作为主权者的力量代表，而非意志代表；决定了政府必须受到主权者的监督，当其违背人民的委托或滥用权力时，也就决定了被废黜的命运。卢梭的期望，绝不满足于理论上为政治创制树立新的立法原则，或者被束之高阁，他需要将他的立法科学运用于实践，希望现代欧洲人能够重现古人在政治上所成就的伟大功业。同时他也深知，现代人已经与古人存在较大差异，这些立法制度在实践中面临些许的改变，但是根本原则与共同体的宗旨仍得到坚守。也正是在卢梭的具体立法实践中，而不是在政治原则的探讨中，读者更能发现卢梭政治理论的现实性，人民主权与政府权力如何能够在现实复杂情形中保持着平衡。

# 第 六 章

# 政治共同体的创建：立法者

　　自然状态不可克服的障碍与威胁，让野蛮人意识到无论是为了生存，还是出于生活舒适的需要，他们需要联合起来，自愿一致地同意达成社会公约来组建政治共同体。社会公约达成的瞬间，造就出了在公意指导下的共同体，如果主权者制定的法律偏离了公意，则共同体就不能维持建立之初的自由与平等，而滑向奴役与不平等（《论不平等》第二部分所描绘）；只有坚持公意的指导，共同体才能得以维持和继续。为此，卢梭通过主权与治权两个维度，设计了人民直接行使主权制度和代表制政府来尽可能地保障政治共同体的存续。但是，这里存在的疑问是，自然状态下的野蛮人如何能够达成社会公约，如何能够在缺乏足够理性和政治能力的时候愿意接受并且能够设计出良好制度的政治共同体。

　　前文中，已经介绍了卢梭对人性和公民能力的担忧和怀疑态度。特别是随着人类自尊心和荣誉心的逐渐发展与强化，使得他们的个人特殊意志往往战胜公意。公意的认知和发现不仅需要有着充分的认知能力，它还需要共同体中个体从市民向公民身份的道德过渡，使得公共人格与意志能够优先于个人特殊意志。然而，"个人看得到幸福却又不要它；公众在愿望着幸福却又看不见它"[①]。因此，公意需要高尚的道德修养来给予启示，可这却是自然状态下凭借野蛮人自身能力难以做到的。

　　卢梭认为，既然作为个体需要得到理性的指导，那么缺乏理性的公众和共同体同样需要理性的帮助，才能将"盲目的多数"转换为具有单一意志的人民，真正将众人联合起来。为此，卢梭引入了立法者理论，这是

---

　　① ［法］卢梭：《社会契约论》，何兆武译，商务印书馆2008年版，第49页。

在自然法学派中并不存在，或者说相对不那么重要的概念。卢梭的立法者理论不仅解决了公意如何形成与政治社会如何起源的难题，也帮助他回答了"公众"如何在社会公约之前产生的逻辑指责。在霍布斯等人的理论中，人民作为单一人格概念是在社会契约达成后形成的，但是按照卢梭的社会契约理论，社会公约是个人与公众签订的合约，人民是在公约一致达成时的产物，那么，如何在政治共同体产生之前让个人接受想象的"公众"呢？为了弥补社会契约前的逻辑难题，卢梭使用了立法者这一角色①。

公意概念饱受争议，立法者理论同样是卢梭受到指责和批判的重要原因。有学者认为"立法者"概念与卢梭的平等原则是相互冲突的，其构建的平等政治共同体乃是建立在不平等基础之上，"立法者"与"盲目的多数"在理性能力上存在着不平等，前者类似神明的存在为后者提供指导、立法与教育②。这种观点在很大程度上得到了众多研究者的认可，读者也可在卢梭其他著作和文本中发现类似立法者的角色，《新爱洛伊丝》中的沃尔玛先生，《爱弥儿》中的教师——让-雅克等。由于"立法者"与柏拉图的"哲学王"概念的同构性，二人都是集合了智识、道德于一身③，这为卢梭贴上"极权主义"的标签，特别是法国大革命中所谓的"革命导师"和人民代表凭借立法者身份而将所有权力揽在手中，建立恐怖统治④。

面对卢梭极权主义和伪民主主义的批判与指责，赞同卢梭为民主理论家的研究者往往将立法者排斥在其理论之外而不予置评，认为立法者是理

---

① Inston K., "Representing the Unrepresentable: Rousseau's Legislator and the Impossible Object of the People", *Contemporary Political Theory*, Vol. 9, No. 4, November 2010, pp. 393 – 413.

② Melzer, A. M., *The Natural Goodness of Man: On the System of Rousseauys Thought*, Chicago: The University of Chicago Press, 1990, pp. 237, 244 –249; Fralin R., *Rousseau and Representation: a Study of the Development of his Concept of Political Institutions*, New York: Columbia University Press, 1978, pp. 87 – 89; Wokler R., *Rousseau and Liberty*, Manchester: Manchester University Press, 1995, pp. 255 –256.

③ Nussbaumer C. C., "Locating Rousseau's Legislator in the Social Contract", *The Macalester Review*, Vol. 1, No. 1, 2011, pp. 1 –8.

④ Nisbet R. A., "Rousseau and totalitarianism", *The Journal of Politics*, Vol. 5, No. 2, 1943, pp. 93 –114.

论的虚构或者不成熟的概念，否认它在政治共同体创建中的功能和价值①。但是本书认为立法者不仅不与卢梭的平等原则和民主原则相违背，反而强化了人民主权原则，为政治共同体的建构增加了可能性。虽然卢梭的立法者理论在其政治理论中显得突兀和令人费解，但它却是卢梭政治理论中不可或缺的一环②。在卢梭看来，立法者不是理论的虚构和历史的想象，而是历史的真实存在，他不仅在共和国中寻找到伟大的立法者们，面对商业文明对欧洲社会的道德腐化，卢梭希望能够成为一名立法者，为世人提供一种救赎方案。

当他获得这样的机会的时候，他将抓住并把政治权利原理付之于实践，于此才有了卢梭为科西嘉与波兰的立法工作。正如卢梭在《社会契约论》第一卷总目中所说，"人们或许要问，我是不是一位君主或一位立法者，所以要来论述政治呢？……假如我是个君主或者立法者，我就不会浪费自己的时间来空谈应该做什么事了；我会去做那些事情的，否则，我就会保持沉默"③。

## 第一节　立法者的职能与分类

英文语境中，Legislator 和 Lawgiver 都是立法者的意思，许多学者不加区别的交替使用二词。笔者认为采用后者较好，因为 Legislator 与主权者会造成语义的混淆，由于卢梭强调主权者的立法职能，文本中大量使用立法权力来描绘主权者的职能与权力属性，显然立法者不具有主权者的职能，也不具有立法权力；Lawgiver 重在强调法律的编订者与提供者的身份，而不强调法律最后的制定，这更加符合卢梭对立法者的功能与职责界定。同样，中文语境中虽然用"主权者"和"立法者"二词，区分前者的立法权和后者的法律创制，但是在研究中通常造成概念字面含义上的混淆，也易混淆立法者与政府的立法提案权。此外，立法者这一概念本身也

① Miller J., *Rousseau: Dreamer of Democracy*, Indiana: Hackett Publishing, 1984, p. 65, p. 205.

② 张国旺：《公意、公民宗教与民情——卢梭论立法者的科学与技艺》，《政治思想史》2014 年第 4 期。

③ ［法］卢梭：《社会契约论》，何兆武译，商务印书馆 2008 年版，第 3 页。

易造成读者的误解，认为它的功能仅仅简单地限定为法律的编订和提案。实际上，对立法者的理解，需要对卢梭"法"的概念有着广义的认识，立法者所立的"法"不仅是指政府所执行的法律，更是从广义上包括整个政治制度以及与政治制度相关的社会关系。由于用语的含糊，这在某种程度上加深了对卢梭立法者概念的误解，但是为了对话与阅读的便利，本书仍延续旧习使用"立法者"一词，但是始终牢记该词具有的独特含义。

### 一　立法者的职能

自然法学派中，霍布斯、普芬道夫、洛克等人的社会契约理论中并不存在"立法者"这一角色。因为在他们的思想体系中，自然状态依赖自然法维持秩序，政治社会下主权者的意志是一切法律的来源。自由意志不仅是政治共同体合法性的来源，还意味着公民对政治权力的服从和政治义务的履行。

当卢梭将立法者放入社会契约理论之中时，有着一种理论上的突兀。如前文所述，卢梭认为洛克等人的政治理论中，由于公意的缺乏，即使人们能够通过社会契约团结起来，却不是真正的联合，而是多数人的聚合；虽然霍布斯意识到众人与人民的区别，但是他对君主制的偏好，使得该种联合并不能保存公民的自由与平等权利。在卢梭看来，只有在公意指导下才能完成政治共同体的建构。但是在众人与人民之间存在着巨大的鸿沟，盲目的众人如何能够意识到这唯一的联合方式呢？如何能够从源于自我的特殊意志中去发现公共意志呢？

这项教化的任务，必须交由类似神明的立法者，一位真正的制度创建者。卢梭借用孟德斯鸠对罗马共和国的描述："在社会制度刚刚产生出来时，共和国的首脑们就缔造了共和国的制度，而后来则是共和国的制度造成了共和国的首脑。"① 卢梭的立法者理论，很有可能受到孟德斯鸠的影响，后者在《论法的精神》中讨论了立法者与立法的艺术、法律和风尚的关系，卢梭的立法者同样关注法律与道德风尚之间的关系②。立法者绝

---

① ［法］孟德斯鸠：《罗马盛衰原因论》，婉玲译，商务印书馆2003年版，第2页。
② 对于孟德斯鸠讨论立法的原则和法律与道德的关系，参见［法］孟德斯鸠《论法的精神》，张雁深译，商务印书馆1978年版，第5、19、29章。

对不是字面上作为法律的创造者，而是作为共同体的创制者，其任务和职责是为即将诞生的共和国提供一整套的政治制度，既包括政府的形式，也包括社会的风尚、舆论、教育，后者较前者更为重要与根本①。

立法者理论在卢梭政治思想中最大的问题是，这么一位具有智慧和德性的神明或天才为什么会为众人立法？为什么不采取人治带来更好的统治？即柏拉图所描述的"哲学王"统治。柏拉图在《政治家》中谈到人类社会一切法律与政治制度不过是立法者创造出来的模仿品，而模仿品就意味着制度的衰退与腐败，无论是君主制、贵族制或民主制。只有将权力与理性、知识结合在一起，"哲学王"的统治才能保障政治制度的永恒与完美②。

卢梭的立法者理论与柏拉图的"哲学王"有着诸多共同点：具有非凡的智慧和崇高的德性，利用"高贵的谎言"来说服民众（一个采取神话，一个采取宗教）。卢梭不否认其思想对柏拉图的继承，他直言"柏拉图根据权利而在他的《政治篇》中以同样的推论对他所探求的政治人物或者作为人君的人物做出了规定"③。梅尔泽认为卢梭的立法者理论是对柏拉图的继承，人民由于理性能力的薄弱和个体利益之间、个体特殊利益与公共利益的冲突必然不能带来政治共同体的稳定，只能依赖于哲学王或立法者才能避免不正义④。持相同观点的研究者往往依据卢梭在《论科学与艺术》中的一段话认为卢梭主张哲学王的统治，"只要权力是一回事，而知识与智慧又是另一回事；学者们便很少会想到什么伟大的事物，君主们则更少会做出什么美好的事情来，并且人民也就会继续是卑贱的、腐化

---

① 卢梭在对法律的分类中，提出了政治法、民法、刑罚、风尚四种法律，《社会契约论》第三卷主要讨论政治法，即主权者与政府的关系，而其他的讨论可参阅卢梭的其他著作，如《爱弥儿》对教育的论述，《论戏剧》讨论了戏剧对社会风尚的影响。这也验证了前章的论断，《政治制度论》绝不是一本只讨论宪政和具体制度的书籍，相反，卢梭的政治制度是包含了各个方面的系统性研究，立法者的创制就是创造一个复杂的制度系统。参见［法］卢梭《社会契约论》，何兆武译，商务印书馆2008年版，第69—70页。

② 柏拉图认为政体可以分为七类，君主制、贵族制和民主制及其变体都是对"哲学王"统治的模仿，所以才有政体之间的循环。参见［古希腊］柏拉图《政治家》，洪涛译，上海人民出版社2006年版，第90—92页。

③ ［法］卢梭：《社会契约论》，何兆武译，商务印书馆2008年版，第50页。

④ Melzer A. M. , "Rousseau's Moral Realism: Replacing Natural Law with the General Will", American Political Science Review, Vol. 77, No. 3, September 1983, pp. 633 – 651.

的与不幸的"①。然而，这句话的前文卢梭的意思却是要区分"领导人民的艺术"与"教化人民的艺术"。卢梭强调君主的智慧并不是教化人民的能力，而是指能够虚心接纳那些能够教化人民的贤人。领导人民的艺术是管理与统治的技艺，它并不是立法者的权力和职能；相比于君主，立法者的任务是如何教化人民，培养他们的德性。梅尔泽的观点忽略了卢梭对自然法学派意志论的吸收，也就在卢梭的立法者理论与民主观念上犯了认知的错误②。

形式上的一致和卢梭对柏拉图思想的继承并没有让他完全接受后者的理论。如果完全一致，则卢梭的立法者将必然不能成为政治的创制者，而只能是一位君主，这样建立的共同体也必然不具有任何正当权威，因为他不能获得人民的同意，其意志和法律也不能是公意的彰显。在柏拉图的政治理论中，哲学王是唯一的统治者，他是将善的理念与公意统治联系起来的纽带；但是在卢梭看来，公意只能是主权者的意志，也就只能是人民的意志，立法者并不能凌驾于公意之上，他也不是公意的创造者，更不能作为公意或人民意志的代表，而只能指导众人如何去发现公意。一旦研究者忽视柏拉图的"哲学王"与卢梭的"立法者"在权力性质和职能上的根本差异，则卢梭就必然成为共和政体的反对者，而走向极权或专制主义。

卢梭的"立法者"与柏拉图的"哲学王"的差异性背后，隐藏着根本的问题是理性与意志的关系，或知识与意志的关系。柏拉图将立法者的知识概括为"指导性的知识"，是立法者对人民的指导和统治；若卢梭认为这种指导性的知识天然地具有统治的正当性，则他很难被划归为民主主义者。同样，政府行政官员较普通公民具有杰出的政治能力和丰富的政治经验，但是他们并不能取代人民主权者的统治和做出判断，而只是提供立法与决策的咨询。因此，研究者必须正视立法者所具有的知识是否在政治创制工作中天然地具有统治权力，还是必须借助人民的同意，人民在自身意志上具有拒绝或接受立法者指导的自由和权利？当我们正确理解卢梭的

---

① [法] 卢梭:《论科学与艺术》，何兆武译，上海人民出版社 2007 年版，第 60 页。

② 马斯特也发现了柏拉图的立法者与卢梭的政治教诲之间存在着某种平行关系，但是他认为二者的决定性差别表现在卢梭受到了现代科学观的影响，认为政治科学只能建立在自由和意志的基础之上。参见 [美] 马斯特《卢梭的政治哲学》，胡兴建、黄涛等译，华东师范大学出版社 2013 年版，第 469 页。

立法者之后，可以知道立法者非但不是共和国的威胁，反而是拯救了共和政体。

从立法者的身份来看，他完全是知识与理性的化身，其对人类社会有着透彻的理解；从其提供的政治制度和法律来看，也完全是以知识为其正当性。这似乎与卢梭对现代理性和文明的反对构成冲突，特别其在第一论中对启蒙运动的强烈批评。立法者的理性身份是否意味着卢梭对理性能力的赞扬呢？理性问题的背后隐藏着卢梭对公民理性能力的质疑，在第二论中其实已经有了流露。

与霍布斯主张自然状态下原始人在身体与心理上有着绝对的平等不同，卢梭对不平等的两重区分实际上已经认可了人类中自然禀赋和能力的不平等。自然禀赋的不平等在自然状态下并不会导致严重的后果，而是人类社会的发展扩大了自然的不平等，由精神和政治的不平等加剧和固化了人类自然的不平等。自然的不平等不仅存在于立法者与人民之间，也存在于真正的哲学家和普通公民之间，所以立法者为人民创制，哲学家则为人民探寻自然与社会的真理。当自然禀赋的不平等运用于政治领域时，虽然卢梭赋予人民主权者的地位，但是他不认为普通人有足够的理性去理解政治事务、发现公意。但是，对理性能力的质疑并不能构成理性具有统治的地位，理性必须换其面目让公众自愿的同意，制度才具有真正的合法性。

因此，理性之外的同意构成了卢梭的民主主义，他坚持义务必须源于人民的同意和个人意志的自由。当立法者创立制度时，他必须让主权者通过意志的接受，而后才能真正付之于实践。为了避免立法者借助理性的能力而实现人治，篡夺主权者的地位，立法者要么在立法工作完成后离开，如莱格古士；要么请外邦人来进行立法工作，如希腊城邦。理性与同意的关系，构成了卢梭对柏拉图"哲学王"和统治艺术的反对，也让他的立法者理论摆脱了人治与精英统治的色彩，其目的与宗旨只能是辅助主权者更好与更易发现公意，制定正确法律。

立法者的职权既不是行政权，因为这意味着对法律的执行；也不是主权，因为这意味着他是法律的制订者；他只能是法律的编订者。"编订法律的人没有、而且也不应该有任何的立法权利，而人民本身即使是愿意，也绝不能剥夺自己的这种不可转移的权利。"① 职权的定位,也就不可能将卢梭的立法者能摆到统治者的位置上,也就拒绝了立法者任何偏私或者自利的可能性。主权者的地位永远在立法者之上,后者所创建的制度与法律必须经过主权者的同意才有实施的可能性。

公意并不是与民主自治政府天然在一起的,人民虽然渴望公意,但是却看不到公意。在系统的政治制度与法律产生之前,人民对于卢梭而言具有双重属性:成群的众人与无知的多数。人民之所以陷入无知或愚昧状态,是由于沉陷于属己之爱中,而不能以公共的角度来看待问题。立法者的角色就是引导公民如何看待一种新的平等、自由与义务。立法家有着双重作用:一是引导公民正确认知公意和制度选择;二是如何有效地实施其提议。立法者为了让个人接受公共性,采取一种非理性的说服。对于卢梭而言,立法者是实现民主共和主义不可缺少的一环,它民主化了柏拉图的"哲学王",也民主化了传统共和主义政治家的观念,有着深厚的共和主义和民主主义传统。立法者不仅是出于理论上的必须,更是保障了公民社会或政治社会的建立。

## 二 立法者的分类

立法者,作为共同体的创制者,需要具有非凡的才能和崇高的灵魂与德性,他类似于神明的存在。首先,他需要具有智慧去洞察人类的全部感情,有着对人性的正确认识;其次,他需要崇高的德性能够让众人信服与接受。如果没有智慧,他就不能创造出适宜的制度;如果没有德性,他创造出来的制度就不能坚持公正、正义与平等的价值与原则,而必然受到个人特殊意志的影响,也就不会站出来承担起立法与创制的任务。但是,问题随之而来,立法者的存在是否具有历史依据? 如果他的存在只是出自理论的预设,则卢梭的政治理论就无法摆脱乌托邦与非现实主义的指责;如果他的存在具有历史真实性,则卢梭的政治理论就在很大程度上具有现实性。从卢梭的文本来看,他是坚信立法者的存在,也相信立法者具有能力为政治共同体的创制提供指导。

立法者存在与否的争议之一是他何时出现,是在政治社会诞生以后,

---

① [法]卢梭:《社会契约论》,何兆武译,商务印书馆 2008 年版,第 53 页。

还是在政治社会诞生以前就存在。笔者认为可从两个方面追溯"立法者"的起源：一是从人类共同体诞生之前寻找这位神明的存在，这在很大程度上是历史的想象和理论的推演；二是从人类历史记录中寻找他的存在，这主要体现在卢梭的立法者榜样中。相比于第二种方式，前一种很难让人相信和接受，这也一直是卢梭政治理论饱受批判的重要原因，如何能够在政治社会诞生以前就存在着一位对政治社会具有深刻认识的立法者呢？笔者认为，虽然卢梭并没有明确提及这位类似神明的存在者，但是他的理论中已经为他的存在提供了背景和依据。

本书第二章中谈及了卢梭对自然状态不同阶段的区分，其中卢梭为读者提供了一个完美的"人类黄金时代"。在这个时代，人类初始社会已经开始形成，组建家庭生活，并且依赖松散的社会联系维持着个人与他人的平衡。在这种环境土壤下，人类的"立法者"产生了，他一方面对自然有着好奇心，同时也对人类的生存和初始社会有着好奇心，这种好奇心随着理性思维的发展和复杂观念的形成，他逐渐能够意识到人类的发展趋势：初始社会的秩序与众人之间力量的平衡终将被私有制打破，道德和风尚的统治面对人类与日俱增的自尊心存在着脆弱性。当黄金时代的和平被打破，为了避免战争状态或者结束战争状态，这位沉思者就会站出来担任制度的创造者。在卢梭看来，这类立法者是之后立法者的榜样，虽然由于历史的久远让人们只能以想象的方式了解历史，但是这并不能否认这类立法者具有理论上的可能。如果承认这类立法者的存在，则卢梭的政治共同体建构就不必然是建立在人类政治社会败坏或人类已经处于奴役状态之上。或许，人类政治社会的初期，正是一种平等与自由的政治共同体，这也解释了为什么卢梭认为古人较于现代人有着更为崇高的公民德性与政治自由和平等。

由于第一类立法者在很大程度上具有历史的想象和自然状态理论的预设性质，只能为立法者的存在提供可能性假说，卢梭如果想为立法者正名的话，还必须借助历史的案例来指出立法者的真实性。是故，卢梭借助了历史中的人物，引用了莱格古士、努玛、摩西、穆罕默德等人，同时也引用了近代的人物，如意大利城市共和国的建立者、日内瓦共和国的建立者加尔文和当时欧洲瑞士与荷兰共和国的建立者。这些历史上真实存在的立法者与第一类立法者不同，后者是在政治社会产生以前完成制度的创造，是出于历史的想象和理论的假设,前者是在政治社会诞生以后重新创建一种全新的政治共同体。

从卢梭的描述来看,第一类立法者是隐藏于其理论之中,第二类立法者则是其论述的重点,因为它更接近真实性,更具现实性。从人类历史出发,现代人更能精细剖析后类立法者的创制工作和教化方式,并从中吸取经验和教训。吉尔丁认为,第二类立法者实际上可以区分为两个类型:民族之父的早期立法者和民族重生的政治立法者。前者主要是建立一个新的民族,包括摩西、穆罕默德等人;后者则是如何在一个民族濒于死亡时通过立法重建一个民族,包括莱格古士、加尔文等人①。笔者认为,这种划分方式只能够对卢梭提出的具体立法家榜样进行时期的区分,它不仅忽视了卢梭第一类立法家在理论上的可能性,更忽视了第二类立法者立法工作的共通性。

民族之父的早期立法者与民族重生的政治立法者,他们的立法工作有着诸多的相似性,都是依赖宗教来塑造公民精神与民族性格。这类教化工作是形成于人民理性的不成熟时期,他们的权威往往来自于言语和修辞等非理性的方式。随着启蒙运动对现代人理性的培养,人民已经不再相信宗教的作用,文字而不是言语成为人民接受教化的方式。因此,古代立法者的教化工作不再对现代人有着巨大的影响。深处现代文明的立法者,需要寻找新的教化手段,能够在理性和自尊心上塑造现代公民精神。卢梭对于古代人和现代人的人性和理性能力有着清楚的认知,《社会契约论》中他仅对立法者的立法工作有着一般性的介绍,但是在具体的立法工作中他将基于现代文明人运用新的教化方式。后文将具体讨论古代立法者与现代立法者立法艺术的不同。

从立法者的起源我们可以将它划分为两类:历史想象的立法者与历史真实的立法者。由于立法者的工作是对人性的认识,试图通过制度(风尚、教育)改变人性,不同的人性有着不同的立法方式与教化手段。因此,从古代人与现代人的人性教化而言,我们又可划分为古代立法者与现代立法者。但是,无论古代还是现代立法者的教化手段有着什么样的差

---

① 参见 [美] 吉尔丁《设计论证——卢梭的〈社会契约论〉》,尚新建、王凌云译,华夏出版社 2006 年版,参见本书第三章。

异，它们的共同之处都是激发人民的情感，深入人民的内心，如此方能塑造公民精神，将公共意志灌输到公民的个人意志中。这也就转向了立法者的教化工作，如何让众人接受一套新的制度，愿意接受法律的统治，愿意将个人的意志结合起来并完全服从共同体公意的指导。

## 第二节　立法者的立法艺术

　　明确了卢梭的立法者职能之后，读者就需要重新理解卢梭的一系列著作，他们不仅不是相互冲突或之间毫无联系，而是呈现出立法工作的复杂性和多面性。如前文所说，立法者的称呼和其工作源于卢梭对"法"的理解，若简单地理解为法律，则立法者的工作也就显得不那么伟大，并且立法权是归主权者享有；若是将其理解为政治社会的整个制度，才凸显立法者非凡的才能和德行。

　　卢梭将政治社会的"法律"划分为四类：第一类是政治法，用来调节主权者与国家的比率；第二类是民法，规范成员之间，成员与整个共同体的关系；第三类是刑法；第四类是风尚、习俗与舆论，它"是一切之中最重要的一种；这种法律既不是铭刻在大理石上，也不是铭刻在铜表上，而是铭刻在公民们的内心里"①。如此一来，立法者不仅是政治制度的创建者，同时也是人内心和灵魂的塑造者。卢梭对第四种法律的强调，实际上也反映了他整个政治哲学的初衷，即如何完成人性的发现和改变，如何将自然人过渡到公民身份，立法者承担了这一重任。现代立法者区别于古代立法者，因为现代人已经生活于政治社会之中，对于权利、意志已经有了自己的认识，理性能力的发展使得古老的无理性的说服丧失了作用。讨论古代与现代立法者立法艺术之前，先须介绍哪类人民适合立法，以及立法的条件。

### 一　立法的条件

　　"正如建筑家在建立一座大厦之前，先要检查和勘测土壤，看它是否能担负建筑物的重量一样；明智的创制者也并不从制定良好的法律本身着

---

① ［法］卢梭：《社会契约论》，何兆武译，商务印书馆2008年版，第70页。

手，而是事先要考察一下，他要为之而立法的那些人民是否适宜于接受那些法律。"① 立法者既然要为盲目的多数或腐化的人民立法，自然需要对社会风尚、精神状况有着清楚的了解。伏汉认为卢梭对创制人民的考察，意味着他思想渊源的断裂和转折，从柏拉图的"哲学王"先验主义走向孟德斯鸠的实证主义。但是，笔者认为立法者对人民条件的考察并不能说明卢梭思想的转向，因为在孟德斯鸠的实证主义中，同样存在着立法者的工作②。虽然卢梭倾向于古代共和主义传统，但并不意味着对近代政治哲学的否定，他的工作是将古代共和主义传统与现代社会契约论相结合，理性与意志相结合，这意味着立法者的立法工作必须基于对人民精神状况的了解。只有做到因地因时因人，立法者的工作才能得到人民的接受，才能最终完成政治制度的创建工作。同时，对人民的考察同样存在于柏拉图的立法工作中，所以后者拒绝了为阿加狄亚人和昔兰尼人制定法律。

首先，从精神和道德状况对人民做出考察。由于精神和风尚是最为重要的法律，它不仅意味着人民能否接受立法者的政治创制，也意味着能在关键时刻重新恢复民族的创制精神。当风尚败坏时，法律是不能阻止人们对法律的违反，也不能拯救人道德状况；相反，人们对法律的遵守源于道德和风尚力量。因此，立法者的首要任务是探讨欲为之创制的民族能否接受他的立法和制度。当一个民族自身已经深受某种偏见和习俗影响，他们是不符合立法者的工作的，因为他们再难以接受新的驯服和规范，"风俗一旦确立，偏见一旦生根，再想加以改造就是一件危险而徒劳的事情了"③。长期处于奴役下的奴隶，如果给予他们自由和平等，他们非但不能接受，反而最后由于滥用权力和自由而重新欢迎一位专制主的回归。卢梭在《日内瓦手稿》中写道，"一般说来，一个被长期的奴役及其所伴随着的罪恶而消耗得筋疲力尽的民族，会同时丧失他们对祖国的热爱以及他

---

① ［法］卢梭：《社会契约论》，何兆武译，商务印书馆 2008 年版，第 55 页。

② 德拉泰与伏汉的见解相反，认为卢梭在立法的科学中的讨论，"除了不想表明自己不如孟德斯鸠以外，表面上，卢梭不仅想要为自己的书凑足篇幅，也想通过具体的思考使之看起来那么正儿八经。"马斯特并不赞成德拉泰的看法，笔者也不赞成，因为卢梭讨论气候、地理和外在环境对政治制度和风尚的影响不仅表现在《社会契约论》中，在《政治经济学》《论语言的起源》《科西嘉宪制》中多次提及，并详细讨论。德拉泰的观点转引自 ［美］马斯特《卢梭的政治哲学》，胡兴建、黄涛等译，华东师范大学出版社 2013 年版，第 484 页。

③ ［法］卢梭：《社会契约论》，何兆武译，商务印书馆 2008 年版，第 56 页。

们对幸福的情操的……一个民族处于这种状态之下是不可能再有一个健全的制度的，因为他们的意志和他们的体制已经同样地腐化了"①。

立法者的工作是伟大的，它必须对人民的精神、风尚条件有着充分的了解，当为立法的民族采取了不恰当的政治制度时，这不仅无益于该民族的自由和平等，相反却让他们丧失了自身的民族特性。自由与平等是善，但并不意味着任何民族都能拥有，它们的享受，必须经过漫长的教化和培育，这同时也是立法者创制工作最为重要的一部分。当立法者不依据因时、因地、因人原则而创制时，自然也就不能创造出良好的制度为人民所接受，反而从根本上伤害了该民族。卢梭对俄国彼得大帝政治改革工作提出批评，因为后者的立法和创制工作未能从民族特性上考察俄国人民，相反，却完全模仿和学习英国人或德国人的制度来改造俄国人。在卢梭看来，立法工作的首要规则是依据民族特性，当没有或缺乏民族特性时，立法者需要为这个民族创造出民族特性。

其次，立法者需要考察创制民族的物质条件和外在环境。民族特性必须是建立在人民的感情基础之上，因此创制民族的国土面积必须与人民的感情维持一个平衡，既不能太大，这将导致人民感情的松弛；也不能太小，这将导致该民族在国际的自然状态中难以维持生存和独立。在大国与小国的选择中，卢梭倾向于小国，因为后者在社会纽带方面比前者要坚强和牢固得多。在一个庞大的共同体中，由于距离的遥远，首领与人民之间的关系自然处于松散的联系中，统治者由于不了解他的人民，自然也就不能充分做到为他们服务与管理；人民由于长期不了解他的首领，自然也就不能选举出德行与才智之士为他们服务。统治者与人民的双向关系由于距离而遥远和松散，最后统治者丧失了对人民幸福的关心——因为不了解，人民丧失了对共同幸福和公共情感的冷漠——因为不熟悉，这也意味着政治共同体的瓦解。

但是，小国也并不是局限于类似于村庄的存在，共同体的存在必须要有可靠的基础，它需要一定的物力、人力和财力为维持其生存。由于国家之间处于一种自然状态，"所有的民族都有一种离心力，使他们彼此不断

---

① ［法］卢梭：《社会契约论》，何兆武译，商务印书馆 2008 年版，第 57 页。

地互相作用着，并且倾向于要损害邻人来扩张自己"①。如果共同体过于狭小和人口过于缺少，则它就不能很好地捍卫自身的主权，而不得不随时面临被侵略和殖民的危险。因此，立法者的创制工作必须在大与小之间维持一个平衡，既不能够过大而丧失了公民情感和联系，也不可过小而丧失了共同体的独立基础。卢梭认为可以用两个维度来衡量，"即用领土的面积和用人口的数目；这两种衡量彼此之间存在着一个适当的比率，可以使一个国家真正伟大"②。在恰当的比率中，公民既能在国土上平均分布，同时人口能够得到快速繁殖和增加。

最后，立法者为民族创制的时机必须把握准确和恰当。第一条中接受立法者创制的人民必须具有良好的民族风尚和特性，这似乎意味着卢梭对现代欧洲的完全否定和拒绝。但这并不是事实，卢梭并未完全陷入悲观主义之中，他对饱受腐化的民族仍然有着一丝的希望，认为它们能够重新接受良好的制度与统治，即通过革命来完成这项伟大的工作。这符合卢梭对人性的理解，人性与风尚并不是一成不变而是可以改变的，只是这种改变需要某种正当的时机，且立法者的非凡才能正是基于对人性的认识而能够倒果为因。卢梭在第二论中已经提及了革命给政治创制带来的积极影响，立法者必须向莱格古士"在斯巴达的做法那样，先清扫场地，清楚一切旧的东西，然后才建设一座美好的大厦"③。《社会契约论》中，卢梭不仅重提了莱格古士的革命性立法工作，还以塔尔干王朝以后的罗马、近代欧洲的荷兰和瑞士为案例。许多读者和研究者认为这体现了卢梭的革命主义倾向，笔者认为该理解忽视了卢梭对革命的其他看法，也忽视了卢梭对革命的担忧。革命能够给完全腐化和濒于死亡的民族以激情和活力，但同时也给伪立法者带来了篡夺主权的机遇，革命破坏性的同时是恐怖和混乱。

"创制时机的选择，正是人们可以据以区别立法者的创作与暴君的创作的最确切的特征之一"④。立法者的工作是为处于动荡与腐化的民族提供一个重新建约的共和国，暴君或篡夺者则是希望在多难的时刻，利用人

---

① [法]卢梭:《社会契约论》，何兆武译，商务印书馆2008年版，第61页。

② [法]卢梭:《社会契约论》，何兆武译，商务印书馆2008年版，第62页。

③ [法]卢梭:《论人与人之间不平等的起因和基础》，李平沤译，商务印书馆2007年版，第104页。

④ [法]卢梭:《社会契约论》，何兆武译，商务印书馆2008年版，第64页。

民的恐惧心来通过种种毁灭性的法律和制度。卢梭对立法者与暴君的区别，正确地预见到了法国大革命中所出现的"革命导师"，他们常常以立法者的形象出来在人民面前，以人民的利益为革命的口号，但实质上却利用煽动起来的盲目激情实现自身的利益。当一个民族在有着对自由的向往性情时，革命能够将这种激情点燃，也能够让他们重获自由；当一个民族已经出现政治衰竭时，它就不能通过革命来恢复原初的自由，否则整个民族将处于分崩离析的状态，"自此之后，它就只需要一个主人而不是需要一个解放者了"①。虽然大革命是腐化民族唯一的补救办法，但是由于它的条件之严格与后果之恐怖，通过革命实现自由是非常罕见的，故而"它们只是例外"。卢梭对待革命的态度是保守的，不到最为危险的境况，革命绝不是卢梭愿意采取的手段。为了避免革命手段的滥用，卢梭为立法者的创制做了限定条件，"这一条虽然不能代替其他任何一条，但是没有这一条则其他条件便会全归无效：那就是人们必须享有富足与和平"②。

从立法者为人民立法的条件来看，是严苛与复杂的；也由于这些困难，卢梭的立法创制理论看起来更像是一种乌托邦的构想，而远非立足于现实性对当时欧洲政治社会的改革。在这种理解下，卢梭自然也就被称之为空想理论家或道德批判者，而不会被视为一名真正的立法者。但是，这种理解被卢梭自身所否定，《山中来信》中卢梭为自己辩护，"如果我只是提出一套理论的话，你肯定会说我言之无物，等于白说，一定会把《社会契约论》与柏拉图的《理想国》及《乌托邦》与《塞瓦兰人》一起束之高阁，一眼都不看的"③。卢梭认为，《社会契约论》是一本针对现实的著作，他既是对日内瓦人言说，也对当时欧洲各国言说，同时也是对人类的言说。立法者虽然要求很高，但是他存在于历史中；创制的条件严苛，同样也存在于历史与现实中，不仅包括制度优良的日内瓦共和国和条件符合创制的科西嘉人，同样也包括处于四分五裂状态中的波兰。

## 二 古代立法者的教化：语言与宗教

"敢于为一国人民进行创制的人，必须自己觉得有把握能够改变人

---

① ［法］卢梭：《社会契约论》，何兆武译，商务印书馆 2008 年版，第 57 页。
② ［法］卢梭：《社会契约论》，何兆武译，商务印书馆 2008 年版，第 64 页。
③ ［法］卢梭：《山中来信》，李平沤译，商务印书馆 2012 年版，第 177 页。

性，能够把每个自身都是一个完整而孤立的整体的个人转化为一个更大的整体的一部分，这个个人就以一定的方式从整体中获得自己的生命与存在。"① 实质上，创制的任务就是如何将"自然人"过渡到"公民"身份，实现这种过渡，要求对人性的了解和改变。对人性的认识，以及对人性的改变，无疑是立法者最大的困难。由于立法者具有非凡的智慧和才能，他对于人性的认知有着正确的把握，也意识到人如何由自然状态中的性善到社会的恶与堕落，但是他又能如何去改变人性，或者说扭转自然到社会的发展趋势呢？

卢梭在第二论中分析，社会是恶的来源，源于人类自尊心的产生，它和理性完全压制了人类的自爱心与怜悯心。所以，立法者的任务实质上就是如何引导人类的自尊心，将个人特殊意志和自利心重新引导，个人特殊意志服从公意的指导，使之为共同体服务。也只有在这种完全的服从情况下，众人之间的联合才能发挥出真正的力量。困难在于公意只存在于共同体之中，只有在众人达成社会公约之后以主权者的意志而存在，公意如何在共同体建立以前能凭空产生并被人民所提前认识呢？这是一个悖论，也正是这个悖论突显出立法者的伟大，因为他"必须倒果为因，使本来应该是制度的产物的社会精神转而凌驾于制度本身之上，并且使人们在法律出现之前，便可以成为本来应该是由于法律才能形成的那种样子"②。立法者的这种倒果为因的能力被许多研究者视为是一种魔法，是卢梭政治理论的漏洞，因为要实现这种目标，立法者只能采取两种路径：一是如卢梭所说的具有"不以暴力而能约束人、不以论证而能说服人的权威"；一是只能诉诸暴力和理性的说服。

卢梭拒绝了第二条路径：强力并不形成政治社会，暴力威胁下的同意并不是契约；理性的说服则不能被众人所接受，因为众人并不具备理性的能力，且理性更多是激发人的自利之心而不是公意③。所以，立法者对人民的教化，只能采取一种古老的言语艺术，"它不是说理，而是说服；它

---

① ［法］卢梭：《社会契约论》，何兆武译，商务印书馆2008年版，第50页。

② ［法］卢梭：《社会契约论》，何兆武译，商务印书馆2008年版，第53—54页。

③ 卢梭对两条路径的拒绝实际上也就拒绝了自然法学派所提出的两种共同体的建构：一是以力征服构建的共同体；二是理性为基础同意构建的共同体。霍布斯在《论公民》中对两类共同体做了详细的论述。

不是论证，而是描述"①。这种古老的说服艺术不能被文明人所理解，因为它重在于语音的悦耳、丰富、和谐、漂亮。这种方式能够直入听众的内心，激起听众的激情，让他们能够用心灵去感觉，而不是用头脑去推理。说服是由感而动，说理是证实或论证；说服属于修辞领域，说理属于哲学与科学领域。

卢梭认为，古代立法者的权威来自于言语和修辞，他们通过古代的言语激发众人对共同体的想象和接受；这种言语能够以深入人心的方式激发众人内心的激情，而公民对共同体的热爱正是奠定在情感基础上。由于现代语言和文字的发展，言语已经丧失了原有的生动性、形象性，更具理性与抽象性，从而不再激发人的激情，只能在理性的基础上塑造共同体。但是，缺乏情感的共同体，并不能激发人们对共同体的热爱、对邻人的热爱，以及人性当中具有的怜悯心，剩下的只能是冷冰冰的理性与冷漠的礼仪。人类文明的发展、理性的崇拜，使得现代欧洲人已经不能理解古代人的言语，也就不相信立法者具有的说服权威。卢梭认为，古代立法者正是借用了言语的魅力，通过神话、宗教而改变了人性。

言语艺术本身并不能让人完全信服，而是言语所表达的内容。由于自然状态下的人类不具有充分的理解能力，也不懂得何种共同体形式才能具有真正的益处，故而立法者需要借助神圣的权威来约束众人。这种神圣的权威只能来自于神，或者说来自宗教。当卢梭检阅古代立法者时，发现他们要么自身就是先知，如摩西、穆罕默德；要么就是借助宗教的力量来实现立法的工作，如莱格古士、努玛。但是，不是宗教的魅力赋予了立法者立法和创制的权威，而是立法者运用了宗教以实现政治创制的目标。摩西、穆罕默德的成就和伟大不是源于他们作为宗教先知，而是他们通过宗教仪式、教义将众人联合起来，形成一个新的民族，独特的民族性区别于其他民族；努玛则借助"表面上看起来带迷信色彩的宗教仪式使他们的城市变成了一个圣地"②，将一群强盗团结起来并改造为真正的公民，他才是罗马的建国者而不是罗慕洛斯；莱格古士借助于阿波罗的神谶获得法

① ［法］卢梭：《论语言的起源》，洪涛译，上海人民出版社2003年版，第23页。
② ［法］卢梭：《论波兰的治国之道及波兰政府的改革方略》，李平沤译，商务印书馆2014年版，第9页。

律创制的神圣性，即使他在离开斯巴达以后也被斯巴达所遵守①。

　　虽然卢梭认为早期立法者为了实现立法的准备工作，必须借助宗教作为政治的工具，但是这并不意味着他接受了宗教的神秘性或者奇迹。在《山中来信》中，卢梭对宗教奇迹提出了诸多批判，在他看来，奇迹只是用卑鄙的手段来欺骗众人，而并不能树立权威。每个人都可以通过某些手段来行使奇迹，如假托通灵、训练小鸟向人口吐神言等。立法者真正的权威只能来自于他德性的崇高和深邃的智慧，而不是来自宗教。即使《社会契约论》中卢梭单独一章提出了"公民宗教"，它本身也不是鼓吹极端的政教合一的国家，而是希望通过公民宗教实现共和国内部的团结与统一，即使采取了最后的暴力和惩罚措施也是为了实现上述目的。

　　卢梭意识到理性不能作为共同体权威的基础，而诉诸语言与宗教的功能。在卢梭看来，真正的公民关系不是建立在利益的凝聚或理性基础之上，而是建立在感觉与情感基础上。感觉与情感只能依赖于语言，不是理性的说服，而是情感的真诚。卢梭对现代政治的理性话语和强力的放弃并不能说明其政治理论的空想性，相反，立法者的非民主特征正是他意识到民主政治的难题②。由于现代人语言和文字趋于理性，也就逐渐丧失了它对民众内心激情的激发能力，那么，现代立法者又该如何去寻找立法的艺术呢? 倘若他要为现代欧洲人民立法，这个问题是作为立法者的卢梭必须解决的。既然古代言语艺术和宗教的任务是最大限度地激发人民对祖国的热爱和对自由与平等的感受，那么，现代立法者同样也需要引导人民对祖国有一种热爱之情，需要让他们感受到没有祖国，就没有他们的荣耀、没有自由与平等。

　　当现代立法者接受创制的任务时，首先需要的是引导公民的激情，通过舆论将个人自利与自尊心引导到国家之中。这种引导与其说是将个人利益服从于公共利益，个人特殊意志遵守公意，不如说是从公共利益看待个人利益，将个人的幸福与国家的幸福联系在一起，个人的荣耀来源于对国

---

　　①　有关莱格古士和努玛的立法工作，需要结合《罗马名人传》，该书对卢梭的影响巨大，其对古代立法者的历史知识多从该书中获得。参见 [古罗马] 普鲁塔克《希腊罗马名人传》，席代岳译，吉林出版集团有限责任公司 2009 年版，第 77—140 页。

　　②　Kelly C. , " ' To Persuade without Convincing' : The Language of Rousseau's Legislator", *American Journal of Political Science*, Vol. 31, No. 2, May 1987, pp. 321 – 335.

家的贡献，而不是个人的财富与地位。与古代立法家不同，公共舆论取代了言语和宗教，成为新的创制工具，这也是卢梭在波兰和科西嘉立法工作中最为关注的方面。

### 三　现代立法者的教化：公共舆论

立法者的工作在于通过人性的改变，实现自然人向公民的过渡。如前文所说，他需要一种倒果为因的能力，通过各种立法艺术培养出原本用政治制度才能塑造出来的人性。在对创制的民族或人民进行科学考察后，立法者需要根据他们的条件相对应地使用不同的艺术。古代的立法者通过"高贵的谎言"、神话以及言语的艺术来激发人的激情与感情，"犹太先知与希腊立法者通常将一些可见物呈现于民众眼前，这些东西比长篇大论要有效得多"①。

人类初期的社会，文字并没有形成，人类的理性能力也没有得到增长，言说、诗歌、音乐是最好的让人民接受引导和教化的方式。随着文字的出现，以及文字越来越趋于理性化，言语越来越难以实现对人内心的刺激，也难以激发人内心中对共同体的热爱，情感缺乏直接的诱因。当现代人重新阅读古代的宗教著作时，再也无法激起内心的狂热，因为他们是阅读而不是去言说，依据理性去理解宗教，而不是用内心去感受教义。理性能力的增长、知识的进步和文字的精简，致使古代立法者的"不是说理的说服"已不能被现代立法家所运用。倘若卢梭欲为现代文明人立法，就必须运用一种新的立法艺术，能够改变人的天性，实现人类的聚合向联合的转变。这门艺术，在卢梭看来，就是第四种法律——风尚、习俗和舆论。

虽然卢梭将风尚、习俗和舆论并列使用，但是读者不能误认为三者之间存在着互等关系，风尚和习俗包含了舆论，但舆论并不等同于风尚和习俗。讨论如何维持公民对法律的服从和热爱，以及法律和风尚的关系时，卢梭认为法律不能维持风尚，只有通过公共舆论才能维持风尚，并进而维持公民对法律的热爱。当法律失去其力量时，立法者和政府尚可依赖舆论、风尚的力量重新使人热爱和遵守法律；一旦风尚和习俗从人民内心中

---

① ［法］卢梭：《论语言的起源》，洪涛译，上海人民出版社2003年版，第5页。

泯灭,法律也就彻底失去了力量。

古代立法者的立法艺术,本质上是通过风尚来塑造公民情感,但是他们更多的是借助宗教和神学工具;现代立法者虽然也借助宗教,但更多的是依赖于通过公共舆论来实现对现代人心理动机的引导,因为理性和启蒙运动将宗教从人的心灵和政治社会驱逐出去①。现代立法者,"谁想为一个国家立法,谁就应当知道如何指导人民的舆论,通过公众的舆论去引导人们的思想"②。立法者立法艺术的古代与现代差异,反映了卢梭去理想主义的特征。卢梭并没有去克服人类的自私心理,而是利用舆论去引导人民的自爱之心,让它服从于公共利益和获取公共荣耀。卢梭对古代共和国公民德性的赞扬,并不是让人们去完全效仿古人的无私,而是要学会如何去指导自爱③。

人天性善良,社会是恶的来源,这是卢梭思想的出发点,他的所有著作和思想都是从这一认识展开。社会之所以是罪恶的来源,源于人在社会和人际交往中产生的自尊心或自私心,它是人们相互比较的结果。人天性善源于人的自爱心,它是以自我为中心,为一切欲念的本源;但是自尊心需要在他人眼中发现自我的价值,以他人的要求和品味作为自我荣誉的满足,因此,在社会中每个人实现的不是真正的自我,而是实现他人所希望的自我。这种他人眼中的自我,就是公共意见或者舆论的力量,它在很大程度上决定了每个公民如何看待他与政治共同体、他与其他公民之间的关系,亦即决定了他如何去实现他的自尊心。好的公共舆论,能够成功地实现自然人向公民的过渡;而错误或坏的公共舆论,则只能将人变为半自然半公民的状态,不能真正实现人的联合。

卢梭在对自我心灵的剖析中,认为年轻时候的他就是错误舆论导向下

---

① 学界对于卢梭的古代立法者和现代立法者的立法艺术经常不加以区别,通常以道德或风尚统称。但是正如笔者在这所指出的,现代人与古代人存在着理性能力和文字差异,使得立法艺术不得不做出调整。

② [法]卢梭:《论波兰的治国之道及波兰政府的改革方略》,李平沤译,商务印书馆2014年版,第21页。

③ Hanley R. P. , "Enlightened Nation Building: The 'Science of the Legislator' in Adam Smith and Rousseau", *American Journal of Political Science*, Vol. 52, No. 2, 2008, pp. 219–234.

的牺牲品①。因此，现代立法者如果想要彻底实现人性的转变，他不是要去否定人的自尊心或自私心，虽然自尊心是自爱心腐化的结果。现代立法者需要通过公共舆论实现对人的自尊心的重新引导，用舆论的引导整饬风尚，实现自尊心与公意的统一。与人类的黄金时代不同，那时的自尊心尚受到怜悯心的节制，而不至于使得人类由于自我利益的追求而伤害他人的利益。在商业社会下，每个人完全不受限制地从事自我利益的追求，"所有人都是虚荣心的奴隶，受虚荣心的蒙骗"，这样的个人特殊意志或利益与公意和公共利益时刻处于相互冲突和矛盾的状态中。但是，商业文明的现实并未让卢梭对现代人感到完全的绝望，他也不赞同个人特殊意志永远不能与公意之间存在着统一的关系。相反，卢梭为个人特殊意志与公意、自尊心与自爱心之间寻找着重新统一的桥梁——爱国心，通过公共舆论让公民产生出对祖国的热爱②。

公民对祖国的热爱，是源自内心的情感，它不能通过强力或者理性说服来使之产生，而只能诉诸公共舆论来引导公民真诚的爱。社会生活中，人类的情感和行为只能源于舆论，只有舆论的引导符合人的自由意志，而强迫或强力的服从消除了人的道德主体性，与人的自由意志相违背。"任何一种事物都只有在公众认为是好的或可行的时候，他才认为它是好的或可行的；大多数人心中之所以觉得幸福，是因为他们感到自己在他人看来是幸福的人"③。生活于他人眼中的自我，在公共舆论或意见中发现何为荣誉，寻求何为真正的光荣。与古代立法者的言说艺术相同，舆论同样是不能通过说理或者法律的运用来实现，它在很大程度上是免于理性和强力的影响，它的改变只能来自于公民内心中的心理动机，它是潜移默化的结

---

① "我枉自寻求友谊，却造成了我生活中所有的不幸，我也成了舆论错误导向的牺牲品。待我从寻求友谊的温馨幻梦中醒过来，更从舆论错误导向中醒来，我在人群中再也找不到正直、真理，再也找不到我认为他们心灵中与生俱来的那些情感中的任何情感。"参见［法］卢梭《卢梭评判让－雅克：对话录》，袁树仁译，上海人民出版社2007年版，第56页。

② 特拉亨伯格认为在卢梭的政治思想体系中，政治文化决定了制度的成功与失败，如何实现爱国主义对公民自利心和自尊心的引导是卢梭挽救现代人类命运的关键。公意虽然是抽象的，多数人投票的结果也并不一定体现公意，但是通过政治文化能够最大可能地让多数人投票的结果去体现公意。Trachtenberg Z. M., *Making Citizens: Rousseau's Political Theory of Culture*, London, New York: Routledge, 2003, pp. 138 – 143.

③ ［法］卢梭：《致达朗贝尔的信》，李平沤译，商务印书馆2011年版，第101页。

果。立法者如果需要实现对舆论的引导，就必须将舆论建立在社会人的自爱心与自私心基础之上，最大可能地实现自私心与自爱心的一致。为了实现公共舆论的正确引导和培养公民对祖国的热爱，卢梭建议采取诸多手段来实现，如娱乐、节日庆典、军队排演等①。

对于卢梭所倡导的培养公民情感和爱国情感的做法，许多读者存在着误解之处。简单地说，卢梭对现代艺术和戏剧的反对，和对公共娱乐活动的提倡，被错误地理解为是政府或者独裁者实现对人民精神领域的监控和个人自由的干预；卢梭对军演和尚武主义的强调，是古代军事共和国的继承。实质上，在卢梭所构建的政治共同体中，公民过着一种朴素、简单的公共生活，但是这种生活状态并不是目的，而是为了塑造出一种正确的舆论和简单与良善的风俗，尽可能地维持着公民崇高德性和共同体的运转。卢梭之所以反对私人娱乐活动，是因为他们不能培养出公民之间的热爱，相反却疏离了公民之间的联系，助长了公民的自私心，而使之偏离了对邻人、祖国的热爱。"良好的风尚赖以维持的基础，在于每个人都感到他在社会中生活得很愉快。"②

共同体的娱乐活动建立在公共基础之上，公共与开放能够使每个公民参与其中，分享其快乐。公共活动，如体育竞赛、节日庆典，所带来的全员参与，并不是强调政府对娱乐活动的监控，而是公众在此间形成的相互了解、相互合作。这不仅能够避免个人沉浸于个人的逐利活动之中，而且可以适当地缓和与平衡公民间的自私心。所以，卢梭反对日内瓦建立剧场，根源不在于戏剧活动本身，而在于它给共同体的风尚、舆论所带来的消极影响，这与卢梭在第一论中对现代科学、艺术的批判是一致的。

卢梭强调现代人学习斯巴达的尚武精神，这并非是出于征服和侵略的需要，也并非是为了建立军事共和国③。相反，卢梭认为罗马的毁灭就是源于它的无止尽的征服和通过征服他国的荣誉之心。尚武风尚，是卢梭意

---

① Maloy J. S., "The Very Order of Things: Rousseau's Tutorial Republicanism", *Polity*, Vol. 37, No. 2, April 2005, pp. 235 – 261.

② [法]·卢梭：《致达朗贝尔的信》，李平沤译，商务印书馆2011年版，第169页。

③ 卢梭对尚武的强调，读者可以在多本著作中发现，如第一论，为科西嘉和波兰的立法工作当中。

识到其背后所蕴藏的爱国主义，以及能够为共和国的生存提供保障，国际
关系的自然状态让共和国需要有着强大的自卫能力捍卫公民的财产与自
由。军队排演的目的并不是武力的炫耀，也不是为了威慑邻国，而是让公
民们感受到祖国的光荣，切身体会集体的荣誉。卢梭对军事演习所带来的
爱国心认识源于圣热尔维广场的儿时经历，当他第一次看到了日内瓦军队
操练时，内心感受到一种强烈的震撼，父亲的话对他有着重要的影响：
"让－雅克，你要爱你的祖国，你看这些善良的日内瓦人，他们都亲如兄
弟和朋友，心中都充满了欢乐与和睦的情谊。"[1]

　　无论是节日庆典、军队尚武之风、体育竞赛，这些都是立法者为了促
进正确的舆论所采取的方式，它将引导公民的自利心向爱国心和公民崇高
德性的转移，这不是以个人利益的最大化来看待个人的幸福，而是以对祖
国的贡献、对公民的热爱来争取公共的幸福，同时也能够满足个人对荣誉
的追求。卢梭的政治共同体，从未主张消除个人的幸福和利益，相反，他
是将公共利益建立在个人的荣誉和利益之上。

　　现代立法者的艺术不是去杜绝人的自私心和自尊心，也不是让人重新
回到自然状态中的自爱心中去，而是扭转社会所造成人心灵的腐化，用舆
论去引导自尊心和自利心。在由自然人向公民身份的过渡中，人是活在他
人的眼中和评价之下，但荣誉和幸福不是依赖于个人的地位、财富的多
寡、外表的丑美，而是在对公众和祖国的贡献当中。他与洛克式自由主义
者的区别在于，他没有将社会的联合和繁荣建立在绝对的个人自由和财富
基础上，而是通过舆论引导自利的个人，在自由意志的前提下完成了人向
公民的过渡，在个人利益与公共利益上取得平衡。

　　舆论在本质上区别于暴力、强力和压制，舆论的艺术使卢梭区别于专
制主义者；公民在公共舆论中的意志自由和思想自由，使卢梭区别于极权
主义，因为个人行为只有涉及集体性事务时才会受到政府的管制。在立法
者的指引下，自然状态下的个体能够联合起来，通过个人自由意志达成社
会公约，形成公意，完成政治共同体的建构。卢梭的立法者理论并不是如
吉尔丁所认为的是在回避公意的难题，更不是回避智慧、理性与意志自由

---

[1]　[法] 卢梭：《致达朗贝尔的信》，李平沤译，商务印书馆 2011 年版，第 179 页。

的关系，而是如何能够更好地使政治共同体得以建立和维持①。除教化的任务之外，立法者还需要发明或发现一些政治制度将政治权利原理运用于特殊共同体之中，这些制度不仅需要得到人民的同意，还需要符合他们的利益和实际情况。正如前文所说，立法者的"法"不仅包括法律的编订，还包括制度的提供、风尚的改变。探究完卢梭立法者理论之后，接下来的工作就是考察政治共同体的具体创制实践，分析卢梭的政治理论与政治实践是否保持着一致：立法者如何实现对现代文明人的教化；人民如何行使主权；如何发挥政府效能的同时又抑制政府的野心。

---

① ［美］吉尔丁:《设计论证——卢梭的〈社会契约论〉》，尚新建、王凌云译，华夏出版社 2006 年版，第 73 页。

# 第七章

# 政治共同体的创制实践

　　"我是不是一位君主或一位立法者，所以要来论述政治呢？我回答说，不是；而且正因为如此，我才要论述政治。假如我是个君主或者立法者，我就不会浪费自己的时间来空谈应该做什么事了；我会去做那些事情的，否则，我就会保持沉默。"① 在卢梭的这番话中，立法者等同于君主或者统治者，但根据卢梭对伟大立法者的描述，立法者仅仅是一位政治创制者而不是统治者，并不具有统治的权力。暂且抛开立法者是否具有统治权力的问题，研究者从这段话中可推断出卢梭的理念，立法者从价值上而言是高于思想家的，因为前者在实干，而后者仅仅是空谈。虽然卢梭从柏拉图那学得了许多，但卢梭并不满足柏拉图仅仅对政治原理的阐述，认为这份工作仅仅是净化心灵；莱格古士才是真正的立法者，因为他的工作是改变人性②。以莱格古士为榜样的卢梭，决不满足于充当一名人类思想家，他更期望成为一名立法者：两论与《社会契约论》中的卢梭，就是作为思想家在空谈与论述政治；而当他被邀请或自身欲为立法者时，他将要把他的政治权利原则付诸政治实践之中。古代"伟大立法者"的形象，不仅存在于史书与卢梭的心中，卢梭更是希望自身能够重现他们的丰功伟绩。

　　以往研究者往往从两论与《社会契约论》出发，强调卢梭政治理论的乌托邦主义和非现实主义特征，这也就忽略了卢梭政治理论的宗旨——不是从理论上探讨政治权利原则，而是如何将政治权利原则运用于政治创制实践，如何去改变当时欧洲人奴役命运和道德败坏的现状。带着对现实问题的关怀，

---

　　① ［法］卢梭：《社会契约论》，何兆武译，商务印书馆 2008 年版，第 3 页。
　　② ［法］卢梭：《爱弥儿》，李平沤译，商务印书馆 1978 年版，第 11 页。

卢梭开启了他对政治制度的关注，也有了《山中来信》《科西嘉制宪意见书》《波兰政府论》等针对日内瓦、科西嘉、波兰三国的立法著作。

以上三本书，由于各种原因长期被研究者所忽视，笔者推测原因有三：(1) 它们是卢梭针对特殊国家的立法著作，特殊性较强而不具有普遍意义；(2) 从三本书的基本内容和阐述的政治原理看，与《社会契约论》中卢梭的人民主权原则有着一贯性和相似性，较少具有理论的创新；(3)《山中来信》出版后马上被焚毁，后二书没有在卢梭生前出版，并且科西嘉与波兰的革命行动最终没有取得成功，所以对于后世的影响不大。但是，如果从卢梭政治理论研究中强行将文本进行割裂，这势必造成对卢梭思想的误读。虽然这三本著作是对具体国家的实然讨论，但是内里并没有与《社会契约论》所阐述的政治原理相背离或完全相同，而是在坚持原则的基础上根据现实情境做出调整。既然学者认为卢梭政治理论具有空想性质，就必须指出卢梭在为三国的具体制度创制中如何脱离现实；倘若卢梭对三国的立法实践有着可操作性和可现实性，则研究者就需重新看待卢梭政治理论的特征。基于上述考虑，本章将从卢梭的政治原理出发，考察他对波兰、科西嘉与波兰的具体立法或创制工作。

## 第一节　日内瓦共和国的重生

卢梭与日内瓦共和国的关系，是卢梭研究的热门主题之一。围绕他们二者的关系，主要有以下争论：(1) 讨论卢梭思想的形成与日内瓦共和国之间的关系，有学者认为卢梭政治思想主要源于他在日内瓦受到的共和主义教育以及加尔文宗的新教思想，有的学者则认为卢梭的政治思想主要源于自然法学派[①]；

---

① 罗森布拉特详细讨论了卢梭少年时期在日内瓦受到的政治与宗教教育；米勒认为卢梭的民主理念来源于对日内瓦共和国的遐想；库克认为日内瓦对卢梭的影响并不是来源于真实的日内瓦，而是卢梭少年时期所受教育认知的理想日内瓦共和国，由此推论卢梭政治理论的乌托邦主义特征。德拉泰认为卢梭是于 1762 年以后才开始了解日内瓦，在此之前日内瓦并不是其理论来源，而应是自然法学派。可参见 Rosenblatt H., *Rousseau and Geneva: From the First Discourse to the Social Contract*, 1749 - 1762, Cambridge: Cambridge University Press, 2007; Miller J., *Rousseau: Dreamer of Democracy*, Indiana: Hackett Publishing, 1984; Cook T. I., "The Influence of the Protestant Atmosphere of Geneva on the Character and Writings of Rousseau", *Economica*, Vol. 23, June 1928, pp. 191 -215; Cobban A., "New Light on the Political Thought of Rousseau", *Political Science Quarterly*, Vol. 66, No. 2, June 1951, pp. 272 - 284.

（2）卢梭理想政治共同体与日内瓦共和国的关系，有学者认为卢梭对于日内瓦共和国的真实认知是在 1762 年《社会契约论》发表以后，《山中来信》是卢梭首次充分了解日内瓦的历史与政治，有学者则认为卢梭对于日内瓦共和国的政治斗争一直有着清醒的认知①，在前一种认识下，卢梭的政治理论被视为是围绕理想的乌托邦展开，而在后者看来，卢梭的政治理论是有着现实关怀和意义的政治工作。

　　无论上述各种观点在卢梭政治思想的起源、政治著作的目的上存在着什么样的冲突和矛盾，它们都不否认卢梭的许多著作实际上是为日内瓦人民所著，如《论戏剧》《山中来信》等。卢梭将第二论献给日内瓦人民，虽然其献词的目的在学界仍然存在着争论；《论戏剧》尽管不是一本标准的政治著作，但是从卢梭对政治的理解来看，对风尚、科学、艺术的讨论本身就是立法者需要关注的重要内容，它们维系着共同体的根本精神；《山中来信》从表面内容上看是卢梭为自身所遭受不公正对待的辩护之作，但实质上它是为民主派对抗政府提供理论武器。当研究者从立法者的研究视野看待卢梭与日内瓦的关系，整体上把握卢梭著作对日内瓦共和国的讨论，可以推测卢梭并不仅是基于公民权利而对祖国的发声，其背后隐藏的是如何挽救日内瓦共和国。正如莱格古士和努玛为斯巴达人与罗马人所做的，卢梭希望自身能够成为一名立法者，重现日内瓦共和国的辉煌与公民的自由。熟悉卢梭著作的读者，可发现卢梭并未明确提及任何对日内瓦共和国的立法或政治创制，但是笔者认为在《山中来信》以及《社会契约论》中，卢梭给日内瓦人提出的政治制度建议，显然已经不再是作为一个理论家在论述政治，而是作为一位立法者讨论日内瓦共和国的政治制度应该如何。

## 一　日内瓦的现状分析

　　与日内瓦辉煌的共和国历史相比，18 世纪的日内瓦在一片繁荣之下

---

　　①　前种见解广为传播，如米勒、史珂拉、德拉泰等学者；在国内，也得到许多学者的赞同，如谈火生、《论不平等》的译者李常山；后面的观点可以在弗兰林和罗森布拉特等人的著作中发现，但是二人的观点存在着差异：前者着重于政治制度的建构，后者着重于卢梭政治思想与政治实践的关系。

隐藏着的是风尚、政治、经济方面巨大的变化，这主要源于当时法国宗教难民的迁入。从政治上看，大多数的移民很快通过金钱购买和与当地家族通婚等手段获得了日内瓦公民身份，并一跃成为社会与政治上层精英，这在很大程度上改变了过去日内瓦手工业者支配政治的状况；从经济看，日内瓦共和国原是以经营钟表匠等制造业、手工业闻名欧洲，但是在法国移民迁入之后，它不再是欧洲的手工业重心，而成为商业与金融中心，在贸易上过度依赖于英、法等国家；风尚方面，亲法的政策和文化逐渐形成，法国的奢侈文化逐渐影响到日内瓦人的生活，虽然原本限制奢侈和戏剧的法律仍然有效，但是却毫无法律制裁效果。

这样的巨变，很大程度上改变了日内瓦共和国的民主政体性质和新教风尚，引起有产者和宗教、文化保守者的不满。政治层面，他们意识到由于共和国内部贫富差距的拉大，原有的平等、独立、自由共和精神已经逐渐逝去，取而代之的是手工业者对商人的依附，普通公民对政府官员或贵族阶层的依赖。宗教层面，传统加尔文主义的教士们对当时日内瓦共和国内部的奢侈之风持批评态度，认为对金钱的热爱是日内瓦道德下滑的重要根源。面对日益严峻的政治和道德危机，传统共和主义和加尔文主义教育下的有识之士开始酝酿如何重新恢复古代共和国的精神，展开对日内瓦政府和贵族的批判，在这过程中逐渐形成民主与政府两派。18 世纪，日内瓦共和国内部这两派有着多次的冲突，卢梭在《忏悔录》中曾回忆了1737 年的内战[①]。

了解 18 世纪日内瓦共和国内部真实的政治情况后，读者也就产生疑问，为什么达朗贝尔说"日内瓦政府具有民主政治的种种优点，而没有民主政治的种种缺点？"[②] 为什么卢梭认为日内瓦人民"是世上各民族中享有政府的种种利益而又最有效地杜绝了政府弊端的人民？"[③] 显然，达

---

　　① 卢梭在日内瓦认识了巴里约父子，一个是政府派，一个是民派。在一个夜晚，卢梭看到"他们父子二人都全副武装从同一幢房子里走出来，父亲往市政厅方向走去，儿子则前往自己的集合地点，两人明明知道，两小时后一定会重新相遇，面对面站着并互相残杀起来"。参见［法］卢梭《忏悔录》（第一部），黎星译，人民文学出版社 1990 年版，第 271 页。

　　② 达朗贝尔在《百科全书》第七卷发表的词条《日内瓦》，参见［法］卢梭《致达朗贝尔的信》，李平沤译，商务印书馆 2011 年版，第 7 页。

　　③ ［法］卢梭：《论人与人之间不平等的起因和基础》，李平沤译，商务印书馆 2007 年版，第 20 页。

朗贝尔的言论是出于当时对混合共和制的赞美，贵族制有效地抑制了民主的有害成分。但是卢梭是出于什么理由呢？是否出于对日内瓦共和国的错误认知呢？或者是否出于讨好日内瓦政府而做出的谄媚献词呢？第二种回答显然是将问题简单化了，一是卢梭并未将《论不平等》献给日内瓦小议会，而是献给公民大会；二是卢梭在献词中的描述并未得到日内瓦政府的欢心，反而被政府官员认为是对他们的过高评价①。本书认为，众多的证据说明卢梭其实对日内瓦内部政治斗争有着清醒的认知。

1762 年以前，卢梭对日内瓦共和国的认识经历了流放到回归的心路旅程，从对现代文明的仰慕到复归于传统共和主义。面对日内瓦共和国昔日的荣辉与现实日内瓦内部的内讧，卢梭并没有选择沉默与旁观，作为公民，他为祖国的内乱感到痛心疾首，但是对残酷的战争感到心有余悸，这种恐惧来源于 1737 年的亲身目睹。在内心的焦虑和爱国主义下，他选择了以委婉、隐秘的方式讨论日内瓦共和国为什么走向内乱，以及可能救赎的建议，如《政治经济学》《献词》。虽然也有《论戏剧》一样的直接陈述之作，但是其语言之婉转，让读者感受不到他对日内瓦风尚败坏的愤懑，而是感受到昔日共和国的良风美俗；即使在《社会契约论》这样的专门论述政府和政治权利原理之作中，卢梭也是在盛赞日内瓦古老共和国的伟大之余，委婉地提醒日内瓦人提防政府的野心，强调人民主权。

但是，这样的婉转之言并没有给卢梭带来好的名声和支持，反而在他受到不公正处理甚至全欧洲放弃他时，祖国采用了非法的方式对他进行了严厉的制裁，日内瓦同胞也没有在他需要时给予任何的支持。对于这样的命运，卢梭不仅对日内瓦政府感到失望，对日内瓦人民同样感到失望，他需要用最直接的语言、最直白的方式直指日内瓦共和国的弊端，希望能用激烈的言辞唤醒他的人民、他的祖国。对日内瓦人民、政府的不满，以《山中来信》激烈言辞的形式得到表达，不仅彻底激怒了日内瓦政府，也刺激了日内瓦人民麻木的神经。在这一系列著作中，笔者发现了卢梭对日内瓦人民和国家的关注。

---

① 日内瓦的一位行政官杜潘在写给卢梭的信中提及，卢梭在献词中日内瓦的描述是他们应该做到，但是在现实却没有实现。参见 Fralin R., *Rousseau and Representation: A Study of the Development of his Concept of Political Institutions*, New York: Columbia University Press, 1978, p. 48.

（一）日内瓦人民风尚的败坏

　　你们既不是罗马人，也不是斯巴达人，更不是雅典人。把这些与你们毫不沾边的响亮的名称扔到一边去吧。你们是商人、工匠和有产者；你们成天忙碌奔波的，是你们个人的利益、工作和生计；对你们来说，甚至自由也只不过是为了没有阻碍地取得这些利益并平平安安地拥有这些利益的手段。①

　　这段话清晰地表达了卢梭对日内瓦人民风尚现状的认知，认识到日内瓦人民距离古代理想公民的距离。《山中来信》并不是卢梭首次谈到欧洲商业伦理对日内瓦人民和公民精神的败坏，在《论戏剧》中他已经意识到现代文明对共和国良风美俗的败坏。当达朗贝尔夸赞日内瓦共和国在科学和艺术上取得巨大成就的同时，试图将现代戏剧引入日内瓦，认为这既能丰富日内瓦人民的精神生活，也可以培养公民的审美观。该建议很大程度上得到了日内瓦政府高层和权贵的赞同，许多年轻人也十分赞同在日内瓦建立一座剧场，将日内瓦打造为欧洲的文化之都。卢梭认识到达朗贝尔鼓吹戏剧的背后是伏尔泰的主意，但是，相较于他与伏尔泰的个人恩怨，他更为在乎的是戏剧的引入给日内瓦人民所带来的消极影响。日内瓦人民在 18 世纪已经严重违背了传统共和主义的公民精神，从对公共事务的关注转向私人利益的寻求。公民精神的转向，蕴含的是维系着共同体运转的纽带开始瓦解，公民之间丧失了友爱之情，也丧失了个人对祖国的热爱。在这种情况下，戏剧、现代文明、商业伦理的引入对于日内瓦共和国而言，无疑是致命的打击。

　　通过对戏剧本身性质、演员的工作，以及戏剧对公民生活所带来的后果，卢梭认为，戏剧与共和国是不相容的，它非但不能促进共和国的良好风俗，反而会败坏风俗。"如果一个地方的人民已经败坏了，则戏剧演出对他们是有好处的；如果一个地方的人民是好的，则戏剧演出对他们便是

———————

① ［法］卢梭：《山中来信》，李平沤译，商务印书馆 2012 年版，第 273 页。

有害的"①。法国在卢梭心中，无论是从其政治制度看，还是从风尚看，它都是已经被现代文明和商业社会败坏的国家。在这个伟大的国家中，人们所表现出来的礼仪不过是虚荣的形式，文明与热情下遮掩的是个人情感的缺乏和虚伪。所以，法国人需要艺术来陶冶情操，通过戏剧学习处世之道、欣赏高贵的德性。但是，对于日内瓦人而言，他们所要求的非但不是从戏剧中去模仿，而是要在自身的历史中去学习，在公共生活中实践德性。从戏剧本身的功效而言，它不仅不具有"改变人的感情和社会风尚的功能，它只能顺应它们和增进它们"。这就决定了戏剧对于改变社会风尚的无能为力。

虽然启蒙运动哲学家认为好的作品具有引导和教育作用，创作出好的作品改变社会风尚，但是在卢梭看来这是不可能的，甚至舆论的力量将改变创作者本身的才情和认识。随着时间与精力的投入，公民将生活在戏剧虚幻的场景之中，追求个人的欲望而忘却自己的家庭、朋友、祖国。面对这种公民关系和家庭关系的疏远，孤立的个体最终将毁灭共和国。卢梭认为，"在人类当中，最坏的人是那种最喜欢自我孤独的人。他把他心中的感情全都用于他自己；而最好的人则把他心中的感情与他的同胞共同分享"②。在共同情感中，人民塑造出来的不是简单的聚合共同体，而是有着共同忠诚的道德与情感共同体。对戏剧给共和国风尚带来的消极影响的认知，以及对于日内瓦人民风尚的了解，卢梭拒绝了达朗贝尔的提议，而将戏剧驱赶出了共和国。

《论戏剧》的出版成功地阻止了剧场的建立，但是这并没有唤起日内瓦人民的公民精神，卢梭对日内瓦人民良风美俗的夸赞对于忘却和背离古老风尚的日内瓦人不似于一种嘲讽。最终，对日内瓦人民的不满在《山

---

① 这也在某种程度上回答了伏尔泰提出的"卢梭悖论"。卢梭对现代科学、艺术和戏剧的批评，源于他认为这些与公民文化的不相容，以及其所带来的败坏风俗后果；而卢梭之所以从事文学创作，是因为良好风俗已然败坏的情况下指出这些堕落，因为它已然不能更坏。参见［法］卢梭《致达朗贝尔的信》，李平沤译，商务印书馆2011年版，第98页。

② 卢梭在文章中对真正的厌世者与退隐者区分开来，前者是抛弃家庭、公民和祖国的个人主义，但是退隐者是深爱着祖国和公民，但由于对社会风俗和道德的堕落不满者。这种表述其实是卢梭间接地为自己辩护，虽然卢梭一直退隐山林间，但是他一直心系祖国，并且在需要的时候为祖国写作。参见［法］卢梭《致达朗贝尔的信》，李平沤译，商务印书馆2011年版，第158页。

中来信》中得到了最直接的陈述，公民精神的缺乏不仅使得共和国摇摇欲坠，也使得人民自身陷入了奴役当中。在被问及日内瓦人民的现状时，卢梭的答案是："再也没有什么人是像你们在法律的治理下那么自由了，也再也没有什么人是像你们在当前的情况下这么受到奴役了。"①

　　法律下的自由，因为日内瓦人民是主权者，是立法者，所有的法律都由他们制定并交予政府执行；奴役，是因为他们主权者的身份成为制度的摆设，实际上政府已经将他们控制。奴役的直接原因源于政府的野心，这是由政府的性质决定，但奴役的根源在日内瓦人民自身。因为他们已经习惯于将公共事务交给政府来处理，沉迷于个人利益的追求与实现。当主权者自身不再关注政府对法律的执行时，政府就会一步一步隐秘地实现对法律的破坏，并且不断挑战主权者的底线。日内瓦小议会正是看到日内瓦人民不愿行使主权者的权力，小心翼翼地将行政权与司法权掌握在自己手里，原本执政官作为小议会的监督者，逐渐变成了小议会奴役人民的帮凶；原本由公民大会掌握的捐税权，也逐渐掌握在小议会手里，而无须得到公民大会的同意。在此情况下，由于主权者的空缺，行政权成为日内瓦唯一有效的权威，"民主制国家就是这样消亡"②。

　　日内瓦公民们在商业社会下，忙于他们的私人事务，失去了对公民的友爱与关心，只有当"他们自身的利益受到侵害时，他们才开始过问公众的利益"③。卢梭在此时心中所想的不仅是发生在自己身上所受到的不正当的指控和非法的审判，还有其他日内瓦公民遭到的不幸命运，如尼可拉·勒梅特④、法西奥等人。这些商人、手工业者和有产者在公共生活中依赖于政府和行政官员，他们遵守政府的法律和意志，而丧失了对自己政治权利的关心。公共精神与牺牲精神的缺乏，使得政府能够大胆地侵犯每个公民的利益，因为他们知道单独的公民个体依附于他们而不敢违逆他们的意志，也知道个人利益驱使下的公民们不可能团结起来违抗政府的法

---

　　①　[法] 卢梭：《山中来信》，李平沤译，商务印书馆2012年版，第186页。
　　②　[法] 卢梭：《山中来信》，李平沤译，商务印书馆2012年版，第188页。
　　③　[法] 卢梭：《山中来信》，李平沤译，商务印书馆2012年版，第274页。
　　④　1707年，勒梅特由于支持法西奥的为捍卫人民的权利而进行的斗争，遭到日内瓦小议会的憎恨而被判处死刑。虽然勒梅特是无辜的，并且向两百人议会提出上诉，但是这并没有得到公正的处理和回应，而人民对此也无动于衷。

令。在公民对公共利益漠不关心的情况下，政府和暴君们采取各个击破的办法侵犯公民的利益，并吓唬其他的公民，最终建立奴役体制。

（二）日内瓦政府对主权的篡夺

政府是人民与主权者之间的一个中间体，它的目的是执行法律和保障公民的政治自由。与此同时，由于政府是作为团体而存在，它有着自身的意志，并且该团体意志有违背公意的倾向，即政府在本性上始终企图篡夺属于公民大会的主权。主权者与政府一直存在长期的博弈过程，"主权总倾向于愈来愈松弛，所以政府的势力越来越加强，其结果，行政机构将逐渐地凌驾于立法机构之上"①。这不仅是日内瓦政治制度的必然结果，也是人类所有政治制度的必然命运。

《社会契约论》中，卢梭以公民大会的定期召开来限制和束缚政府的野心，但是在日内瓦的政治体制中，由于日内瓦人民公民精神的欠缺而导致政府将主权者转变为摆设，并且在 1738 年成功地通过《调停法》，将政府作为主权的共享者写进了宪法之中。主权者的变化以及主权的共享，意味着政府将从根本政治体制上改革日内瓦政治制度，从民主制转变为民主—贵族的混合制。然而，"最好的形式是贵族制政府，最糟糕不过的是由贵族掌握主权"②。贵族制政府是在人民直接行使主权下的治理，政府受到主权者的制约，不能滥用执法权力损害个人利益与公共利益；但是在贵族制主权下，政府窃取了人民主权，以其意志代替公意制定法律，形式上的法治掩盖不了实质上的人治，并且从内部瓦解和割裂了人民。具体考察日内瓦政府对人民主权的篡夺，它并不是一蹴而就，而是通过不断的试探与阴谋逐渐实现。

日内瓦政府的第一步是将选举行政官员的权力从公民大会手中转移到小议会。在卢梭的政治理论中，卢梭认为行政官员的选举权是主权者的一项"特权"，因为这本身是一种行政权，为了让主权者能够有效地监督政府，卢梭将这项权力交给了主权者。当公民大会认为行政官员不能够继续担任公职的时候，人民有权力要求重新更换和选举行政官员。但是在 18 世纪的日内瓦，行政官员的选举必须得到二百

---

① ［法］卢梭：《山中来信》，李平沤译，商务印书馆 2012 年版，第 174 页。

② ［法］卢梭：《山中来信》，李平沤译，商务印书馆 2012 年版，第 175 页。

人议会和小议会的提名与同意，这也就将执政官的选举变成一种形式而不具有任何民主的实质内涵，因为能够得到小议会同意和提名的候选人必然在利益和观点上与他们具有共同之处，主权者并不能选择更为优秀和卓越的行政官员。表面上，日内瓦公民大会作为主权者享有选举行政官员的权力，实际它已经不能像《献词》中所描述的，能够选举出公平、正直、明智和有德性的公民来捍卫共同体。同样，小议会也将检察长纳入其组织当中，使他不能继续作为法律的监督者而存在，而成为小议会的同谋。

第二步，日内瓦政府篡夺了主权者关于捐税的权力。在《政治经济学》中，卢梭多次讨论了捐税的权力，认为捐税必须得到人民或者其代表的同意，因为政治社会的建立的目标之一是保障人民的财产权。《政治经济学》中卢梭隐秘地讨论了日内瓦在捐税上的政治制度，提醒日内瓦人民小心政府以城防或军队建设为由而篡夺捐税权[1]；《山中来信》中，卢梭两次明确地提出了杜克莱 1734 年关于政府城防建设的讨论[2]。虽然日内瓦政府没有增加新的捐税，但是却通过消极的方式剥夺了主权者免除税收的权力。当日内瓦人民后来意识到政府通过税收来侵占他们的个人利益时，为时已晚。长期的逆来顺受与对主权的忽视，使得日内瓦人民希望通过公民大会将捐税的权力重新收回时，遭到了政府以历史成规和法律为理由的拒绝。

最后，日内瓦政府通过立法议程的控制，使得公民大会成为形式而不具有任何实质权力。当主权者成为摆设而不具有立法权的时候，政府就完全篡夺了主权，也意味着国家的瓦解。日内瓦政府实现对立法权的控制并不是取消公民大会，而是以尽可能不召开公民大会的形式。当公民大会召开的时候，人民作为主权者，是尊贵的主权者；但是一旦离开公民大会，人民就一文不值。这样的情形类似于英国代表

---

① 穷兵黩武不是"像人们所宣称的为了扩大国家的版图，而是为了实现首领们暗藏在心中的在国内加强其统治的阴谋"。参见 [法] 卢梭《政治经济学》，李平沤译，商务印书馆 2013 年版，第 38 页。

② 卢梭提及此事时，明确指出城防队伍和工事是用来控制公民和有产者，用公民和有产者的钱来打造他们的"枷锁"。参见 [法] 卢梭《山中来信》，李平沤译，商务印书馆 2012 年版，第 195、275 页。

制下的人民，当他们选举代表之后，也就结束了自由。政府对立法议程的操控也因对立法提案的审查而加剧。由于《调停法》第五条和第六条规定：一切议案，在未经过二十五人议会审议通过以前，不得提交二百人议会审议，只有经过二百人议会审议通过以后，才能提交大会审议①。因此，主权者在大会上不能提出意见，也不能讨论任何事务，而一切必须得到政府的允许与同意。原本人民作为法律制定的守门人，现今却被政府牢牢掌握着命运而丧失立法的主动权。结果是官员成为主权者的主人，而不是主权者是官员的主人。身份关系的对调，也就让行政机构行使了立法机构的绝对权力。

日内瓦政治的现状，让卢梭意识到他在《社会契约论》中对公民大会的强调并不足以形成对政府的监督，还需要公民在公民大会以外，继续拥有和承担监督政府的权利与责任。面对政府的野心，主权者不仅存在于公民大会之中，它还存在于公民大会闭会期间。重申主权者的权威，是监督和约束政府的最佳方式。与此同时，必须重新塑造日内瓦公民精神，恢复共和主义传统，只有如此，日内瓦人民才愿意重新担起主权者的权力和公民的政治义务。

## 二　日内瓦公民精神的培育

卢梭研究者深知斯巴达城邦与罗马共和国在卢梭政治理论中的象征意义，不仅卢梭的政治制度以它们为榜样，其人民更是卢梭心中理想的公民。在卢梭心中，古典的公民是具有各种德性及强烈的爱国主义的个人，他们以参与公共事业和实现公共利益为目标。然而18世纪的欧洲人已经失去了这些美德，即使生活于日内瓦共和制度下的人民在商业社会中也失去了公共性，他们成为自我利益的追求者。贡斯当认为卢梭的政治理论是建立在古代人政治自由和美德基础之上的，而不适合现代的个人自由与商业社会。

但当读者看到卢梭对日内瓦人民所说的话，可发现他一方面指出了日内瓦人与古代人的不同以及缺陷，另一方面说明他在《山中来信》中给日内瓦人民的建议不是基于理想而是现实，一种日内瓦人民能够并且可以

---

① ［法］卢梭：《山中来信》，李平沤译，商务印书馆2012年版，第204页。

实现的制度。"古代的人已不再是我们现当代人的模特儿；现代人在各方面都与古代的人大不相同；尤其是你们日内瓦人。"① 当日内瓦人民自身背弃了公民精神、放弃了主权者的身份和权力时，也就将自身推向了被政府奴役的状态。但是在这种情况下，卢梭并没有试图让日内瓦人民恢复古代斯巴达人和罗马人的精神，而是希望日内瓦人民在追求个人利益之外，能够保持对政治权利的关注，能够时刻监督政府，虽然这时常让政府感到不满与焦躁②。主权者的身份、公民的地位，以及个人利益的重视，让他们能够对政府的野心保持警醒。为了挽救已经正在败坏与逝去的公民精神，卢梭诉诸三个方面来维系共和国的良好风俗：法律的权威、舆论的力量和娱乐活动。

法律的权威不仅来自于法律本身的严格，还来自于公民的尊重和服从。如果良好的法律制定出来，但是公民不予服从和尊重，则它只会降低法律的威信。公民对于法律的服从和尊重源于社会风俗，"法律有时候之所以对风俗能起作用，那也是由于它的力量是取自风俗"③。因此，法律对于社会的良好风俗的改善只能起着有限的作用，它并不能将堕落的社会风俗变为良好，也不能将道德堕落的公民教化为有德性的公民。就法律而言，它更多地是起着预防的作用，而不是改善。那么，政府如何去整饬风俗呢？卢梭的回答是：用舆论去引导。

《社会契约论》中，卢梭将社会舆论界定为政治法、民法、刑法之外的第四种法律，这源于卢梭认识到在社会中舆论对人性的改变。社会舆论的力量是现代个人荣誉、认可、敬重的来源，当个人按照社会舆论所要求去做时，他的自尊心就能获得巨大的满足。"任何一种事物都只有在公众认可是好的或可行的时候，他才认为它是好的或可行的；大多数人心中之

---

① ［法］卢梭：《山中来信》，李平沤译，商务印书馆 2012 年版，第 313 页。
② 普特曼认为卢梭对日内瓦人民的这段描述体现了他政治立法工作的现实主义，说明卢梭对 18 世纪欧洲商业社会和道德风尚的认知和批判，以及如何在现有人性基础上完成政治制度的创制工作。史珂拉认为这表达了卢梭对日内瓦人民的失望，他们成为商人与手工业者，而不是斯巴达人。但笔者认为这说明此时的卢梭已经放弃了"思想家"的理论探讨，而踏入了立法者的现实实践。Putterman E.，"Realism and Reform in Rousseau's Constitutional Projects for Poland and Corsica"，*Political Studies*，Vol. 49，No. 3，August 2001，pp. 481－494；Shklar J.，"Rousseau and the Republican Project"，*French Politics and Society*，Vol. 7，No. 2，April 1989，pp. 42－49.
③ ［法］卢梭：《致达朗贝尔的信》，李平沤译，商务印书馆 2011 年版，第 100 页。

所以觉得幸福，是因为他们感到自己在他人看来是幸福的人。"① 所以，舆论是整饬风俗的最佳方法，现代的立法者所需要做的就是如何通过制度去培育一种良好的舆论，引导公民将法律与良好风俗植入内心之中。《山中来信》中卢梭并没有详细展开讨论舆论如何塑造公民精神，但是在《波兰政府论》中对该主题有着详细的阐述。

虽然卢梭拒绝了戏剧和艺术，却仍认为公民需要一定的娱乐活动。戏剧是一种娱乐，却是一种对身心健康有损的娱乐，真正健康的娱乐必须是满足公民的"天性和他的工作，来自他们人际关系和生活需要。一个享受这种乐趣的人的心灵愈是健康，便愈感到这种乐趣的甜蜜"②。卢梭所指的娱乐活动是指日内瓦共和国的男性的"俱乐部"、女性的"茶话会"、盛大的节日庆典和适合青年健康成长的舞会。

卢梭反对共同体中形成政治的派系和小团体，因为这些小宗派和团体的存在，将会导致公民将众意或团体意志置于公意之上，形成共和国内部利益和意志的冲突与对立。但在现实生活中，非政治性质的小型俱乐部和社团的存在，将会拉近公民之间的密切关系，促进公民之间的相互了解，相互探求共和国的真正利益之所在。卢梭并不认为共和国内部没有任何利益矛盾和冲突，但是集会活动将有利于公民坐下来冷静、理性和审慎地谈论问题。在盛大的节日庆典当中，政府官员作为"道德的监察者"和"集会的参与者"双重身份，有利于拉近公民与官员的关系。此类娱乐活动的存在，使得全体公民都参与到共同体之中，不仅培育了他们的爱国热情和对公民的热爱，也让他们在娱乐中尽到了公民的责任和义务，享受生活的乐趣。卢梭所设想的共和国并不是死气沉沉的禁欲共同体，而是建立在个人幸福之上的共同体。

法律的遵守、舆论对风尚的引导、正确的娱乐活动，卢梭认为这三项方案是拯救日内瓦人民德性和风尚的最佳手段。它们的目的不在于让日内瓦人民能够效仿古人的伟业，而是在现代个人利益和自尊心基础之上培养公民同胞之情以及爱国之情。通过日常生活的交往，以及共同体给予的最高荣耀，激发公民承担他们应有的责任和义务，使他们在个人生活基础上

① ［法］卢梭：《致达朗贝尔的信》，李平沤译，商务印书馆2011年版，第101页。

② ［法］卢梭：《致达朗贝尔的信》，李平沤译，商务印书馆2011年版，第38页。

感受共同体的光荣与伟大，在公民之间、公民与祖国之间培养出休戚与共的感情。但是，公民精神的塑造并不是解决日内瓦政治困境的唯一方法，日内瓦人民还需要面对政府篡夺主权者的野心，学会如何提防和制约政府权力。

### 三　重申主权者的权威

1738 年的《调停法》规定：所有组成日内瓦政府的各个机构：四执政官署、二十五人议会、六十人议会、二百人议会和大议会，各自行使其由国家的基本法规定的权利和职权……这也就等于宣告了日内瓦的主权由五部分共同构成。虽然卢梭在书中认为《调停法》值得称赞，认为它是结束日内瓦内战局面最好的与可行的办法，但是卢梭对它始终持一种保留和慎重的态度。这是因为它在主权的原则上与卢梭的主权理论相矛盾，后者认为主权必须不可分割和不可转移，但是《调停法》却将主权划分为五个组织，找不出"谁是真正的主权者"。在这种情境下，卢梭赞扬了英国的议会制，它以宪法的形式确认了国会主权者的唯一性。"英国的国会是由法律的规定而成为主权者的，完全是由代表们组成的，它的职权是有法律规定的"[1]。但是这并不能让读者作出过度的阐释，因为卢梭这里对英国制度作出的评论是从主权者的确定性与整体性出发，针对当时日内瓦的法律将主权分割的制度弊病。

英国人民与日内瓦人民虽然共同处于一种奴役的状态，但是前者是由根本的政治体制决定的，后者是由于政府篡夺主权造成。一旦日内瓦人民重新确定了主权者的地位，重申主权权威，不仅限于主权的行使，它还包括公民在政治生活中如何行使他作为主权者一员的政治权利，他们仍然是自由与平等的公民。日内瓦人民之所以让政府能够篡夺主权，正是因为他们忘却了自己主权者的身份，仅将对政府的制度约束局限于公民大会。

《社会契约论》中，卢梭认为维持主权权威的最好方式是人民直接行使主权，"有固定的、按期的、绝对不能取消或延期的集会，从而到了规定的日期人民便能合法地根据法律召开会议，而不需要任何其他形式的着

---

① ［法］卢梭：《山中来信》，李平沤译，商务印书馆 2012 年版，第 200 页。

急手续"①。同时，为了防止政府推诿或拒不召开人民大会，卢梭还规定了不需正式召集手续的临时公民集会。这两种方式，实质上很大程度地限制了公民大会对主权的行使，也低估了政府对主权觊觎的野心，特别是卢梭看到了日内瓦政府篡夺主权的方式，以及日内瓦人民对主权被篡夺的无动于衷。如果在公民精神良好的共同体中，主权的直接行使就足以形成对政府的制约；但是在公民精神败坏的情形下，既然人民已经懒于行使自身的权利，政府将肆无忌惮地窃取本不属于它的权力。因此，一方面卢梭使用舆论、法律和娱乐等活动来塑造公民精神，另外则主张重申主权者权威，鼓励和制度化人民政治权利的行使，强调公民有向政府提《意见书》的权利。提《意见书》的权利能够让有意向参与政治事务和承担公民义务的积极公民避开行使主权权力的严格限制，从而形成对政府的监督，使得政府对公民存有敬畏和忌惮之心。

从性质上说，提《意见书》的权利并不是主权的行使，而是公民的权利和义务。但由于主权的行使必须以公民大会的集体方式作出，这就导致公民大会在休会期间主权的间断，政府正是抓住了主权行使真空的时机架空了主权者。从日内瓦法律看，提《意见书》的权利一直是属于公民的法定权利，但是它往往遭到政府的否定，政府认为他们有权对人民提出的《意见书》具有判定的权力，看是否需要提交公民大会讨论。特农香在《乡间来信》中指出，立法的提案权和公民大会上讨论的事项必须得到小议会的审议与同意，如果放开对《意见书》的审查，否认政府的否定权，将导致日内瓦法律的混乱。"否决权不是制定法律的权力，而是防止有人（不论他是什么人）任意动用制定法律的权力；它不允许任何人任意修改法律，因此它是一种防止有人修改法律的权力；它是直接为政治社会树立的大目的服务的，即：在维护宪法的过程中维护它自己。"② 针对这种为政府审查权和否定权的辩护，卢梭对公民提《意见书》权利的辩护不仅必须将它与法律的关系厘清，还需将它与主权的关系厘清。因为在卢梭的政治理论中，主权必须是公民大会集体行使，公民作为个体不能执行；其次，卢梭反对法律的经常更改。

---

① ［法］卢梭：《社会契约论》，何兆武译，商务印书馆 2008 年版，第 115 页。
② 参见 ［法］卢梭《山中来信》，李平沤译，商务印书馆 2012 年版，第 262 页。

立法权作为主权者最重要的权力，卢梭认为它涵盖了两个方面：法律的制定与法律的维护。法律的制定在卢梭的政治理论中详细提及，但是对法律的维护卢梭则谈之甚少，他将其界定为"对行政权的监督"。在《社会契约论》中，卢梭通常把对政府监督的任务交给保民官完成，但是在日内瓦共和国由于缺乏类似罗马的保民官制度，承担类似功能的两百人议会也在小议会拉拢下丧失了应有的功能，因此他认为这项权力的行使可由作为主权者的公民共同分享与承担。鉴于公民大会的时效，这项监督政府的权力通过公民提《意见书》的方式来实现。"立法者虽然不经常露面，但始终是存在的。他们只能够在大议会召开之时聚集在一起和发表意见；而在大议会闭会之后，他们并不因此就完全消失；他们虽然分散在各处，但并没有死亡；他们虽然不能以法律的名义发言，但可以监督法律的执行者。"①

提《意见书》的权利在卢梭这里得到了重视，它不仅保障了主权权威在公民大会闭会期间的存在和延续，而且赋予了公民更多的政治权利，一种对政治的讨论和参与的权利，这是在《社会契约论》中没有提及的权利。但是，这种公民监督政府的权利不是主权的行使，而是公民权利的行使，即使《意见书》得到了全体公民的签字和支持，它也不能成为主权者的意志和行为，因为它缺乏公民大会这一人民主权行使的制度形式，只能作为意见存在与发表。

为了区别主权的行使，卢梭还对《意见书》的内容进行了限制。当政府对公民提交的《意见书》进行审议的时候，要针对内容具体区别对待和行使否决权。（1）如果《意见书》针对法律进行某些修改，则必须坚持审慎的原则，政府可以对此使用否决权；（2）如果针对如何纠正某些违反法律的行为，则政府对此就不能行使否决权，因为这是针对政府是否遵守法律所做的监督，否则政府就会因失去监督与制约而凌驾于法律之上。对于政府是否违反法律，卢梭认为必须将这交予公民大会来仲裁，即主权者是最高的裁判者。当《意见书》得到多数公民的赞成和支持之时，它也就成为"公众的声音"，政府不能对此不予回复。

从 18 世纪日内瓦的历次政治争论看，每次强烈的政治讨论都是围绕

---

① ［法］卢梭：《山中来信》，李平沤译，商务印书馆 2012 年版，第 227 页。

《意见书》展开，民主派人士以提《意见书》作为利益和权利诉求的方式，但是政府由于持有否决权和掌握了公民大会的提案权，往往能够压制公众的声音。对此，卢梭认为在不得已的情况下，公民可以自主召开全体人民大会，对政府的行为进行评判，这也就是《社会契约论》中讨论的非正式的临时公民大会。据历史记载，日内瓦全体人民大会在 16 世纪后半叶以后就没有召开过。但是，这种非正式的临时公民大会，"它的目的只是讨论人们在上次大会和这次大会之间的休会期间以《意见书》的形式提出的要求，而不审理其他问题"①。因为，这项全体人民大会行使的不是立法权或主权，而只是最高级别的行政官的权力。在这里，主权者重新获得了已经委托给政府的行政权力，原本承担行政权力的政府辜负了人民的委托。

日内瓦人的奴役现状既源于人民公民精神的败坏和主权者权威的消亡，也源于政府对法律的侵犯和对公民大会议程的操控。为了让主权者不再成为日内瓦政治制度的摆设，成为对政府强有力的制约机关，恢复人民的最高权力，卢梭认为日内瓦人民必须重新拾起提《意见书》的传统权利。但是这项权利不是主权的行使，也不是对法律的修改，而只是一项行政权力，它的目的是实现对法律执行的监督。

从卢梭为日内瓦人民提供的方案来看，这时的他已经认识到现代人性与古代人性的差异，但是他不寻求从彻底上改变人性回到古人所具有的崇高德性，而是在个体私人领域的自利基础上塑造公共情感和公民精神。人性的差异，也让他意识到政治共同体的稳定，或对政府野心的抑制，不是建立在单纯的美德基础之上，而必须诉诸制度性的权力，主权者的权威也好，公民的政治权利也罢，必须以政治制度来保障。面对日内瓦政府的勃勃野心时，卢梭并不主张人民诉诸强力的解决方式，因为"暴力都是不适合用来实现正义的事业的"。虽然卢梭遭到了日内瓦政府的不公，日内瓦人民遭受到政府的奴役，但是对于内战和暴力的恐惧，使得卢梭拒绝将日内瓦再次陷入战火之中。

1765 年，卢梭彻底告别了日内瓦，告别了他的祖国与同胞。尽管卢梭在 1728 年走上了自我流放之路后，他再也没有重新回到祖国的怀抱，

---

① ［法］卢梭：《山中来信》，李平沤译，商务印书馆 2012 年版，第 239 页。

也放弃了回到祖国定居的机会，但也正是长期与祖国保持着距离，让卢梭能更清楚地看待日内瓦内部的权力斗争。这份距离感，使得卢梭能够更加客观地以立法者或创制者的心态来分析日内瓦的政治形势和日内瓦人民的精神与风尚，使他最终得以完成为日内瓦的创制工作①。虽然与科西嘉、波兰的立法工作相比较，卢梭为日内瓦所撰述的著作不像严格的立法工作，但是在卢梭的写作意图中，他就是日内瓦的当代莱格古士或者努玛。卢梭的使命不是要成为一名君主，而是对日内瓦人民与制度做出正确的诊断和提出良好的制度方案，无论这套方案最后成功与否，这已经不由立法者掌控，而交由日内瓦人民作出自我的选择。

## 第二节　科西嘉的政治创制

《社会契约论》中，卢梭在探讨何种人民适合于他的立法时，提及"欧洲却还有一个很可以立法的国家，那就是科西嘉岛。这个勇敢的民族在恢复与保卫他们的自由时所具有的豪迈与坚决，的确是值得有一位智者来教导他们怎样保全自由"②。当时的科西嘉岛人民正在由帕斯卡尔·鲍利的领导下进行武装起义，反抗热那亚人的统治。在卢梭的眼中，科西嘉人对热那亚人的反抗是为争取民族的独立和自由，是对专制统治的反抗。1765 年科西嘉人获得短暂的胜利后，一位在法国军队服役的科西嘉籍军官布达富科在看到卢梭对科西嘉人民的赞赏后，希望卢梭能为科西嘉人民制定一套政治改革计划，来巩固科西嘉人民反抗暴政和获取自由的胜利。卢梭答应了布达富科的这一请求，承担了他所说的"伟大立法者"的角色。为什么卢梭会答应这一请求呢？笔者认为卢梭有着多重的考虑：第一，他的政治权利原理和制度创制绝非是一种空想的乌托邦，而是一种致力于实践的政治理论，他需要机会去实践自我的创制理论；第二，科西嘉岛的情形是最符合卢梭描述的适合创制的国家，没有理由拒绝；第三，卢

---

① 卢梭解释了自己与祖国的这份距离感，"如果我住在日内瓦，我就不能在《论不平等》这本书中加写那篇'献词'，也不能用那种语气反对修建戏剧院的文章。如果我和我的同胞生活在一起，那肯定比我现在这样隐居还无用得多"。参见［法］卢梭《一个孤独的散步者的梦》，李平沤译，商务印书馆 2012 年版，第 210 页。

② ［法］卢梭：《社会契约论》，何兆武译，商务印书馆 2008 年版，第 65 页。

梭的价值体系中，立法者是高于思想家的，卢梭撰写《社会契约论》时是以一位思想者来论述政治，而在为科西嘉立法时，则是以立法者的身份来做这些事情。所以，卢梭抓住了这次机会，甚至想过要迁往科西嘉居住进行实地考察，终因距离遥远和身体不适而放弃。

## 一　科西嘉人民风尚的维持

《社会契约论》第二卷讨论立法者创制时，卢梭认为"明智的创制者并不从制定良好的法律本身着手，而是事先要考察一下，他要为之立法的那些人民是否适宜于接受那些法律"①。在为科西嘉立法的意见书中，卢梭同样坚持了这条原则，"最好是首先为政府培养人民……人民将用自己的力量督促政府前进：人民存在，政府也存在；人民败坏，政府也败坏"②。他拒斥了直接为科西嘉人规划一套政治制度的立法策略，因为设计再好的政治制度仍需要有好的社会风尚来维持，如果没有好的风尚，制度的优良也难以塑造良好的公民精神；此外，政府本性是必然败坏的，只有通过风尚培养好的人民，塑造良好的公民精神，才是防止政府蜕化的有效措施。

什么样的人民适合于卢梭的立法工作呢？他们是已经通过某种公约联系起来的人民，未被根深蒂固的偏见和不平等法律所奴役的人民，在他们的联合中既能够保持国家的独立，也能够抵御外来的侵略，与此同时，人民还需准备接受法律的束缚。简而言之，理想的人民是刚从人类黄金时代走出来的民族，他们在某种程度上仍然处于自然状态。对理想人民要求之严格，势必使得读者认为这个世界上根本没有民族符合卢梭的条件，因为在卢梭的年代已然没有处于自然状态的民族，这也就意味着卢梭的政治理论是建立在想象的基础之上。但是，这种见解却是对卢梭的误解。

卢梭对创制的理想人民提出严苛的条件，重点并不在于条件的严苛，而是在于强调立法工作的复杂和艰难。在对卢梭的立法者分类时，已经提及立法者可分为两类：一类是民族创制的立法者，一类是民族重生的立法者。在卢梭看来，现代立法者的工作就是如何通过创制实现民族的重生，

---

① ［法］卢梭：《社会契约论》，何兆武译，商务印书馆 2008 年版，第 55 页。
② ［法］卢梭：《科西嘉制宪意见书》，李平沤译，商务印书馆 2013 年版，第 2 页。

挽救民族的存亡，这也正是他在日内瓦、科西嘉、波兰工作中所做的。布达富科在阅读卢梭的《社会契约论》后，向卢梭致信："科西嘉差不多就处于你所说的可以进行立法的情况。它迄今还不曾负荷过法律的真正束缚，它不怕被突然的侵略所摧毁，它不需要其他民族的帮助也能过活，它既不富有也不穷，它能够自给自足。"① 卢梭在了解科西嘉具体情况后，认为科西嘉人民正是他需要为之立法的人民，他们处于可以建立良好政治制度的时机。

卢梭赞扬科西嘉人民，不是因为他们的富有，也不是因为他们的文明，而是卢梭认为在科西嘉人民身上发现了当时欧洲文明人所不具有的精神，一种与古代瑞士人所具有的共同特征，"处事公正，存心仁厚，一举一动皆出自真诚"。科西嘉人民立法的工作不在于创新，而在于学习古代瑞士人，将这种生活的简朴与风尚的纯真保留下来；同时也要从现代瑞士人的精神败坏中吸取经验教训，远离金钱财富、商业文明与奢侈。虽然卢梭夸赞科西嘉人民处于民族初创的自然状态时期，远离现代文明对风尚的腐蚀，但是他同样认识到科西嘉人民由于长期在热那亚人的专制统治之下，已经沾染上了许多恶习和偏见。"他们的谬见已经在使他们日益脱离这种状态，他们该有的东西本来已经应有尽有了，但他们却偏偏要去追求那些对他们一点用处也没有的东西。他们的心是好的，但他们错误的看法使他们走入了歧途。"② 卢梭将科西嘉沾染的恶习划分为两类：（1）脾气暴躁、难以驾驭、反抗政府；（2）喜欢偷盗、行凶杀人，家族之间有仇必报的狭隘心理和习俗。面对科西嘉人的谬见和偏见，卢梭认为有些是由于错误的生活方式带来的，有些则是长期专制和奴役统治带来的。

作为立法者的卢梭，必须对于不同的偏见采取不同的方案。由于好逸恶劳、偷窃等等恶习不是来源于科西嘉人民自身，而是在热那亚人的专制统治下养成的风尚，它们胁迫科西嘉人内部之间相互迫害，所以当科西嘉人建立自治政府之后也就能够逐渐消除这些不良习气。但是家族之间相互仇恨的心理，源于科西嘉人民的生活方式，要消除这种不良偏见须将它转化为对祖国的热爱和公民同胞间的友爱，因此，科西嘉人民既要维持好的

① ［法］卢梭：《科西嘉制宪意见书》，李平沤译，商务印书馆2013年版，第4页。
② ［法］卢梭：《科西嘉制宪意见书》，李平沤译，商务印书馆2013年版，第69页。

旧有风尚，同时也要通过生活方式的调整来改变过往的偏见。

（一）减少商业活动的影响

保障科西嘉人民的简朴良好风尚，卢梭认为需要预防商业文明所带来的消极影响。卢梭将古代瑞士人与科西嘉人相比较，不是对其生活方式，而是对应他们民族的风尚，作为初生和受到较少现代文明所影响的科西嘉人民仍然在很大程度上保存着古老民族的风尚。古代瑞士人是生活于群山中的民族，他们依赖狩猎而非农业、手工业或者商业维持着自给自足，相对隔离的状态让他们通过政府来维持着整个民族的团结。卢梭将瑞士瓦莱山中人的生活描述为风尚的纯朴、心灵的稳健、安详的宁静、无私的仁爱与好客的热情，他们与现代人的生活是截然不同的。联系卢梭在《论语言起源》一书中对人类社会不同阶段的划分，古代瑞士人是处于野蛮时期，而科西嘉人以农业为生则处于文明时期。然而，即使生活于野蛮时代的古代瑞士人也在商业文明下逐渐成为现代文明人，在卢梭看来，这个过程是商业文明如何腐蚀有着良好风尚的民族的过程，也是一个自由的民族如何滑落为奴役与专制民族的过程。

腐蚀的过程中，商业和奢侈品扩张了人民的欲望，金钱由一种流通的工具成为财富的象征，从而造成民族或国家内部严重的分配不均。商业社会中，每个人都沉溺于个人利益的追寻而荒废了对公共事务的参与，专制与奴役也就最终实现。所以，相比于古代瑞士人对良风美俗较易维持却仍难以避免风尚败坏，科西嘉人需通过诸多制度性措施来防止社会风尚的腐化，学会通过减少金钱、财富、贸易对民族带来的消极后果。为了不让科西嘉人重蹈瑞士人的覆辙，必须在商业与城市的发展上做出应有的制度措施，这需要树立一种农业的生活方式。

为了鼓励农业生产劳动，首先需要消除科西嘉人把金钱作为必需之物和财富的心理。卢梭建议科西嘉未来政府改变国内和国际贸易方式，尽可能实现以物换物；在税收政策上，最大限度地减少货币和现金的使用，最好能以实物和徭役来征收。通过这一系列的方式，金钱在科西嘉岛上将逐渐成为一种无用之物，给商业社会的发展带来阻碍，因为只有货币的出现才能够实现财富的积累。读者看到卢梭对于财产和金钱的这种论述，认为这是对个人财产权的侵犯和典型的乌托邦。但是笔者认为这是一种缺乏依据的臆想，因为卢梭在这里从未提出政府对个人财产权的侵犯，也未提出剥夺和消除个人财产，而是主张把个人的财产权限制到尽可能少的程度①。

此外，卢梭也认识到金钱在国家中的作用，金钱如同人身体的脂肪，多余的脂肪将造成身体的肥胖，不利于身体的健康。但是换句话说，脂肪却是作为身体不可或缺的一部分，国家不可能脱离金钱如同身体脱离脂肪一样存在。因此，政府对待金钱应该是慎重的态度，"着重说明我的意思不是主张绝对消除个人财产，因为这是不可能的；我的意思，只是主张把个人的财产限制到尽可能少的程度；给它规定一个限度和管理的办法，并使它永远从属于公共的财产"②。至于这种激进措施是否可行，卢梭则给出了他的回答，它无论在法国或英国都不可能取得成功，甚至根本无法实施，但是在科西嘉这种处于新生而未受到商业文化侵袭的民族则适用，这要归功于热那亚人对科西嘉岛经济的封锁和对农业的重视。同样，卢梭为科西嘉制定的经济政策和制度也不适用于日内瓦人民，因为后者的社会风尚完全被商业伦理所改变，他们依赖手工业为生，依赖商业贸易维持国家的自主。卢梭针对科西嘉与日内瓦人民所提供的不同生活方式，不仅说明了立法原则的灵活性，也体现了卢梭立法工作的现实性，他并不是在为非现实的人民或民族立法，而是在为真实存在的民族立法。

（二）重视农业生产

为了改变科西嘉人的偏见和恶习，培养公民精神和良风美俗，卢梭认为最好的办法就是发展农业，限制商业，尽可能地减少金钱在科西嘉岛上的使用和流通。这样的措施，在当时欧洲的思想界，无疑是社会发展观念的倒退。洛克、孟德斯鸠等人的政治理论都是建立在商业伦理基础之上，认为商业和贸易是繁荣社会与强大共和国的不二法门。虽然他们意识到自利或者商业所带来的风尚败坏可能对公民精神造成伤害，但是只要平衡好公民德性与经济发展，就能有利于社会的进步和国际间的和平。相比之下，卢梭对农业的倡导和对贸易的压缩将减少社会之间的联系，特别是国

———————

① 卢梭思想中从未主张消除个人财产，其关注的重心是如何最大可能地控制不平等的程度。因为个人财产权是在政治社会中被法律所承认的权利；但是不平等则是由于个人财产发展极度失衡的结果，卢梭在《社会契约论》中提及，一个理想的情形应该是，"没有一个公民可以富得足以购买另一人，也没有一个公民穷得不得不出卖自身"。参见［法］卢梭《社会契约论》，何兆武译，商务印书馆 2008 年版，第 66 页。

② ［法］卢梭：《科西嘉制宪意见书》，李平沤译，商务印书馆 2013 年版，第 42 页。

与国之间的来往。但是卢梭所谓的社会进步或者治理的好坏，不是从科学或艺术的文明程度，也不是社会物质条件的繁荣，而是从自由与平等的状况看待共同体。《社会契约论》中，卢梭认为，"公民人数繁殖和增长得最多的，就确实无疑地是最好的政府。那个在它的治下人民减少而凋零的政府，就是最坏的政府"①。鼓励科西嘉人发展农业，鼓励乡村生活与田间劳动，限制城市和商业的发展，甚至以实物和徭役代替金钱的征税，这些手段在卢梭看来不仅能够强化科西嘉人民的体质，也能改变他们的伦理风尚，最终促进人口的增长和社会的进步。

卢梭始终认为乡村生活、农业劳动与良好风尚之间存在着紧密的联系。从事农业劳动，不仅能够解决科西嘉人粮食的问题，摆脱对于他国的依附，并且可以防止恶习的产生，减少情欲，增强人民的体质。更重要的是，通过农业劳动将人民与土地联系在一起，使人民依附于土地，依附于其家庭，从而产生一种强烈的爱国主义。这些益处是城市生活与商业活动所不能带来的，因为它们带来的是财富与人口的流动。"商业创造财富，而农业能保证自由"②。科西嘉的独立斗争中，城市与农村人民的行为构成了鲜明的对比，城市中的商人们非但没有为祖国的自由做出贡献，反而出卖了他们的同胞，仅仅是为了他们个人的特权和利益。商业败坏了人的德性，激发了他们对个人欲望和利益的追求，使得他们甘愿做他人的奴隶而失去独立和自由。

通过对科西嘉民族风尚的了解，以及采用多种措施来保证这种良好的风尚不受商业文明的影响，卢梭完成了其立法对人民和风尚的要求。他深深认识到科西嘉人民对纯朴风尚的保存和维持是不易的，他们需要热爱田间劳动，通过农业的生活方式培养他们对土地的依恋，最终转化为对祖国的热爱③。除此之外，立法工作在有了其合适的人民之后，并不一定能够

---

① ［法］卢梭：《社会契约论》，何兆武译，商务印书馆 2008 年版，第 107 页。

② ［法］卢梭：《科西嘉制宪意见书》，李平沤译，商务印书馆 2013 年版，第 7 页。

③ 谢弗和史密斯认为卢梭在科西嘉立法工作中发现了立法艺术的可能性与限度，卢梭对科西嘉人民风尚的改变和维持，实际上是减少现代人的自利心对公共利益的威胁，让人民做好接受自我立法的准备。参见 Schaeffer D. , "Attending to Time and Place in Rousseau's Legislative Art", *The Review of Politics*, Vol. 74, No. 3, July 2012, pp. 421 – 441; Smith J. A. , "Nature, nation-building, and the seasons of justice in Rousseau's political thought", *The Review of politics*, Vol. 68, No. 1, January 2006, pp. 20 – 48.

取得成功。因为处于革命阶段的科西嘉人民,是在激情之上形成的团结一致,但激情本身是变动与不牢靠的;一旦革命成功之后,这种独立与自由的激情会让他们拒绝任何法律和制度的束缚,而这也十分容易被充满野心的政客或独裁者们利用。接下来卢梭的工作是需要设计良好的政治制度来塑造公民,只有良好的体制才能保障人民的自由,让人民珍爱自由和热爱祖国。

## 二 混合制政府

政治制度的创建,卢梭受到了孟德斯鸠的影响,认为没有一种政府形式适宜于一切国家,这也使得卢梭放弃了古代哲学家对理想和最优政体的讨论,而将其研究的重心放到对各种政体之间优劣的比较。每个民族对于政府形式或政体的选择,应该依据的是自然气候、土壤条件、民族风尚等偶然性条件。卢梭在考虑科西嘉的政府形式或制度选择时,也依据这一原则作出选择。"尽管一个国家的人民采用什么样的政府形式,往往是由偶然的原因促使其采用的,而不是由于他们深思熟虑之后选择的,但在每个国家的自然环境和土壤中有许多因素使一种形式的政府比另一种形式的政府更适合于那个国家"①。

适合于科西嘉人民的最佳政府是一种混合政府,它是在人民主权基础上,既坚持地方治理的民主制,同时也采用国家层面的贵族制政府形式。它不同于卢梭为城邦国家所创建的政治制度,而是为一个不能在全国范围召开公民大会的大国立法,因此它不局限于标准的政体划分,而是有着特殊性的政治制度。其实,在《社会契约论》中,卢梭已经谈到了"混合制政府",在现实政治生活中,根本就不存在任何单一的政府,所有国家的政府形式选择都是依据各种条件和因素而做出的综合考虑。卢梭为科西嘉所创制的特殊制度,不仅遵守了他之前所阐述的立法原则,也彰显了他政治理论的张力,在理论的普遍性与实践的特殊性之间取得一种平衡。

卢梭为科西嘉人民选择政治制度的考虑有二:一是花费不多,因为科西嘉人民不富有;二是必须注重农业。这两个考虑,结合前文卢梭对科西嘉人民风尚的讨论,二者是一致的,也辅证了政治制度与民族风尚之间的

---

① [法]卢梭:《科西嘉制宪意见书》,李平沤译,商务印书馆2013年版,第8页。

关联。在三种政府制度的选择之中，卢梭认为民主制是符合上述两个考虑的，因为民主制无需过多的行政层级从而减少政府的开支；另外民主政府倡导人口的分布均匀，这有利于农业的发展。这样的解释符合卢梭在《社会契约论》中的论述，"国君制只适宜于富饶的国家；贵族制只适宜于财富和版图都适中的国家；民主制则适宜于小而贫穷的国家"①。

虽然民主制看似最为符合科西嘉人民，但是卢梭拒绝为科西嘉人选择"纯粹的民主制"，不仅因为直接或纯粹民主在现实中导致的各种弊端，也因为科西嘉的现实条件不允许它采用这种形式，它的地域规模和人口太多而不适采用民主制。"科西嘉不可能像一个城邦那样把全国人民都集合在一起。"因此，科西嘉的政治制度是经过改良的民主体制，它是一种混合政府，坚持地方上的直接民主制，同时在全国层面实行代表制。

混合政府下，科西嘉全国被划成多片相等的区域，人民一部分一部分地集合起来，每个地区通过人民集会的召开，代表了全国其他人民。在某种程度上，召开人民集会的区域人民就是全国人民的受托者，已经成为主权者意志的代表。所以，卢梭说，"在混合制政府下，政府权威的受托者是经常变换的"②。代表们接受人民的委托而承担最高权威的行使。为科西嘉人民拒绝纯粹民主制，说明卢梭意识到民主在政治实践中必然会面对时间与规模的难题，也意识到人民直接行使主权的民主制在大国中存在着困难，所以他改变了《社会契约论》和为日内瓦人民所做的制度安排，即坚持全体公民大会的召开。在治理层面，卢梭坚持选举贵族制政府，还设置一个行政中心，区别于主权中心的轮流担任。卢梭在主权方面，坚决反对设立首都，因为一旦将主权安排在某一个城市，则国家的其他城市必然隶属于它，就将造成主权权威分割的局面。具体到科西嘉，卢梭认为它需要采取的是主权由各辖区轮流行使，行政权力则设置一个首府集中处理国家的行政事务。这样的混合体制，并不是现代的联邦形式，而仍然是单一制国家。

卢梭认为，混合制政府兼有两种好处：一是把政府行政权力交给少数人，可以挑选出明智与美德的公民为人民与国家服务，即选举贵族制的优

---

① ［法］卢梭：《社会契约论》，何兆武译，商务印书馆2008年版，第100页。
② ［法］卢梭：《科西嘉制宪意见书》，李平沤译，商务印书馆2013年版，第10页。

点；二是"国家的成员全都可以参与最高权威的行使，使全体人民处于完全平等的地位"①。关于第一个好处，读者可以在卢梭有关选举贵族制的论述中找到，但是第二个好处则让读者会生出疑问：一方面人民将最高权威交给代表，则另一方面人民又如何参与到最高权威的共同行使呢？这里的关键在于此处的"最高权威"并不是"政府权威"，而是主权或者立法权。如果将其理解为行政权力的最高权威，则与政府的行政代表制相冲突，因为少数人的贵族统治排斥了全民的参与。只有将其理解为主权，才能实现卢梭所说的全体参与到最高权威的行使，以及所有人民处于平等的政治地位，也与《社会契约论》中对于人民直接行使主权的公民大会相一致。但是此处仍存在的问题是，卢梭做了理论预设，即通过轮流的地区公民大会能够保障公意的一致，而这个预设卢梭并没有做出任何的理论论证去保障地区与整体的一致。笔者依据卢梭所创建的政治共同体，认为卢梭的这种理论预设如果成立必须要有严格的人口和环境条件来完成。

首先，这个国家必须是建立在同质性的基础之上，这样才能保证不同地区公民之间在公共利益上不存在较大的差异性。其次，地区的划分必须在人口、规模、经济条件上相类似。为了满足上述两个条件，卢梭极力倡导农业在科西嘉岛的发展，因为相比于商业社会，农业是最合适保障利益的一致性和共同体的同质性；此外，还需要重新划分科西嘉的行政区域，让人口平均分布于各区域当中。

如果上述解释合理的话，则我们可以合理地推导出卢梭为科西嘉人民所规划的完整政治制度：科西嘉将由十二个大体相等的司法管辖区组成，在每个司法管辖区内采用公民大会制度，由人民直接行使主权，并选举行政官员；在国家主权层面，由各辖区公民大会轮流接受全国主权者的委托行使主权，治权层面，设立首府，并由各司法管辖权选举出代表参与到中央政府，实现国家层面的行政权力行使。这种制度非常类似于卢梭为波兰所立的政治制度。不管如何，卢梭对于地区人民集会的召开实际上对他的

---

① 卢梭在行文中仅从实践的考虑选择混合制，而没有从理论上去探讨直接民主制的弊端，是因为这部创制的方案书是给普通科西嘉人民看的，而不是写给理论家看的，所以卢梭回避了其理论的深度，而采用简明和易理解的语言论述。参见［法］卢梭《科西嘉制宪意见书》，李平沤译，商务印书馆2013年版，第10页。

主权不可代表原则已经形成动摇，既然同质性国家中地区人民可以代表全国人民，则少数人同样也可以代表全国人民，这样的观点在波兰立法工作中得到全面的展开。

卢梭为科西嘉所提出的制宪意见，从整体上来看，符合他在《社会契约论》中所提出的立法原则，并且坚持其政治原则在制度中的实践。但是读者也已经发现，相比于之前卢梭对人民主权原则和人民直接行使主权制度的坚持，卢梭的立场已经发生动摇。在《社会契约论》中，卢梭是拒绝为共和国设立首都的，在由诸多城市组成的国家中，应该"把政府轮流地设在每个城市里，并在各个城市里一一地召集全国会议"①。但是，在为科西嘉人的立法工作中，卢梭拒绝召开全国公民大会，而是将地区的公民大会上升到主权者大会，并采取轮流制度来实现机会的均等。从表面上来看，似乎只是由于科西嘉岛的面积扩大和人口增多的原因，但是这不构成对人民直接行使主权的反对。在《社会契约论》中，卢梭所最为推崇的罗马共和国，其国家面积如此广阔，仍然坚持了人民直接行使主权。

这种主张的改变不是原则上的差异，而是源于理论与实践的差异。《社会契约论》作为一部政治理论著作，从抽象和完美的角度看待政治制度的创制工作；但是在现实立法中，原则必须依据各种现实因素做出调整，如卢梭希望科西嘉人以罗马对财富的管理方式为榜样，但是他不希望科西嘉的行政官采取罗马人的方式一样②。可惜由于《科西嘉制宪意见书》是未完成之稿，我们不能窥得卢梭为科西嘉立法的全貌，这种遗憾在卢梭为波兰的立法中得到弥补。作为卢梭最后的一部政治著作，它对于我们把握卢梭的政治理论和政治实践有着重要的价值。

---

① ［法］卢梭：《社会契约论》，何兆武译，商务印书馆 2008 年版，第 117 页。
② 史珂拉认为卢梭为科西嘉立法是对现实环境和现代政治的拒绝，在这个方案中没有商业，牺牲一切发展来保障人民的平等；相反，孟德斯鸠的君主宪政共和国是传统共和主义在现代环境中的延续，更具现实性。参见 Shklar J. , "Rousseau and the Republican Project", *French Politics and Society*, Vol. 7, No. 2, April 1989, pp. 42–49.

# 第三节  波兰的政治创制

与科西嘉岛受到卢梭的赞扬不同，波兰是处于最坏情形下的国家，其"各个部分的权威都是独立的但又是不完备的……是一种坏形式，因为它使得政府根本不能有统一性，并使得国家缺乏联系"①。但是，这种最坏形式的国家，在卢梭看来仍然具有通过政治改革而获得自由和独立的可能。卢梭的《波兰政府论》在学界的研究中往往被多数学者所忽视，认为该书并不能算是符合卢梭的政治原理之作，因为卢梭在书中改变了人民直接行使主权的制度设计，违心和妥协地选择接受代表制度；或者有观点认为该书流露出卢梭的保守主义，因为卢梭在立法中并未提出激进的政治改革，相反，他接受了贵族制，保留了国王制度，并拒绝解放农奴；也有学者认为卢梭对代表制的接受并不是实践的妥协，而是卢梭制度创制的逻辑发展②。上述三种观点，其分析各有依据，但是也各有偏颇。

笔者认为，卢梭为波兰的创制工作，虽然对代表制的选择和辩护与人民直接行使主权制度相冲突，但是这是其政治理论和创制原则用于波兰的特殊环境所作的灵活处理；他主张波兰政府的渐进式改革也并不是一种保守主义的心态，相反，这与他所坚守的立法者的创制科学和艺术相适宜。将卢梭视为激进主义或革命主义的观点是突出了卢梭政治理论本身的激进，特别是他对自由、平等的倡导和对专制主义的反对；与此同时，卢梭自身在政治行动或政治实践上，反对任何激进的革命行为，甚至自身远离政治活动。

当读者从政治思想家和政治立法者的不同身份看待卢梭时，会发现他有着不同的特征：一个激进，一个保守；一个滔滔雄辩，一个出言谨慎。当研究者将《波兰政府论》与《社会契约论》放在一起解读时，会

---

①  [法] 卢梭：《社会契约论》，何兆武译，商务印书馆2008年版，第98页。

②  谢弗认为卢梭的让步并不是对政治原则的违背，而是对自己原则的坚持。鉴于波兰当时的现状，卢梭并不能回避人的自利之心和政治贪腐情形，一方面通过年轻人的教育，一方面通过舆论对风尚的改变，取得理想主义和现实主义的平衡。参见 Schaeffer D. , "Realism, Rhetoric and the Possibility of Reform in Rousseau's Considerations on the Government of Poland", *Polity*, Vol. 42, No. 3, July 2010, pp. 377 - 397.

发现二书在主权行使上确实存在着诸多区别。但另一个现象同时存在的是，卢梭多次在书中提到他为波兰政府的立法工作符合《社会契约论》的原理，认为他没有详细说明或展开的观点可查阅后书①。这种种形式上的冲突，为解读卢梭给波兰人的创制或立法工作附带上许多疑云，任何一种客观与公正的解读必须拨去这些疑云寻找卢梭所真正表达的内容。

## 一　波兰人民的教育

卢梭称波兰人民虽然处于法律、政府的统治下，但实质上却是一种人治与无政府状态。这种无政府状态依赖传统的政治制度维持波兰国家的存在，并且时至当下仍然影响着波兰的政治局势。面对这种情形，卢梭认为波兰政府的政治创制显然不是从无至有，如从自然状态过渡到公民社会；也不是恢复旧有的政治制度，因为它存在着众多弊病；更不是推倒一切的重来，这意味着一种彻底的革命，是比无政府状态更要糟糕的情形。

在卢梭立法的同时，波兰正经历着一场内部的变革，这意味着完全可以推倒一切传统的封建制度而重新建立一套新的共和国制度。但是，卢梭拒绝了将一套完全没有任何根基的制度献给波兰人民，正如卢梭在《社会契约论》中所说的，创制时机的选择是区分暴君和立法者的重要标志之一。波兰的体制改革需要一个宁静的时期，它必须是稳健和保守的，只有在国家取得了完全的独立和自由之后，才能进行彻底的改革。出于环境的需要，当时波兰的政治制度改革必须延续传统的政治制度。但是，延续传统的体制并不意味着因陈守旧，卢梭坚持其一贯的立法原则，即好的政治制度的维持必须有着相应的人民及其民族风尚。所以，波兰的立法工作首先在于改变人民。与日内瓦和科西嘉岛不同，卢梭所面临的波兰人民不再是处于朴素无华的自然状态中新生的民族，只需要维持这种朴素无华的

---

① 《波兰政府论》中卢梭共计四次明确提及《社会契约论》，第一次提及是在涉及立法者与公民宗教时；第二次提及是在讨论政府权威的集中行使；第三次是在提及主权者大会的定期召开；第四次是在最后总结中提到国力衰弱和无政府状态的国家立法工作的谨慎。虽然这四次没有直接涉及人民主权的行使问题，但是第二次与第三次的提出上下文正是关于代表职责与国会如何行使主权。由此可见，卢梭并非没有意识到人民直接行使主权与代表行使主权的问题。参见［法］卢梭《论波兰的治国之道及波兰政府的改革方略》，李平沤译，商务印书馆 2014 年版，第9、37、39、114 页。

自然风尚；也不是处于共和主义精神统治下成熟的公民社会，只需恢复原
有的共和制度就可享受幸福；而是一个长期处于四分五裂的状态中。由于
波兰人民旧有风尚、偏见的影响至深，因此改变人民的希望在于通过教育
的方式培养波兰"新人"。这里的教育不是狭义的学院式教育，还包括舆
论引导等诸种教育方式。

（一）波兰人的认同

卢梭之所以愿意为一个有着最坏政府形式的波兰立法，而拒绝瑞典国
王的邀请，是因为他在波兰人心中发现了他们对自由的向往和对国家独立
的渴望①。即使波兰政局混乱，波兰的法律成为摆设，波兰人民受到欧洲
商业文明和各种偏见的影响，但是卢梭仍然看到了希望，看到了波兰人民
心中那颗独立与自由的精神火焰，他寄希望于下一代波兰人民能够学会热
爱祖国和尊重法律，在爱国主义情感的鼓舞下重新站立起来屹立于欧洲诸
国之林。为了鼓励波兰人，相信他们能够像古希腊和罗马人一样有着宽广
的胸襟和崇高的德性，并借助于爱国的情感而争取民族的独立。

卢梭的第一步工作就是教育，拉近波兰人与古代人的距离。相较于科
西嘉人对古代瑞士人的学习，波兰人的榜样是古希腊和罗马人。卢梭指
出，现代立法或创制的困境在于，一是现代人缺乏古人的精神，二是立法
者的缺乏。因此，波兰人民的教育首先需要的是一位类似于摩西、莱格古
士和努玛的伟大立法家，不仅对波兰人有着足够的了解，还有着杰出的智
慧。虽然卢梭在文中谦虚认为自己并不能担此重任，但是他的写作与他提
出的方案足以说明他就是波兰人民需要的"立法者"。在卢梭的方案下，
他将对波兰人民进行古代的公民教育，培育他们的共和公民精神和爱国主
义，抵御现代文明和风尚对他们的消极影响。在此教育精神的指导之下，
读者就可以预见卢梭的教育内容和教育方式。

首先，波兰人民应该培育出波兰人的民族特性，成为"波兰人"，而
不是现代文明下的"文明人"。在第一论中，卢梭针对现代文明所带来的

---

① 这里所谈的"自由"不是指个人的自由，而是对集体自由或国家自由的热爱。史密斯认
为卢梭对波兰人的立法实际上是将这种自由转化为对祖国的热爱。参见 Smith J. A. , "National-
ism, Virtue, and the Spirit of Liberty in Rousseau's Government of Poland", *The Review of Politics*,
Vol. 65, No. 3, June 2003, pp. 409 – 438.

普世主义提出反对，因为商业社会下的伦理风尚湮没了不同民族的特殊性，"今天已经没有法国人、德国人、西班牙人和英国人，而只有欧洲人了"①。有学者认为卢梭在《波兰政府论》中体现出一种强烈的民族主义②，但是笔者认为，卢梭所表达出的民族主义反映出来的是他对共和主义精神丧失的担心，以及商业社会对于公民爱国热情的腐蚀的担忧。卢梭的"波兰人""科西嘉人""日内瓦人"并不具有现代的民族主义概念，而是共和国之下公民的概念，它不是由血缘、文化来建构民族国家，而是在国家制度之下由爱国心和共和热情将公民们紧紧团结在一起。

民族历史、文化、命运的强调，关注的不是波兰人与其他国家或民族的差异性，而是作为一个政治共同体如何通过民族性去维持。民族性的强调是手段，共同体的维持才是目的，共同体在血缘、情感上是开放的，它允许不同文化和不同观念的人具有选择进出的理由。在这个同质化的共同体中，是文化与情感，而非血缘民族是其团结的纽带。卢梭强调"波兰人"特有的风尚、文化，其最终目的并非强调波兰人需要在外貌、服饰、文化上与其他民族或国家相区别，而是希望用"波兰人"的提法重新唤醒起波兰人民对于波兰国家、对于这个政治共同体的热爱。波兰当时的政治局势之所以四分五裂，不应简单地归咎为国外政治势力的干涉，而是波兰人民内部的分裂。卢梭认识到，要改变波兰内部无政府状态和外部强敌压境的局面，必须给波兰人"灌输'联盟精神'，使共和主义思想如此深深地在全体波兰人的心中扎根"③。

波兰如果需要取得独立和自主，不是贵族或领主阶层等某一个阶层获得，而是波兰人民整体上获得，"波兰人"的概念能够团结波兰内部所有阶层、所有力量，这也是他们摆脱侵略和外部力量干涉的内在根本。虽然波兰四分五裂，但是不意味着祖国波兰在他们心中泯灭，"波兰人"和

---

① ［法］卢梭：《论波兰的治国之道及波兰政府的改革方略》，李平沤译，商务印书馆2014年版，第14页。

② 塔米尔认为卢梭的公民教育实质上是民族教育，通过民族历史和命运的了解来培养公民对民族国家的热爱和忠诚。参见［以］耶尔·塔米尔《自由主义的民族主义》，陶东风译，上海人民出版社2005年版，第12—13页。

③ ［法］卢梭：《论波兰的治国之道及波兰政府的改革方略》，李平沤译，商务印书馆2014年版，第12页。

"波兰"将永远萦绕于他们心中。摩西之所以能将奴役的以色列人团结起来,不是依赖于宗教、仪式、语言,这些都是手段,而是他将"国家"或"民族"概念灌输在每个以色列人的内心,即使以色列人在失去祖国之后,漫长的历史并未消却该民族对国家的认同,"以色列人"依然维系着该民族的延续。同样,为波兰立法的卢梭,希望能够将"波兰人"和"波兰"灌输在每个波兰人的心中,这种情感使得即使波兰分裂,但也能够维系波兰民族与精神的存在。

(二)公民精神

为了培育波兰人对祖国的热爱,还须改变传统波兰人的风尚,即以一种共和主义的公民精神取代波兰人的旧有风尚。虽然波兰人民有着对自由的渴望,其旧有风尚的保存让他们尚没有完全受到欧洲文明的同化,但是他们仍然受到一定偏见的影响:每个公民都忽略了公共幸福和利益,而只谋取私人幸福和利益;每个人都穷奢极欲,追求金钱,成为财富的奴隶。当波兰面临侵略和危险时,没有任何一位公民能够站出来,只有金钱和财富才是他们奋斗和生活的目标,祖国、同胞的命运已经无关紧要。这些意见与偏好已经成为阻止波兰人培育公民精神的借口,认为现代人不能够重返古代人的勇气和心胸。

卢梭并不赞成这样的看法,"是我们的偏见、短浅的人生哲学和追逐蝇头小利的欲望,是荒谬的政治制度把这些欲望和杂念汇集在我们心中,才使我们变成现今这个样子"[1]。研究者认为卢梭在这里的描述,说明其为波兰立法工作不具有现实性,而更多的是对腐化的欧洲作出的道德批判,因为卢梭的指责批判性有余而实践性不足[2]。倘若读者能够深入思考卢梭如何培育波兰人共和主义精神的方式,则就不会认为卢梭的立法和教育工作只是空谈或者乌托邦。虽然生活境况上古代人与现代人有着千差万别,他们的教育方式上有着差异,但是公民教育的根本主旨和纲领却没有

---

① [法]卢梭:《论波兰的治国之道及波兰政府的改革方略》,李平沤译,商务印书馆2014年版,第6页。

② 史珂拉和布兰查德认为卢梭为波兰的政治改革是一种乌托邦主义,是对欧洲社会的道德诊断。但是普特曼等学者认为卢梭的波兰改革具有现实性,卢梭充分利用人的情感和舆论的力量引导自利心和自尊心。参见 Putterman E., "Realism and Reform in Rousseau's Constitutional Projects for Poland and Corsica", *Political Studies*, Vol. 49, No. 3, August 2001, pp. 481–494。

变化，卢梭在通过对古代人教育方式的学习中发现了一些手段仍可为现代人所用。

卢梭主张通过儿童游戏、竞技体育、节日庆典等活动来逐步灌输这种对祖国的热爱、公民之间的团结。如果读者了解卢梭对日内瓦的论述，这些活动和教育方式显然不是存在卢梭的幻想之中，而是卢梭的亲身经历和体会，他想把他童年在圣热尔维广场所感受到的共和主义精神放置在波兰的舞台上上演。古代希腊人和罗马人的共和主义精神的培育并不是一种虚幻，卢梭相信通过教育，共和主义的种子只要有良好的制度，就可以培育出来，波兰人就可"促使他们心中尚未被迂腐之见和陈旧的制度与宣扬自私心的哲学败坏的种子生根发芽，使波兰人从可怕的危机中获得新生"①。当读者从可实践性方面来看待卢梭为波兰人的立法工作时，就会发现卢梭之所以为波兰人立法，其不仅是对腐化欧洲的道德批判，更是试图向欧洲各国人民提出一套新的方案，虽然内部存在着各种民族差异和特殊性。现代政治生活中，仍然可以发现卢梭提出的许多方案被采用，如隆重的纪念仪式、公开的体育活动、阅兵等，这些被认为是培养政治认同和塑造公民精神的重要手段。

（三）舆论引导

与此同时，卢梭认识到仅仅通过一种形式上的教育并不能从根本上改变人的自利自私之心。正如第二论中卢梭所发现的，在人类的交往过程之中，伴随社会产生而来的是人性的改变，一种由自爱之心向属己之心或自尊心的转变。这种自尊心不仅让人类学会相互之间进行比较，而且还学会追求荣誉，根据世俗的判断来改变自己的行为。如人类从自然状态走出之后，再也不能重新回到人类的黄金时期一样，人的自尊心已经永远不能从人性中泯灭，必须用社会舆论和良好的教育来引导对正确荣誉的追求。

在为科西嘉立法工作中，卢梭简单地提及了舆论对引导公民虚荣心的作用，认为一个好的舆论领导者能够通过对事物的评价来使人民尊重某些事物并引导公民的行为。现代人的本性中，一切积极行为来源于"自私心"这一动机，它又可细分为"虚荣心"和"骄傲心"，它们都是舆论的

---

① ［法］卢梭：《论波兰的治国之道及波兰政府的改革方略》，李平沤译，商务印书馆 2014 年版，第 26 页。

产物，但是也存在着区别：虚荣心关注的是别人眼中的自我，是对毫无意义的事物给予过高的评价；骄傲心是对本身是美好和伟大的事物给予过高的评价。

政府或者立法者需要利用人们的骄傲心来驱使人们热爱劳动，热爱民族的独立、自由和祖国的伟大①。这种认识在波兰立法工作中得到延续并且更为具体化，舆论成为改变和教育波兰人的重要力量。"谁想为一个国家立法，谁就应当知道如何指导人民的舆论，通过公众的舆论去引导人们的思想"②。卢梭一反之前对奢侈和物质的批判态度，主张波兰人应该在公共场所使用装饰品，而且必须"气势高雅和壮丽"。但这种装饰品不是作为财富和奢侈的象征，而是为了让波兰人民感受到作为波兰人的自尊心，让波兰人学会尊重自己和热爱自己的祖国。此外，卢梭认为还需要设置诸多"荣誉性职位"，通过佩戴首饰的不同彰显官员的等级："国家的公仆"佩戴黄金牌子，"特选的公民"佩戴白银牌子，"法律的卫士"佩戴蓝钢牌子。等级序列与佩戴首饰的材质价值呈一种反向关系，这是因为卢梭一方面通过首饰的材质达到去除财富的影响，另一方面则是为了利用首饰的差异引导公民热爱祖国、忠于祖国。国家的表彰、荣誉性职位的奖励，以及众人的夸赞将成为培养公民精神的重要工具，虽然人的自尊心仍然需要在他者中得到满足，但是通过舆论，它能够与广阔的爱国主义联系在一起。

教育将民族性、公民精神、爱国主义、舆论引导串联起来，培养新一代的"波兰人"，在传统风尚和民族基础上创制出新的"波兰"，它不仅是一个民族，还是一个情感的共同体。在这个共同体中，每个波兰公民"心中只有他的祖国，他是为祖国而生的；他一旦孤独无依了，他就什么也不是了；一旦没有祖国了，他也就什么也没有了；他虽然没有死，但比死还难过"③。通过各种教育方式和内容，卢梭相信他的方案能够培养出波兰人的自尊心、爱国之心和公民精神。这种精神不但能够从根本上改变

① ［法］卢梭：《科西嘉制宪意见书》，李平沤译，商务印书馆2013年版，第51页。
② ［法］卢梭：《论波兰的治国之道及波兰政府的改革方略》，李平沤译，商务印书馆2014年版，第21页。
③ ［法］卢梭：《论波兰的治国之道及波兰政府的改革方略》，李平沤译，商务印书馆2014年版，第22页。

波兰人的风尚，也能让其养成遵纪守法之心，从而结束波兰人四分五裂的状态。但是，有着良好的人民与好的教育，并不能保障人民的幸福和快乐。人民的风尚不仅需要舆论和教育的引导，它还需要制度的保障和精心培育。接下来，卢梭的立法工作将转移到对波兰人政治制度的论述。

## 二　联邦层面的代议制民主

创制法律，在卢梭看来，并不是一件难以做到的事情；真正的难题是如何让人民去尊重和遵守法律，唯有教育是解决该"化圆为方的难题"的钥匙。故卢梭虽然知道波兰人民最需要的是一项好的政治制度，但是他认为首要的是能够培养出良好的遵纪守法的波兰"新人"。唯有如此，他为波兰人提供的制度改革方案才能得以维持和良好运作。与科西嘉和日内瓦不同，波兰是一个大国，不仅有着众多的人口，而且地域广阔。从面积和规模上看，它不是卢梭心中所向往的理想国家——城邦共和国，但这不能阻止卢梭欲为之政治创制。为了给波兰人民提供一套良好的政治制度，同时也不违反其政治权利原则，卢梭认为波兰政府的改革，应该"使一个大国的体制具有一个小共和国的体制的那种稳定性和活力"①。

（一）联邦政府体制

大国，在卢梭看来，是人类苦难和灾祸的首要根源，虽然卢梭在《社会契约论》中认为君主制政府是适合大国的政治制度，但是他对君主制的评述实际上已经否认了君主制的合法性。为了在波兰这个大国内实现小国的共和制，卢梭认为波兰的政治制度应该采用联邦政府体制，在保存波兰君主制的基础上将大国的优点和小国的优点结合在一起。这种联邦体系并不是延续当时波兰的四分五裂的无政府状态，而应通过法律和共和国的隶属关系将33个省份紧密地联系在一起，使之具有国家的属性，它不是诸多小共和国的并存。为了避免各个省份权力不平等情形的出现，卢梭建议对当前波兰各辖区的区域和人口重新划分，尽可能地保持力量的均等，防止少数省份对其他地区的压迫。类似建议在科西嘉的立法工作中已经提出。

---

① ［法］卢梭：《论波兰的治国之道及波兰政府的改革方略》，李平沤译，商务印书馆2014年版，第28页。

前文提及《社会契约论》中对波兰的描述，波兰四分五裂的状况源于缺乏一个强有力的政府权威存在。波兰不同于日内瓦，后者的威胁主要在于行政权力对主权的野心和篡夺，前者的无政府状况源于波兰人民有着一个健全的主权者，免于政府的野心，但是缺乏有效和有力的执行权威。卢梭希望通过一种新的联邦体制，既能够将波兰人民团结起来，也能够建立一个地方—中央的联邦行政体系，有效地执行法律与维护社会秩序。虽然有学者认为卢梭对小共和国存在着偏爱，但是在非理想状态下，卢梭为了能够实现国家的统一而愿意接受联邦政府体制。《社会契约论》中，卢梭已经提及了该体制在国家中的实践，认为它存在着诸多不便和弊端①。

联邦政府体制始终是一种违背自然的政制形式，但是大国的客观条件让卢梭不得不接受将它运用于波兰。为了避免联邦体制带来的弊端，即中央政府可能造成对地方主权的篡夺和强大中央行政机关的野心，卢梭从主权和治权两个层面形成权力制衡。在这一新的政治体制下，卢梭对他的主权理论和代表理论有了新的阐述，从而激起了学界的诸多争论。

（二）贵族主权

针对波兰由于主权和治权分散造成的无政府状态，卢梭认为波兰人民应该确立主权的归属，即波兰贵族或骑士团是波兰的主权者。有学者认为这是卢梭思想当中的保守主义特征，因为卢梭并未将主权者普及到波兰的自由民和农奴，甚至没有提出废除农奴制。但是，笔者认为卢梭在这里所提出的建议并不是其保守主义的体现，相反是他政治或立法原则的一贯主张。

首先，卢梭认为在波兰的当前制度下，若贸然地彻底废除波兰的贵族制，不仅无助于帮助波兰人民摆脱当前的无政府状态，反而有亡国危险；其次，卢梭认为自由、平等的精神需要人民做好准备来接受，没有经过自由训练和熏陶的人若突然获得解放，只会导致多数人的暴政和革命，其结

———————

① "把许多城市结合成为一个唯一的城邦，总归是坏事；而且想要进行这种结合时，人们也无法自诩可以避免这种天然的不方便。"赖利认为卢梭这里的联邦体制与现代联邦国家有巨大差异，因为卢梭反对首都或中央权力的建立，侧重联邦体制的防御功能和防止联邦政府对地方主权的篡夺。他认为这反映卢梭波兰立法工作中的矛盾心态：一方面是他的小共和国主义，一方面是必须面对大国的客观现实。参见［法］卢梭《社会契约论》，何兆武译，商务印书馆 2008 年版，第 116—117 页；Riley P.，"Rousseau as a Theorist of National and International Federalism"，*Publius*，Vol. 3，No. 1，April 1973，pp. 5 – 17.

局是丧失自由与独裁时代的再次来临；最后，卢梭为自由民的政治权利和
农奴的解放留有政治空间，虽然"实际上也许是做不到的，但你们至少
在思想上应认为它是可行的"①。

　　从字面意义上理解，"人民主权"与"贵族主权"存在着冲突，但是
从卢梭政治理论的内核来看，二者在波兰的立法工作中并无根本上的矛
盾。卢梭对波兰农奴和自由民的讨论与他对普通人民政治能力的担忧是逻
辑一致的，虽然人民是不可腐化的，也欲求幸福和公意，但是他们容易受
到激情的蛊惑和舆论领导的煽动，最终造成不幸的命运。波兰国家中人口
大多数是由农奴和自由民组成，同时他们也是没有享受过任何政治权利和
自由的群体，如果一旦赋予他们主权者的地位和权力，这与卢梭政治理论
中的精英理念相冲突，其可能造成的后果也是卢梭所担忧的。

　　此外，卢梭著作中"人民主权"的"人民"概念并不具有现代政治
学的广泛含义，现代政治学中由于公民权的普及，人民概念往往与公民概
念等同，但是在18世纪，公民权并未普及，虽然卢梭有时用"英国人"
"法国人""波兰人"指代整个英国人民、法国人民和波兰人民，但是在
严格的政治概念使用中，"人民"仅局限在具有政治权利的公民阶层。以
日内瓦共和国为例，民主派所倡导的人民主权只局限为公民和市民阶层，
而排斥了外邦人、自由民等。从卢梭对政治社会起源的理解分析，人民应
该是签订社会公约的所有成员，但是在现实政治社会中，并不是所有人都
是签订社会公约的一分子，也并不是所有人都具有政治权利，这是理论与
现实的鸿沟。将卢梭的"人民主权"理论运用于实践中时，也必须相应
地做出调整适应现实的鸿沟。所以，在波兰的立法工作中，卢梭提出的
"贵族主权"与之前的"人民主权"原则并无冲突，因为农奴和自由民阶
层本身并无政治权利，他们虽然是波兰国家组成的一分子，但是依政治权
利而言并不属于公民或人民的一员。

　　在确立贵族主权的情况下，卢梭否认了当时波兰国内对立法者身份的
描述，即立法工作由骑士团、参议院和国王来共同完成。立法工作只能交
由骑士团的贵族来完成，参议院的贵族参与到立法工作当中，不是以参议

---

① ［法］卢梭：《论波兰的治国之道及波兰政府的改革方略》，李平沤译，商务印书馆2014
年版，第100页。

员的身份，而是以骑士团成员作为主权者的身份而参加。确定波兰主权的归属，并没有一劳永逸地解决主权执行的问题：类似于日内瓦的小国，卢梭建议人民直接行使主权；像科西嘉，卢梭则采用了地区人民轮流行使主权；但是像波兰这样的国家，卢梭给出的方案是代表制，这一被他在《社会契约论》中唾弃和鄙夷的制度。为什么卢梭会重拾已被丢弃的代表制，这成为卢梭研究者关注的焦点。

（三）主权代表制

面对波兰这样一个领土广阔与人口众多的大国，卢梭意识到他所坚持的人民直接行使主权的制度必须做出调整。"大国最大的难处是：主权者不能自己在国会发表意见，而只能通过代表发表"①。所以，卢梭认为主权代表制更适合波兰的现实情况。与此同时，他承认代表制有好处也有坏处，并且弊大于利。许多研究者在波兰代表制上产生了分歧，为什么卢梭会改变他在《社会契约论》中所坚持的人民直接行使主权制度。支持卢梭为激进民主的学者，认为卢梭在这里对代表制的赞成是一种面对现实所做的妥协；认为卢梭能够接受代议制民主的学者，则认为这是卢梭晚期思想的改变，即卢梭重新考虑代表制之后所做的接受；更有甚者从卢梭的政治创制理论出发，认为人民直接行使主权也好，还是对代议制民主的接受，都是与他的原则相适应的，即如何实现主权者对政府野心的预防。虽然上述三种观点在对卢梭政治理论的解读上存在着根本的差异，但是它们都存在着共同的预设：卢梭政治思想上是一致的，卢梭为波兰的立法工作不是一种乌托邦的构建，而是从现实出发的政治创制。在此基础上，本书所坚持的观点认为卢梭对代表制的接受是一种现实的考量与妥协，并且试图将政府上的行政代表制运用到主权行使上。

行政代表与主权代表在性质上存在差异，这源于卢梭对主权者与政府的划分：主权代表是意志的代表，行政代表则是力量的代表。但是面对大国政体，空间与规模的限制不可能实现人民直接行使主权，因此必须采用代表制。卢梭并非没有意识到代表制所带来的危害，即代表对人民或主权者的背叛，这也是卢梭为什么说代表制弊大于利的原因；然而现实的妥

---

① ［法］卢梭：《论波兰的治国之道及波兰政府的改革方略》，李平沤译，商务印书馆2014年版，第39页。

协，使得卢梭必须采用代表制，他希望通过代表伦理以及代表与选民的关系来尽可能预防此类弊端和危害。从卢梭为科西嘉创制工作来看，他既然接受地区公民大会能够代表全国公民大会，就已然动摇了主权或意志不能代表的原则，这离主权代表制距离就不再遥远①。但是读者需要牢记的是，卢梭的代表制是仅限于联邦政府层面，而在各省则仍然采取的是主权者直接行使主权制度，这样保障了主权者对代表选举的控制，从而能够监督代表。由于卢梭为波兰提议的代表制与现今的代表制有着诸多共同之处，卢梭关于代表的讨论对我们今天仍然有着重要的价值。

在 18 世纪，卢梭对代议制民主所能参考的国家只有英国。其他学者认为可以对法国的三级会议或日内瓦的两百人议会或小议会进行借鉴，笔者认为这是错误地混淆了卢梭在代表制上的讨论。因为在波兰的立法工作中，卢梭所讨论的代表制是在主权意义上进行，而不是对代表制的广泛讨论，相比于法国的三级会议或日内瓦的小议会，他们的政体决定了这些议员并不具有主权者代表身份。读者可以对比《山中来信》与《波兰政府论》中卢梭对英国政体的不同评价：在前书中，卢梭对英国的法治、主权者的确立，以及议会代表的言论自由给予了充分的认可和赞美，认为英国在这一点上做得比民主的日内瓦共和国要优越；但是在后书中，卢梭认为英国人将主权完全交给议员或代表完全是一种愚蠢的行径，通过威尔克斯事件，他认识到英国下议院完全被英国国王所控制②。为了防止英国代议制弊端在波兰重蹈覆辙，主权者失去对代表们的控制，卢梭对主权代表提出了一种严格的伦理和职责限定。

首先，从代表的产生来看，他只能是由省议会选举出来，对于代表能否连任的问题，必须接受专门的听证委员会的讨论；其次，代表们的行为

---

① 卢梭没有说明他拒绝科西嘉立法中所采用的地区轮流人民大会制度的原因，笔者猜测是因为它必须建立在一个同质性的共同体中，地区人民才能在公意的表达上具有相似和接近；而像波兰这样的大国，维持这样的同质性是非常困难的，公意的呈现也会出现复杂化和多样化。

② 特别是威尔克斯事件，他作为英国的议员，因为擅自发表言论而遭逐出下议院。在《山中来信》中，卢梭认为这是英国法治和言论自由的表现，但是在《波兰政府论》中，则用来说明英国议会制的腐朽。弗兰林在讨论卢梭对代表制的接受时，认为《山中来信》中卢梭对英国的好评说明了对代表制态度的改变。但是笔者认为，这种认识显然是忽略了《波兰政府论》中对英国的批评。参见［法］卢梭《论波兰的治国之道及波兰政府的改革方略》，李平沤译，商务印书馆 2014 年版，第 40、45 页。

必须是完全接受省议会的指导，一方面要求"代表们必须按照给予他们的指示行事，并向他们的授权人详细汇报他们在国会做了什么工作"①。并且为了防止代表们被行贿，卢梭建议应该经常更换议会代表。

除此之外，卢梭认为代表们必须认识到，他们在的职责是表达人民的意见，而不是他们个人见解的表达。通过对代表产生、言行和思想的严密控制，从而实现了代表对省议会的全面负责和忠诚，省议会毋庸担心代表在联邦国会上对该省人民的背叛，因为类似行为是无效的而不被接受。但是，鉴于政治事务的多变和复杂性，卢梭还是给予了代表们一定的自由空间，"对于那些未料到的事情不知情"，代表们"不是故意违背授权者的明确指示，授权者就不应当责怪他作为一个好公民在他们未料到或未决定的事情上发表意见"②。

读者可以发现，代表们所具有的有限的自由权，并不是以代表的身份做出，而是以公民的身份行使主权，这位公民不是毫无政治经验或政治能力，他是经过重重考验而获得议员身份。卢梭认为能够被选举成为国会议员的公民必须是"祖国的希望"，必须先在律师、陪审员、初级法院的法官和某种财务部门的岗位上经过一段考核期。通过基层的锻炼和考核，这些公民能够获得足够的政治能力和政治经验，并在政治事务和个人德性上值得信赖，如此方可以使政治能力与美德相结合的人才能够担任代表这一职务。这也在某种程度上说明在卢梭看来，政治是一门艺术，它需要一定的能力来担任。

由此看来，虽然代议制在大国民主体制中不可避免，但是通过严格的制度设置，卢梭期望尽可能地减少代表在主权层面上对权力的使用。相比于政府的行政代表，卢梭对议员代表的控制更严格，因为前者在立法提案与行政命令的发布上享有诸多自由的权力，而后者几乎没有多少自由的空间。相比于英国的议会代表制，波兰的代表被省议会和选民牢牢控制，而不受政府或行政部门的腐化和干扰；国会虽然同样作为主权者的代表行使

---

① ［法］卢梭：《论波兰的治国之道及波兰政府的改革方略》，李平沤译，商务印书馆2014年版，第40页。

② ［法］卢梭：《论波兰的治国之道及波兰政府的改革方略》，李平沤译，商务印书馆2014年版，第41页。

主权，但是基本上议员代表被省议会牢牢监控。所以，卢梭对国会代表制的接受是妥协和有条件的，而并不是原则的改变，国会中各省的议会"代表"，其职责更类似于各省所派出的"大使"，而非现今意义上的政治代表。

卢梭在波兰立法工作中对主权代表制的采纳并不是对人民主权原则的反对，批评者所犯的错误是将人民主权原则与人民直接行使主权制度相混淆。人民直接行使主权作为共和国的制度安排，它能够更好地保障主权者的权力而不被任何政府或个人所篡夺，一旦该制度不能运用于实践中时，它就面临调整或放弃，采取另外的制度来保障主权的行使和坚持人民主权原则。

卢梭对主权代表制的采纳在理论上的困难不是人民主权是否得到坚持，而是公意能否继续维持。本书第三章阐述卢梭对主权代表制的反对原因是基于对主权和公意的考察，主权就是公意的彰显。一旦主权交由代表行使，则公意就可能面临着代表的篡改或私意代替公意。然而，规模与人数的客观条件限制了人民直接行使主权制度的采用，卢梭在现实中不得不接受主权代表制。但是，研究者需要留心的是，主权代表制的采纳并非是卢梭人民主权理论的放弃，而是制度设计的差异。为了弥补代表制可能带来的弊端，卢梭设计了对它的严格制度控制以避免造就出类似英国的代议制政体。作为立法者的卢梭，不仅仅是在制度设计上坚持政治权利原理，还需要在制度实践中保持共同体的权力平衡，尽可能地实现共同体的自由与延缓共同体的衰败。

### 三  政府的权力制衡

政府对主权的觊觎是卢梭对共和制最为担心的一点，实践也证明了他的担心并不是多余。虽然波兰当时并未有对内部强大政府的担忧，但却也是由于缺乏强大权威政府的存在使得波兰处于四分五裂的状态。卢梭在文中先赞美了波兰原有政治制度的优良，良好的政府内部分权制度保障了政府对国会的服从，也极大程度地限制了行政权力的世袭制和家族化。在现有的波兰体制中，参议院、国王及其各部部长之间形成了一种有效的权力制约循环，外加选举的压力机制给行政首脑戴上了枷锁，使得整个政府或行政机关始终保持着对国会的服从。但这套体制带来的缺陷是在行政权力内部缺乏足够的权利制衡和联系，分割了行政权力，它们对国会的服从只有在开会期间，而闭会期间它们则成为诸多的内部权力领域的暴君。许多研究者认为卢梭对这套体制的赞扬，是间接认可了行政权力内部的分权制度。但是这种解读显然忽略了卢梭后面的论述，因为它并不被卢梭所赞同。

政府内部的权力分离制度虽然能够避免政府的独大，但是它也失去了政府在执行法律和社会治理方面的效率。并且将政府权力分割开来，最终的结果是造成国家的分裂。政府作为存在于政治共同体中的小型共同体，它必须具有完整的"人格"和单一意志，只有这样才能保证它的成员能够共同协作并实现政府创制的目的。"它必须有一个单独的我，有一种为它的全体成员所共有的感情，有一种力量，有一种要求自我保存的固有意志"①。所以，合理的制度设计绝不是因噎废食，因为政府的野心而将政府权力分割。此处容易让人混淆的是，《社会契约论》中卢梭不是将保民官制或议会制从政府中区分出来了吗？认为政府内部有着权力制衡。笔者认为该混淆的造成源于卢梭对"政府"一词的使用。当卢梭谈到政府作为人民力量的代表时，是从整体政府而言，包括行政机关与保民官制；而当他对单一政府或集中权力进行强调时，仅仅指行政权力。

具体到波兰，卢梭的建议是他们首先需要废除过去的国王、参议院、各部委的权力分立系统，将全部行政权力集中于一个受人敬重的和永久存在的集体——例如参议院，通过它的权威把那些试图摆脱控制的官员约束在他们的职权范围以内。为此，卢梭否决了现代政治学中的部委制度，也拒绝了马布里为波兰所推荐的"委员会制"。在卢梭看来，部委制度是现代人发明的产物，古代罗马人所设计的权力制衡制度足以保障主权者的地位和对政府的监督。卢梭并非没有意识到强大和单一权威政府的弊端，《社会契约论》中已经将政府的这种危害阐述得足够清晰和明证。但是，他同样意识到法律的行使必须要有一个单一的权威来执行，而行政权力内部的掣肘或制约不仅不能带来对政府的防范，反而造成了权威的多元、内部权力的倾轧、秩序的混乱。为了防止强大政府可能带来的危害，卢梭一

---

① ［法］卢梭：《社会契约论》，何兆武译，商务印书馆 2008 年版，第 77 页。

是寄希望于主权者的权力，一是通过他的权力制衡来规范和监督行政权力，如保民官制所具有的否定性行政权力。波兰的制度改革，卢梭希望各省议会、国会、参议院、国王之间能够形成一套复杂的权力制衡制度①。

首先，波兰国会作为国家的主权者，有权力监督参议院。其次，保留波兰的国王制，但是取消他任命行政官员的权力，这样就废除了他对参议院的干涉和参议员对国王的依赖。在卢梭的制度安排下，国王成为选举的公共职位，它的任务仅仅是担任最高元首，组织国会和参议院的会议，监督各级行政官员的行为和维护法院的公正与廉洁。实际上，国王接过了保民官在罗马共和国中的职务，承担着法律的捍卫工作，国王作为一国之主，在国会立法权力和参议院行政权力之间起着居间调停和监督的作用。虽然卢梭延续了国王的终身制，但由于剥夺了他所具有的立法权（交由国会），也剥夺了他的行政权（交由参议院），实质上就去除了他作为威胁人民主权和公共利益的君主。

面对作为行政机关的参议院，它是共同体的最大威胁，卢梭认为最佳方案是取消原有参议员的终身制，并将选举参议院的权利交由省议会。如此一来，行政机关或者参议院作为人民的代表，它的权力就面临着随时被主权者收回的危险。与此同时，参议院在国会闭会期间，也一直承受着来自国会代表和国王的双重司法监督，这最大程度上保证了参议院权力的不敢滥用。复杂的权力制衡系统，已然非常接近于孟德斯鸠的三权分立系统，但是需要牢记，主权者或国会才是波兰的最高权威，行政权力作为单一的行政机关始终面临着主权者收回权力的危险。实际上，这套复杂的权力制衡系统在《社会契约论》中已经有了抽象的阐述，所缺乏的是没有像卢梭在波兰立法工作中如此详细地展开讨论，导致许多研究者认为卢梭的政治理论中缺乏权力的制衡。

虽然卢梭在波兰创制工作中，谈到了主权代表制，延续了传统波兰的贵族制，以及国王的选举，看似是对人民主权原则的放弃和政治立场的倒退，但是笔者认为这并非对政治原则的放弃，而是作为一个立者，如何

---

① 威廉姆斯认为卢梭在波兰的立法工作中，有着一套系统性的权力制衡系统，这源自卢梭对主权者和政府的区分。参见 Williams D. L., "Modern Theorist of Tyranny? Lessons from Rousseau's System of Checks and Balances", *Polity*, Vol. 37, No. 4, October 2005, pp. 443–465.

从政治现实出发，不是制定出最优的政治方案，而是最适宜的政治制度。作为立法者的卢梭并未放弃他的政治权利原理和原则，而是希望他为之立法的人民在有了坚强的胃之后才能吸收更好的营养，特别是为一个"国力羸弱和处于无政府状态的国家在制定或改革它的体制时应当谨慎从事"①。

对于波兰立法的不切实际性，或者幻想的指责，卢梭对此作出了最好的回答："也许我提出的这一套办法只不过是一大堆空幻之言，但它们是我真实的想法……尽管人们认为我的想法很奇怪，但我却认为它没有一样不适合好心人的心，没有一样不是实际可行的，尤其在波兰是可行的。"②然而，现实总是残酷的，如同科西嘉的命运一样，波兰于 1772 年遭到俄国、普鲁士和奥地利瓜分，而卢梭的立法方案也再次成为纸上文章。

---

① ［法］卢梭：《论波兰的治国之道及波兰政府的改革方略》，李平沤译，商务印书馆 2014 年版，第 114 页。

② ［法］卢梭：《论波兰的治国之道及波兰政府的改革方略》，李平沤译，商务印书馆 2014 年版，第 120 页。

# 结　语

第二次世界大战之后，政治学界在追溯极权主义起源的研究中，将政治学谱系简单地划分为英美经验主义与欧洲大陆理性主义，前者代表了自由主义和政治现实主义，后者意味着极权主义与政治理想主义①。虽然这样的二元划分方法明确地指出了极权主义的理论渊源和政治理性主义的危险，但是它也简单和粗暴地对某些思想家做了一些并非公正的审判。

卢梭，作为大陆理性主义的代表，在这场审判中被钉上了耻辱柱。长期以来，卢梭被认为是现代乌托邦主义，他所建立的共同体是美德或德性共和国，德性不仅是其共同体的基础，也是他政治理论的主要特征。在德性统治下，个人的自由湮没在共同体之中，个人的美德就是为国家服务，个人的幸福就是分享共同体的幸福。具有神性般的立法者选择性地利用神秘的公意煽动人民的激情，打着人民的幌子引领着共同体成员为共同利益奋斗。伟大立法者，卢梭理论中才智与德性的杰出之士，在现实政治生活中转变为卡里斯玛式的魅力型领袖，他们不仅依赖于个人的才智和人民的意志，更多的是依赖权威、宗教与公共舆论来捍卫他的权力和对人民的统治。这幅图景可谓是第二次世界大战后绝大多数自由主义者对卢梭政治理论的想象，它与法国革命中卢梭的革命者形象形成鲜明的对比。

卢梭对专利的不服从、对权贵的反抗，使他在逝去不久后被供奉为自由、独立、民主的象征，不屈不挠的人类"普罗米修斯"。然而，上述矛盾性解读终因其简单而忽视了卢梭政治理论的复杂性，混淆了卢梭理论与

---

① 研究极权主义的哈耶克与塔尔蒙皆遵从了这样的划分，后者划分了经验主义的自由主义民主与理性的极权主义民主两种不同民主理论，卢梭被认为是第二种民主理论的鼻祖。

卢梭理论的影响。或者说，卢梭在这些运动中已不再作为自身而存在，而成为不同政治派系手中把玩的工具或符号象征。无论是自由主义者对卢梭极权主义的解读，还是革命者对卢梭自由、平等观念的革命阐述，他们都回避了真正的卢梭，也肢解了卢梭的政治理论。在他们多彩斑斓的解读中，读者们发现了多重形象的卢梭，但唯独缺乏的是一个统一的卢梭、一个真正的卢梭。

通过对卢梭政治理论的解读，笔者认为卢梭既认识到政治原理权利的根本性，也从主权与治权两个维度强调了政治制度的重要性，他的政治理论充满了复杂性，语言的贫乏和语义的模糊造成了理论的诸多争议。因此，文章的最后，将对卢梭政治研究的有关争议进行一些必要的澄清。

本书的基本观点认为卢梭的政治理论具有现实主义的特征，卢梭所构建的自由与平等政治共同体并非仅作为对现代文明批判的道德武器，也不是非现实和不可实现的道德乌托邦，而是一种可实践的政治改革方案与蓝图。在卢梭的著作中，读者可以发现卢梭对于政治共同体有着理想与现实的区分。理想共同体是小型的城邦共和国，公民之间团结友爱，爱国情感与公意占据着公民的内心与心灵；公民大会与政府相得益彰，人民信任政府并将权力委托给政府实施善治，政府并未篡夺人民主权，在公意的指导下维持着法治；完美的政治共同体虽然有着制度上的设计，但更多的是依赖公民德性的卓越，保持着"主权者—政府—公民"之间的平衡。

然而，也正是因为完美与理想共同体对公民德性有着严格的要求而显得不真实，批评者认为卢梭的共同体是美德共和国或乌托邦。笔者认为这种批评忽视了卢梭对现实政治共同体的建构，一种与完美或理想共同体不同的政治共同体。它没有崇高的公民德性，私人利益与个人特殊意志已经产生，商业开始发达，国家规模已经有了扩大，从社会条件各方面来说它与理想共同体的城邦共和国有着诸多不同。但是，条件和环境的改变并不能阻碍卢梭为现代人提供政治救赎的方案。卢梭认识到现实政治共同体的创制工作，不仅需要个体有着卓越的公民德性，更需要制度的保障，主权民主制与代表制政府从制度上保障着共同体的稳定，"主权者—行政机关与保民官制—公民"三者间维持着权力的平衡关系，不仅避免了因人民盲目激情而导致的民粹主义与广场政治，也抑制了政府篡夺人民主权的野心。基于理想与现实政治共同体建构的区分，本书认为卢梭的政治理论在今天仍然有着重要的理论与现实意义。

## 一 卢梭政治共同体建构理论的现实内涵

长期以来，许多研究者将卢梭的政治共同体建构视为一种理想主义或乌托邦，它意味着卢梭所建构的政治共同体的非现实特征，以及不可实现性。其主要从以下几个方面展开：（1）卢梭政治理论与共同体构建源于他的遐想和梦境，是卢梭童年时期所遇挫折和困境映射到现实社会中；（2）卢梭的理想政治共同体建立在美德或德性基础之上，更多是作为对现代社会商业文明与伦理的批判而不是重建，缺乏制度上的保障；（3）卢梭倡导的城邦共和国不符合人类政治发展潮流，现代民族国家人口众多、地域广阔；（4）卢梭倡导人民直接行使主权制度的不可实现性，现代民族国家的规模、人口、时间等客观因素决定了人民集会的不可能召开与人民主权的直接行使；（5）卢梭的重农主义、实物税收等政策与现代商业社会不符合。不可否认，卢梭对于人类政治主题的思考与他的思维方式和童年经历有着极其重要的关联，卢梭的历史观不具有前瞻性，具有保守与复古的特征。但是，这并不能充分说明卢梭的政治理论是理想主义或非现实主义。批评者忽视了卢梭政治理论与政治实践之间的张力，也忽视了卢梭对理想政治共同体与现实政治共同体的区分，政治共同体的建构并不仅是理论上的道德批判，它还是可实现的制度救赎与改革方案。

本书通过对卢梭政治理论的重新解读，试图将卢梭的身份区分为思想家与立法者。作为思想家的卢梭，更多地表现在他的二论与《社会契约论》之中，他极其小心地拨开历史笼罩在人类智识之上的云雾，希望揭晓最为根本的政治权利原理、追溯着最初的人性和从理论上建构政治共同体。作为立法者的卢梭，则见之于他对当时政治事务的参与和评述，特别是在为日内瓦、波兰与科西嘉三国的立法工作中，他自比为摩西、莱格古士和努玛，希望成为现代公民与国家的立法者，通过立法创制救赎现代社会的罪恶。双重身份的划分，不意味着卢梭思想的断裂，而是交相辉映、相互映衬，立法者需要借助思想家的原理来开展立法工作，思想家需要立法者的身份和艺术来将原理付诸实践。

思想家与立法者身份的区分只是为方便研究者解读卢梭的政治理论，更为重要的是从政治共同体立法或创制的视角阐述卢梭政治的核心主题，把握卢梭政治理论的统一性。作为立法者，他不满足沉浸于抽象的理论和概念之中，而是寻求将其理论灵活地运用于现代人类社会，创制新的政治制度完成对现代人的救赎。这种新的制度所创建的绝不是超现实的空中楼阁或人类无法实现的乌托邦，而是具有现实意义、现实导向和可实践的制度设计。当我们从立法者或立法科学视角看待卢梭时，他不再是莫尔类的乌托邦作家，也不是柏拉图般的人类精神导师，而是有着强烈现实关怀的思想家。他的理论是富有激进色彩的革命理论，因为它欲颠覆人类现代文明与政治；但同时又是保守和稳健的，因为它是建立在现代人性认知基础之上，它所带来的革命不是狂风暴雨或一蹴而就，而是因时因地因人的渐进式改革。

卢梭在《社会契约论》中从应然层面构建理想政治共同体，虽然在其中他也谈到了数种非理想政治共同体的情况①。在理想的情境下，卢梭所谈到的共同体都是小规模、人口少的同质共同体，因此人民可以直接行使主权。为了验证人民直接行使主权制度在人类历史中的真实性，他以罗马共和国的公民大会和其他政治制度详加说明。但是当卢梭回到为现代欧洲人立法或创制的现实中时，他意识到城邦共和国已经不存在，现代人已经不能重返古代人的崇高德性，共同体的人性基础发生改变，政治制度也要做出相应调整。现代人不再是黄金时代下的简单个体，也不是古代共和国的纯粹公民，而是有着强烈自尊心与自我利益的市民与公民身份的同一。因此，现代立法者对人性的改变不是通过宗教或语言来泯灭人的自尊心，而是通过公共舆论来引导人的自尊心，通过对国家的服务来获得公民的认可和尊重，满足个体的自尊心和荣誉心。卢梭正是意识到现代公民与古代公民的不同，所以在现代国家的立法工作中将他理想的政治共同体作出调整。

尽管日内瓦共和国仍能够坚持人民直接行使主权的制度，可是日内瓦人民已非完全的公民，而是在兼顾私人事务和利益的同时参与到共同体主权的行使之中；科西嘉人民虽然最为接近古代公民，但是他们需要采取重农的方式来维持风尚的简单，并由于地域的广阔而采纳

---

① 卢梭的政治共同体可分为四类：理想共同体，没有个人特殊意志；半理想共同体，罗马与斯巴达；正在败坏的共同体；完全败坏共同体，具体参见第三章。

地区人民轮流行使主权制度；在情况最为糟糕的波兰，国家规模的巨大和人口的众多显然不符合卢梭的理想政治共同体，但是卢梭并没有拒绝为之立法，而是采取了联邦层面的代表制，有限度地调整了人民直接行使主权制度。

　　许多学者认为制度调整的策略是卢梭面对现实的无奈，但笔者认为这是卢梭在现实政治中试图平衡政治权利原则与政治制度设计。尽管卢梭认为人民直接行使主权制度是最为理想的保障人民主权的形式，但是由于人民风尚的改变以及客观条件的限制，他认为代议制是现实中可能的主权行使形式，尽管它有着诸多弊端而远非理想。基于现实与理想政治共同体的差异，卢梭并没有坚持政治制度的一成不变，政治共同体的创制工作需要随着现实的改变而做出调整。不仅主权行使制度可以改变，公意概念同样如此：在理想共同体下，公意是一种普遍意志，它区别于众意和个人的特殊意志；但是在现实共同体中，公意则是"众多个人利益综合与平衡的结果"①。

　　卢梭的政治理论不是仅从应然与理想角度出发构建政治共同体，它不是一种乌托邦主义。在卢梭作为立法者的具体创制工作中，我们发现了卢梭的现实关怀，也发现了他对现实政治与理想政治间鸿沟的清醒认知。与此同时，我们也要意识到卢梭历史认知的局限，由于他采取种种制度与方式来维持共同体的同质性，而未能预见到现代社会的多元特征。共同体多元与同质性的认识差异，是卢梭与自由主义者对政治制度设计存在不同的重要原因。

### 二　卢梭的主权民主理论

　　卢梭的民主理论一直是卢梭研究中最具争议性的主题。长期以来，自由主义民主理论家认为卢梭对人民主权原则的坚持和人民直接行使主权制度的倡导，说明卢梭是直接或纯粹民主主义者。随着代议制民主理论与制度弊端的不断呈现，参与式民主从卢梭民主理论中寻找理论资源，以卢梭的直接民主理论弥补或取代代议制民主。参与式民主者（佩特曼、巴伯）

---

　　① ［法］卢梭：《论波兰的治国之道及波兰政府的改革方略》，李平沤译，商务印书馆2014年版，第47页。

认为代议制民主的最大弊端是其强烈的精英主义色彩，选举沦为选主，人民被拒斥在政治参与和公共决策之外①。参与式民主强调积极公民直接的自我管理，促进议程设置、审议、立法和政策执行等过程中不间断地公民参与，这与卢梭的人民主权和公民参与理论有着诸多的相似性。参与式民主理论者依据卢梭对代表制的拒绝、公民参与的强调，认为卢梭是直接或参与式民主的先驱。尽管参与式民主、代议制民主在民主观念上对立，但是它们共同认为卢梭民主理论的核心是人民直接行使主权，偏好直接民主。由此可知，代议制民主与参与式民主理论家们争论的并不是卢梭坚持什么样的民主理论与制度，而是卢梭所倡导的民主制是否具有正当性与现实性。

近些年来，有部分民主理论者为了挽救代议制民主和回应参与民主理论的批评，试图将卢梭的民主理论与代议制民主相调和，认为卢梭的民主理论拒绝了直接民主而采纳了间接民主。但是，这种新的解读能否为卢梭的民主理论盖棺定论呢？上述三种有关卢梭民主理论的直接与间接之争，反映了卢梭民主理论的复杂性，然而，他们对民主的理解是否与卢梭的民主理论无差异呢？

本书通过对卢梭著作的审阅，认为简单的直接民主或间接民主划分并不适用于卢梭的民主理论。卢梭对民主的态度是复杂的，人民主权原则的坚持让他坚持了主权民主制，人民必须参与到主权的行使当中，即使他后来有限度地接受了代议制民主，但是通过严格的代表伦理、联邦制和地区的公民大会仍然坚持了主权民主制。在治权层面，卢梭反对直接民主，采纳了代表制政府，但这并不是代议制民主，政府不是接受了人民权力的转移而是接受人民的委托，在人民主权者的意志下维持社会秩序和治理社会。因此，卢梭的主权民主理论是独特和复杂的，不是简单的直接民主，也不是代议制民主。

人民主权原则的坚持，使得卢梭的主权制度必须采取人民直接行使主权形式，即主权民主制。人民作为主权者，使得公民不仅有权利，而且有

---

① 类似对选举的批评，参见拉尼·吉尼尔《超越选主：反思作为陌生权贵的政治代表》，《北大法律评论》2012年第2期；王绍光《超越选主：对当代民主的反思》，《北大法律评论》2012年第2期。

义务参与到公民大会以集体名义行使主权。基于卢梭的人民直接行使主权制度与代表制政府理论，研究发现卢梭并不是直接民主主义者，更不是一位极权主义者。在他所建构的政治共同体中，人民作为主权者的地位不可动摇，理想的共同体可以采用人民直接行使主权制度来保证公意的发现和立法的公正。同时为了弥补人民在理性与政治能力的不足，卢梭诉诸代表制政府来为主权者提供辅助。人民主权原则的坚持，是卢梭民主理论的核心。

理想与现实之间的张力，赋予了人民主权原则可以采取多种制度形式，并不仅限于全体人民直接行使。科西嘉立法工作中，卢梭采取了地方公民大会轮流代表全国公民大会，地区人民的意志代表了全国人民的意志。既然部分人民可以代表全国人民，卢梭关于主权与意志不可代表的原则就发生了改变，从而为引入代表制提供了契机。波兰立法工作中，卢梭鉴于国家规模和人口的原因而采取了代表制。制度的调整并不是对人民主权原则的背弃，更不是对代议制民主的赞美。正如卢梭所说，大国是现代政治弊端的来源，代表制作为不得已的制度有利也有弊，并且弊大于利。笔者认为人民主权作为权利原则与主权行使制度是有着区别的，制度只是用来保障原则的坚持和实现，一旦客观条件发生变化，制度也需要做出适当的调整以更好地实现政治原则。

试图调和卢梭主权民主与代议制民主的研究者，在坚持自由主义传统对卢梭主权问题的批判之上，强调卢梭的代表制政府实际上就是代议制政府。从主权与治权的区分出发，卢梭在主权层面强调公民参与和直接民主制；治权层面强调知识、经验在政治决策中的作用，主张代议制民主[①]。笔者认为，这需要从三个方面来看：一是卢梭为什么拒绝代议制民主而采纳理想的人民直接行使主权制；二是卢梭代表制政府理论与代议制民主的差异；三是卢梭对代议制民主的接受是原则的改变还是制度的调整。

首先，卢梭拒绝代议制，是因为主权民主制与代议制在主权归属上存在着根本的差异。密尔指出，"代议制政体就是，全体人民或一部分人民

---

① Urbinati N., "Rousseau on the Risks of Representing the Sovereign", *Politische Vierteljahress-chrift*, Vol. 53, No. 4, January 2012, pp. 646 - 667；谈火生：《"直接民主"抑或"代议民主"？——卢梭民主理论初探》，《政治思想史》2012 年第 1 期。

通过由他们定期选出的代表行使最后的控制权，这种权力在每一种政体都必定存在于某个地方……他们就是支配政府一切行动的主人"①。联邦党人也是在这个意义上将共和政体等同代议制政府而否定民主制，认为民主制是将国家统治事务直接交由人民来直接管理。通过选举，密尔认为人民实际上已经将主权交由议会，"国家的实际最高权应归之于人民的代表这一点对代议制政府是根本必要的"②。从字面意思理解，这从根本上将主权归属给议会而不是人民，表明代议制政府在实践中拒斥了人民主权的直接行使，人民作为主权者仅仅意味着权力来源于人民而不是权力属于人民，这与卢梭的人民主权原则相冲突。

　　自由主义民主的基础是人民将主权通过契约的方式转让给议会或代表机关，并且这种让渡很难再予以收回。尽管人民可以通过选举控制代表和政府机关，但是人民作为主权者的地位仅限于选举过程中，一旦选举完成后，人民就将在长时间内接受代表的统治，所以卢梭说英国人民仅仅是在选举过程中是自由的。卢梭的主权民主制对于主权有着不同的看法，虽然政府作为人民力量的代表行使治权，但是它必须按照主权者的意志或法律来治理社会与维持共同体秩序，行政机关或者保民官制的议会机关并不能取代人民的意志，也不能行使主权。人民直接行使主权保障了人民的持续在场，形成对政府的监督和威慑，政府虽然有着觊觎主权的野心，但是也要担心主权者将其权力的收回。

　　由于人民作为主权者具有最高权力，代表制政府与代议制政府在性质上有着截然不同的性质。在卢梭所构建的政治共同体中，政府仅仅是行政权力的代表，代表的是人民的力量而不是意志。代议制政府则是人民意志的代表，不仅议会机关代表了人民的立法权力，行政机关也兼具力量和意志的代表。卢梭认为，代议制政府实际上是篡夺了人民的主权，英国的议会制是议会篡夺了人民的主权，美国的三权分立制度则是将主权进行了分割，立法机关、司法机关、行政机关共同分享主权，唯独人民在主权行使中缺位。所以，卢梭的代表制政府并不是代议制政府或代议制民主，卢梭的政府并不具有最高权力，其权力来自于人民的授予。

---

① ［英］J. S. 密尔：《代议制政府》，汪瑄译，商务印书馆1984年版，第68页。
② ［英］J. S. 密尔：《代议制政府》，汪瑄译，商务印书馆1984年版，第69页。

　　虽然卢梭在波兰立法工作中采纳了代议制民主，但这并非是对人民主权原则的放弃，而是基于政治原则在现实生活中作出的制度妥协。卢梭对于代议制民主的看法并未有着改变，所以他试图通过代表规范严格控制人民代表。在卢梭看来，人民作为主权者既然不能够直接行使主权，则必须尽可能保持代表与他们意志上的一致，代表必须接受人民的意志办事，其行为也必须接受人民的审查，它是一种命令型或委托型代表制。卢梭的代表制区别于密尔的独立型代表制，在后者看来，由于人民在理性能力上的不足，代表较之普通公民，能够更好地做出决策并兼顾整体与部分的利益。

　　然而，现代西方代议制民主之所以弊端重生正是源于代表制，独立的政治代表不仅与人民的意志有着脱节，并且形成与人民意志和公共利益相冲突的特殊意志和利益。由于仅仅从选举上看待政治代表与选民的关系，熊彼特式的精英民主才得以成立，民主的首要功能是选举代表，而人民参与的功能则沦为次要①。卢梭意识到代议制民主的缺陷在于政治代表对人民主权的篡夺，所以他从理想政治体中采纳了人民直接行使主权制度，即使他采纳了代议制民主，但通过严格的代表制控制保证人民对代表的监督。此外，卢梭在科西嘉与波兰的立法工作中，联邦制的制度设计保证了地区人民直接行使主权制度的坚持。卢梭对联邦层面代议制民主的接受，并不能说明卢梭改变了主权民主制的态度或原则的放弃，而是有限度的妥协与制度的调整。

　　自由主义者继承贡斯当和密尔等人对卢梭政治理论的批评，实际上夸大了代议制民主与卢梭民主理论的差异。参与式民主或激进民主理论家们同样过度理解了卢梭的主权民主理论。人民直接行使主权，并不意味着人民完全和充分地参与到公共决策之中，人民作为主权者的地位以及主权的性质，决定了人民的政治参与是有限的。即使在拥有现代科技的今天，网络技术已经能够克服时间和规模给直接或纯粹民主制所带来的障碍，卢梭也不会支持或选择参与式民主或直接民主。这源于他对人性的看法和他对理想与现实政治共同体差异的理性认知，彻底的斯巴达或古罗马式的古代

────────

　　①　［美］约瑟夫·熊彼特：《资本主义、社会主义与民主》，吴良键译，商务印书馆1999年版，第395页。

公民已经不能出现在现代社会，"'国家'和'公民'这两个词应该从现代的语言中取消"①。

现代政治共同体是建立在私人领域与公共领域区分基础上，正因为个体具有公共人格和私人人格，人民就不能兼具主权者与政府或行政长官双重身份。虽然卢梭试图在政治共同体中完成人向公民身份的彻底转变，但是在现实政治生活中，他清楚地划分了私人领域与公共领域（具体可参见卢梭为日内瓦的立法工作），公民身份的转变是个体从私人领域到公共领域的道德身份的过渡，它不意味着对个体意志的否定。

将卢梭视为参与或激进民主先驱的学者往往忽视卢梭的政治精英色彩，卢梭意识到人类社会是建立在自然不平等基础上，个体在理性与政治能力上是不平等的，但区别于人类制度或精神的不平等，它不意味着公民在政治身份或权利上不平等。卢梭不否认普通公民通过主权的政治参与获得政治经验，培育公民精神和政治认同，但是这并不能弥补公民政治判断能力上的不足。为了保障和维持政治共同体的自由与平等，卢梭拒绝了古代的"哲学王"传统，而是将意志的自由与理性的权威相结合。政治共同体是建立在人民主权与代表制政府双重基石之上，二者缺一不可。政府作为必要恶的存在，虽然它有着觊觎主权的野心，但是它同样弥补了人民理性能力的不足，避免了人民因盲目激情而带来的政治动荡。正因如此，任何一处基石的变化，都可能带来政治共同体的瓦解。

人民主权与代表制政府共同构成了卢梭的主权民主理论。它不是简单的直接民主，因为政府的存在限制了人民的政治参与；它不是间接民主，因为人民直接行使主权制度，避免了政府作为人民的行政代表篡夺主权。参与式民主与代议制民主理论家们由于混淆了人民主权原则与人民主权制度，忽视了主权者与政府的区别，而简单地以人民主权原则将卢梭视为直接民主主义者。卢梭的主权民主理论既是对古代直接民主的批评，同样也是对代议制民主的不满，因为二者都危及了政治共同体的稳定，前者容易将政治共同体陷入无政府状态，后者则将人民陷入奴役之中。

---

① ［法］卢梭：《爱弥儿》，李平沤译，商务印书馆1978年版，第11页。

### 三　卢梭主权民主理论与代议制民主调和的可能

卢梭的政治理论与自由主义之间存在着诸多的差异，他对建立在理性、自利个人基础上的共同体感到不满，因此强调公民德性，强调公民与共同体的共存关系。同样，为了实现公民的自由与平等，他坚持人民主权原则，采纳主权民主制。过往研究者往往将卢梭政治理论与自由主义理论对立起来，认为前者构建的政治共同体是建立在对公民权利的否定基础之上，而后者是建立在公民权利基础之上。本书通过对卢梭政治共同体建构理论的考察，认为它们二者之间存在差异，但是这并非意味着二者不存在理论上调和的可能，卢梭与自由主义者的争论不在于是否承认公民权利，而在于用什么制度来捍卫公民权利。

（一）公民权利的捍卫

个人主义是近代政治的产物，它强调个体从神权与封建政治中获得意志的解放，个人基于自由的意志不仅具有道德主体性，个人权利也具有神圣不可侵犯的性质。现代自由主义者正是建立在个人主义的基础之上，强调公民的私人性、个体性。贡斯当区分了古代人的自由与现代人的自由，伯林类似地区分了积极自由与消极自由，虽然他们的划分不同，但是他们共同认为现代人的自由是建立在个人主义基础之上，古代人的自由是建立在集体主义或共同体主义基础之上。自由主义者认为卢梭的政治理论充满了集体主义的色彩，理想政治共同体的建立就是基于公民对共同体的服从、个人特殊性消失在共同体之中，由此导致共同体走向极权主义。但是，笔者认为指责卢梭是共同体至上或集体主义者的研究者，他们往往从现代个人主义与集体主义的二元范式解读卢梭政治理论，个人意志或权利与集体或共同体意志的对立是他们的逻辑预设，他们忽略了在卢梭写作的时代个人主义与集体主义之争并不是思想家们考虑的重点。卢梭从未认为个人主义与集体主义处于一种对立的状态，集体作为个人的联合，其目的并不是伤害个体，而是更好地实现公民的自由、平等等权利。

虽然本书没有具体谈论卢梭的自由观念，但是基于他的社会契约理论，我们可以推断他的自由包含了自然状态下野蛮人的自由与政治社会中公民的政治自由①。卢梭认识到野蛮人的自由与公民自由在性质上有着截然不同：前者是基于人的需求的有限性，后者则是通过合作与互助实现人的欲望；前者依靠个体的独立与隔离而获得自由，后者是依靠人民的联合而获得自由；前者依赖于简单的风尚保障自由，后者依赖于法律保障自由。野蛮人的自由是自然的自由，是个体按照自己意志行为而不受约束的自由；公民的自由是法律下的政治自由，个体必须服从法律和尽其义务才能获得自由。自由主义者批评卢梭的共同体缺乏现代个人的自由，而只具有国家自由的观念，"个人在公共事务中几乎永远是主权者，但在所有私人关系中却都是奴隶"②。类似的指责实际上源于对卢梭人民主权原则与公意理论的解读，因此接下来有必要澄清卢梭有关公民权利的含糊之处。

卢梭政治理论强调的是如何在政治社会中尽可能地保障个体的自由与平等，自由是他理论的逻辑起点，也是他所建构政治共同体的基础。首先，社会公约是个体基于个人意志所自愿达成的协议，任何个体或集体不能强迫他人签订协议加入共同体。其次，社会公约并不是将个人的所有权利无条件地转让给共同体，而是涉及集体与他人的权利需要交由共同体。相比于自然状态下个人依赖自身对利益的捍卫，共同体能够以集体的力量来保障和捍卫个人的权利，既免于来自共同体内部成员的非法侵害，也不受到来自共同体以外的暴力争夺。

私人领域与公共领域的区分，保障了个人无关集体或他人的利益和权利，共同体无权侵犯个体的自由、财产和生命。卢梭未主张让公民放弃个人的私人领域，反而通过权利转让的限度保障了公民权利不受来自共同体的干涉。现代公民与古代公民的区别，源于个人特殊意志的产生，它区别于公共意志和公共利益而具有特殊性、私人性等特征。公意概念不是共同体意志取代个体意志，个体意志的丧失意味着公民自由的丧失，意味着个人道德主体性的丧失。卢梭的公意是建立在个人意志之上，强调公共意志在公共领域价值序列上优先于个体的特殊意志，而非否定个体的特殊意

---

① 《社会契约论》中卢梭还区分了第三种自由，道德自由。但是由于本书主要探讨卢梭的政治理论，因此对道德自由的伦理学问题不做过多解读。

② ［法］邦雅曼·贡斯当：《古代人的自由与现代人的自由》，阎克文、刘满贵译，上海人民出版社2005年版，第35页。

志。同时，为了防止国家通过法律压迫个人，卢梭通过人民主权者的身份，强调立法下的自由，共同体并不能针对任何个体制定特殊法律。所有公民有着同等地位、身份、权利，多数人并不能压迫少数人，少数人更不能实现对多数人的奴役。卢梭政治共同体下的个体兼具"公民"与"市民"双重身份，自然人向公民身份的转变只局限于公共领域，与私人领域无涉。

卢梭的政治理论或共同体建构并不是建立在集体主义基础之上，更不是要建立专制或极权主义统治。卢梭强调公民自由与平等，正是对封建君主专制与资本主义共和国的不满，认为它们二者虽然在统治形式和手段上不同，但是却有着奴役公民的共同实质。为了在政治社会中实现公民的自由，同时避免自然状态下绝对自由在政治社会中可能导致的紊乱与无序，卢梭主张个体的意志真正联合起来，而不是自由主义者所主张的意志的聚合，在公共意志的统治下，依赖法律保障个人自由与平等。自由主义者批评卢梭的公意理论，认为它否定了个体的意志，这是对公意的错误解读。施特劳斯学派认为卢梭政治理论的核心是完全实现自然人向公民的转变，同样延续了对卢梭极权主义的解读思维。他们的认识错误在于否认了卢梭对公民权利和私人领域的承认，公民身份只存在于公共领域，公意是在公共领域优先于个人的特殊意志。公民身份不是完全否定个人的特殊性，而是强调个体作为公民，在公共领域和公共事务中需要认识到他的责任。

由于公民个体力量的薄弱，它需要集体或共同体来保障公民的权利。但是，这不意味着公民个人的权利完全不可侵犯，一旦公民权利的行使影响到集体或他人时，个人权利就从私人领域走向了公共领域，共同体有权进行干涉。现代自由主义者由于强调共同体是利益的聚合，个人利益和权利的神圣不可侵犯，反而造成原子式的个人。自由主义所建构的共同体中，个人完全成为自利的理性人，一切从自我利益考量，而忽视个体在社会与共同体中的存在，离开了共同体的个人在现代社会只能是无助与隔绝的"厌世者"。自由主义者通过最小政府的制度设计，以及公民权利的神圣不可侵犯来保障公民权利，非但不能在人民当中培养对祖国的热爱和认同，也不能培养公民间的信任，而是通过制度与法律僵固了公民间的等级区分，公民始终处于利益冲突的状态之中。

卢梭意识到建立在理性自利的个人主义基础上的共同体只能是实现个

体的利益合作，而缺乏情感上的联合。为了弥补自由主义在公民权利捍卫上的不足，卢梭通过共同体与公民共存的关系来保障公民权利：一方面对外以集体的力量保卫全体公民的财产、生命与自由，因为国与国之间处于一种自然状态之中，共同体或国家的权利是建立在占有的基础之上，它缺乏一种法律承认的权利来保护共同体的利益；另一方面在内部，公民之间的友爱、良好的法律和政府治理保障了公民权利得到共同体和其他公民的承认，共同体的法律确认了公民权利。

（二）现实政治的共同认知

自由主义者往往从人民直接行使主权制度的非现实性否认卢梭的民主理论，但是这并不意味着他们否认人民主权原则。正如本书一再强调的，卢梭与自由主义者的差异不是人民主权原则的否定或承认，而是现实政治生活中采取哪种主权制度行使主权。

自由主义民主理论家并没有完全否认人民主权原则，而只是认为现实生活中人民直接行使主权不可实现而采取代表制。"我们的现行宪法正式承认了人民主权原则，那是超越任何个别意志的至高无上的普遍意志"①。贡斯当承认人民主权原则，承认普遍意志所带来权力的合法性。密尔有着与贡斯当相同的考虑。在论述何为最理想的政体时，密尔写道，"理想上最好的政府形式就是主权或作为最后手段的最高支配权力属于社会整个集体的那种政府；每个公民不仅对该最终的主权的行使有发言权，而且，至少是有时，被要求实际上参加政府，亲自担任某种地方的或一般的公共职务"②。这里密尔所界定的理想政府就是卢梭所提到的主权民主制，人民不仅作为主权者，而且实际上也是主权的直接行使者。所以，就理想政府而言，卢梭与贡斯当、密尔等人就主权归属不存在较大差异，矛盾或冲突源于现实政治共同体的认知差异。

贡斯当、密尔等自由主义者考虑到理想政府只能存在于小乡镇中时，共同体的规模和人口限制了将它运用于现代社会，因此一个可实现的理想类型只能是代议制政府。由此可推论，代议制政府作为理想类型并不是从

① ［法］邦雅曼·贡斯当：《古代人的自由与现代人的自由》，阎克文、刘满贵译，上海人民出版社2005年版，第58页。
② ［英］J. S. 密尔：《代议制政府》，汪瑄译，商务印书馆1984年版，第43页。

价值上优于人民主权民主制，而是在可实现的条件下最优。同样的考虑，也可在卢梭政治理论中发现（参见卢梭对波兰的立法工作）。笔者认为卢梭主权层面的民主理论与自由主义的代议制民主理论差异，不在于人民直接或间接行使主权形式价值上的优劣，而在于政治生活中孰更具可能性与现实性。当卢梭在科西嘉和波兰立法工作中接受主权或意志代表时，卢梭就已然放弃从理想与应然出发构建政治共同体，而是从实然与可能进行政治创制。

　　自由主义民主论者在解决人民主权的间接行使之后，对卢梭政治理论的另外重要不满在于卢梭的人民主权理论缺乏应有的权力的制衡。贡斯当认为"无论是什么制度——下面我们就要看到——只要使用绝对一词，那么，无论是自由、和平还是幸福，都是不可能的"①。无论是君主的绝对权力，还是人民主权的绝对权力，在自由主义者看来它都是一种不受限制的权力，它最终是对个体权利的侵犯，差异在于是一个人还是多数人的暴政。但是，卢梭的绝对人民主权是否就是一种不受限制和制衡的权力理论呢？

　　本书在第二章已经论证，主权的绝对性不意味着是专制和不受限制的，它本身受到社会公约宗旨的限制，其权力的界限只能是在涉及集体或公共事务的公共领域，而不能侵犯个人与集体或他人无关的私人领域。此外，卢梭并非没有意识到由主权者进行社会治理所带来的可能危害，所以他拒绝了主权与治权同一的彻底或直接民主制，而是设置政府的存在避免人民直接统治。认为卢梭政治共同体内缺乏权力制衡的研究者，多数都忽视了卢梭对权力的看法，也忽视了他的政府理论。

　　政府在卢梭政治体系中存在本身具有正当性，因为它是代表主权者在共同体中承担执行公意和法律的机关。与此同时，政府存在本身也是政治共同体的重要威胁，因为它有着自身的团体意志，与生俱来的有着篡夺主权的野心。面对这个必要的恶，自由主义者试图通过政府权力内部的划分，让行政权力、司法权力、立法权力相互制衡；卢梭则采取了不同的策略，他反对对政府权力的分割，因为这将削弱政府治理社会的力量和效

——————————

　　①　［法］邦雅曼·贡斯当：《古代人的自由与现代人的自由》，阎克文、刘满贵译，上海人民出版社 2005 年版，第 62 页。

果。但是，为了抑制政府邪恶的力量，他从两个方面对政府权力进行制衡：（1）人民或者主权者的持续出场，主权权威形成对政府的威慑，让政府时刻意识到它的权力面临着被收回与废止的危险；（2）类似保民官制等特殊行政机关的设置，虽然不具有积极的行政权力，但是它能够预防政府的野心，时刻监督着政府。落实到现实国家的创制中时，卢梭以不同的形式贯彻对政府的监督。如在日内瓦共和国，主权者不仅以公民大会掌控政府，同时公民具有提《意见书》的权利对政府的行为进行法律监督；在波兰，国会不仅能够监察政府，而且国王能够时刻监督参议院政府的一切行为。虽然，卢梭对政府及其权力的理解与自由主义者之间有着显著的差异，但是他们同样对政府权力是保持着警醒的态度，并且寻求权力制衡的方式抑制政府的野心。

西方代议制民主在现今遇到的挑战之一是如何能够完善对政府的监督与制约。政府作为人民意志或主权代表的同时，也就剥夺了人民作为主权者享有的至高权力，人民被局限于选举过程中临时主权者的地位。选举在代议制民主中成为人民制约政府的最为薄弱的环节，熊彼特的精英民主理论正是看到了选举对政治代表的程序价值而认为古典民主理论是一种理论虚构，参与式民主理论家同样认识到选举成为人民选主的工具而呼吁恢复人民主权者的地位。不同于自由主义者，卢梭的主权民主与代表制政府通过构建"主权者—政府—公民"的权力平衡关系，确保了人民作为主权者的地位，持续的在场能够更好地监督政治代表，保障了政治共同体的自由与平等。所以，卢梭的政治理论与自由主义理论间不存在完全不可跨越的理论鸿沟，代议制民主同样可从卢梭理论中汲取有用的制度理论弥补其在现代政治生活中的不足。

通过对卢梭政治理论的解读，从主权与治权两个维度出发，笔者认为卢梭的民主理论与代议制民主之间存在着调和的可能性，这不仅源于他们对政府权力的认知，也源于他们对政治现实的认知。主权层面，卢梭的理想政体是人民主权民主制，但是在现实中他愿意接受命令型的代议制民主；治权层面，卢梭倡导代表制政府，虽然反对权力的分立，但是接受政府内部权力制衡制度。美德与制度是卢梭政治共同体的两根支柱，理想共同体下，杰出的公民德性既能够保证主权者的节制和理性，也能够抑制政府的野心，使得"主权者—政府—人民"之间形成稳定的权力制衡结构。

但是在现实共同体中，基于社会人性的堕落，卢梭相信制度性的权力制衡才能保障和维持共同体的生存。认为卢梭仅仅将共同体建立在美德基础之上的研究者，他们的错误之处在于忽视了卢梭的政治理论不仅有着理想和应然的讨论，还有基于现实人性的政治制度创制。面对当前代议制民主遇到的困境，这并未超出卢梭当年对它的批判。虽然卢梭是一位缺乏历史前瞻性的思想家，但是他对人类社会的敏锐认知让他意识到现代社会在商业伦理下出现的碎片化与个人原子化，也意识到意志或主权代表的变异，原本人民的代表转身成为人民的主人。这也正是为什么在民主受到挑战的今天，卢梭仍然被人们提起、学习的原因。

# 参考文献

## 一 中文著作

陈炳辉:《参与式民主的理论》,厦门大学出版社 2012 年版。

陈炳辉:《西方民主理论:古典与现代》,中国社会科学出版社 2016 年版。

高全喜:《政治宪法学纲要》,中央编译出版社 2014 年版。

顾准:《顾准文稿》,中国青年出版社 2002 年版。

胡兴建:《"立法者"的远航——卢梭政治哲学研究》,中国政法大学出版社 2012 年版。

李敬巍:《重塑两个世界:卢梭政治哲学思想研究》,人民出版社 2013 年版。

李平沤:《主权在民 VS "朕即国家"》,山东人民出版社 2001 年版。

梁启超:《饮冰室文集之六》,中华书局 1941 年版。

刘小枫:《设计共和——施特劳斯〈论卢梭的意图〉译读》,华夏出版社 2013 年版。

刘小枫、陈少明:《柏拉图的哲学戏剧》,上海三联书店 2003 年版。

刘小枫、陈少明:《回想托克维尔》,华夏出版社 2006 年版。

刘小枫、陈少明:《卢梭的苏格拉底主义》,华夏出版社 2005 年版。

马德普:《中西政治文化论丛》(第六辑),天津人民出版社 2007 年版。

钱弘道:《为卢梭申辩——卢梭法律政治思想评判》,北京大学出版社 1999 年版。

渠敬东:《现代政治与自然》,上海人民出版社 2003 年版。

渠敬东、王楠:《自由与教育:洛克与卢梭的教育哲学》,生活·读书·新知三联书店 2012 年版。

王元化:《九十年代反思录》,上海古籍出版社 2002 年版。

萧高彦:《西方共和主义思想史编》,台北联经出版事业公司 2013 年版。

徐大同:《西方政治思想史》,天津人民出版社 2005 年版。

许纪霖:《史华慈论中国》,新星出版社 2006 年版。

许良英、王来棣:《民主的历史》,法律出版社 2015 年版。

严复:《严复集》,中华书局 1986 年版。

应星:《代表理论与代议民主》,吉林出版集团有限责任公司 2008 年版。

袁贺:《公民与现代性政治:以卢梭为中心的考察》,中央民族大学出版社 2013 年版。

袁贺、谈火生:《百年卢梭——卢梭在中国》,吉林出版集团有限责任公司 2009 年版。

曾裕华:《近代理性哲学背景下的卢梭政治哲学研究》,广西师范大学出版社 2015 年版。

张奚若:《张奚若文集》,清华大学出版社 1989 年版。

中山大学西学东渐文献馆:《西学东渐研究》(第四辑),商务印书馆 2013 年版。

朱学勤:《道德理想国的覆灭》,上海三联书店 1996 年版。

朱学勤:《风声·雨声·读书声》,生活·读书·新知三联书店 1994 年版。

邹永贤:《国家学说史》,福建人民出版社 1999 年版。

[比] 雷蒙·特鲁松:《卢梭传》,李平沤、何三雅译,商务印书馆 1998 年版。

[德] 恩斯特·卡西勒:《卢梭·康德·歌德》,刘东译,生活·读书·新知三联书店 2002 年版。

[德] 恩斯特·卡西勒:《卢梭问题》,王春华译,译林出版社 2009 年版。

[德] 迈尔:《论哲学生活的幸福:对卢梭系列遐想的思考两部曲》,陈敏译,华夏出版社 2014 年版。

[德] 迈尔:《政治哲学与启示宗教的挑战》,余明锋译,华夏出版社 2014 年版。

[德] 塞缪尔·冯·普芬道夫:《人和公民的自然法义务》,鞠成伟译,商务印书馆 2010 年版。

[德] 塞缪尔·冯·普芬道夫:《自然法与国家法》(第一、二卷),罗国

强、刘瑛译，北京大学出版社 2012 年版。

［法］邦雅曼·贡斯当：《古代人的自由与现代人的自由》，阎克文、刘满贵译，上海人民出版社 2005 年版。

［法］亨利·古耶：《卢梭与伏尔泰：两面镜子里的肖像》，裴程译，华东师范大学出版社 2008 年版。

［法］卢梭：《爱弥儿》，李平沤译，商务印书馆 1978 年版。

［法］卢梭：《忏悔录》（第二部），范希衡译，人民文学出版社 1983 年版。

［法］卢梭：《忏悔录》（第一部），黎星译，人民文学出版社 1990 年版。

［法］卢梭：《科西嘉制宪意见书》，李平沤译，商务印书馆 2013 年版。

［法］卢梭：《卢梭评判让－雅克：对话录》，袁树仁译，上海人民出版社 2007 年版。

［法］卢梭：《卢梭全集》（九卷），李平沤译，商务印书馆 2012 年版。

［法］卢梭：《卢梭自选书信集》，刘阳译，译林出版社 2002 年版。

［法］卢梭：《论波兰的治国之道及波兰政府的改革方略》，李平沤译，商务印书馆 2014 年版。

［法］卢梭：《论科学与艺术》，何兆武译，上海人民出版社 2007 年版。

［法］卢梭：《论人类不平等起源和基础》，李常山译，商务印书馆 1996 年版。

［法］卢梭：《论人与人之间不平等的起因和基础》，李平沤译，商务印书馆 2007 年版。

［法］卢梭：《论语言的起源》，洪涛译，上海人民出版社 2003 年版。

［法］卢梭：《山中来信》，李平沤译，商务印书馆 2012 年版。

［法］卢梭：《社会契约论》，何兆武译，商务印书馆 2008 年版。

［法］卢梭：《文学与道德杂篇》，吴雅凌译，华夏出版社 2009 年版。

［法］卢梭：《新爱洛伊丝》，伊信译，商务印书馆 2010 年版。

［法］卢梭：《一个孤独的散步者的梦》，李平沤译，商务印书馆 2012 年版。

［法］卢梭：《政治经济学》，李平沤译，商务印书馆 2013 年版。

［法］卢梭：《致博蒙书》，吴雅凌译，华夏出版社 2014 年版。

［法］卢梭：《致达朗贝尔的信》，李平沤译，商务印书馆 2011 年版。

［法］孟德斯鸠：《论法的精神》，张雁深译，商务印书馆 1978 年版。

［法］孟德斯鸠：《罗马盛衰原因论》，婉玲译，商务印书馆 2003 年版。

［法］涂尔干：《孟德斯鸠与卢梭》，李鲁宁、赵立玮译，上海人民出版社 2006 年版。

［法］托克维尔：《旧制度与大革命》，冯棠译，商务印书馆 2012 年版。

［古罗马］普鲁塔克：《希腊罗马名人传》，席代岳译，吉林出版集团有限 责任公司 2009 年版。

［古希腊］柏拉图：《理想国》，郭斌和、张竹明译，商务印书馆 1986 年版。

［古希腊］柏拉图：《政治家》，洪涛译，上海人民出版社 2006 年版。

［古希腊］亚里士多德：《政治学》，吴寿彭译，商务印书馆 1983 年版。

［荷］格劳秀斯：《战争与和平法》，何勤华等译，上海人民出版社 2005 年版。

［加］弗兰克·坎宁安：《民主理论导论》，谈火生等译，吉林出版集团有 限责任公司 2010 年版。

［美］阿兰·布鲁姆：《巨人与侏儒》，张辉等译，华夏出版社 2011 年版。

［美］本杰明·巴伯：《强势民主》，彭斌、吴润洲译，吉林人民出版社 2006 年版。

［美］吉尔丁：《设计论证——卢梭的〈社会契约论〉》，尚新建、王凌云 译，华夏出版社 2006 年版。

［美］卡尔·贝克尔：《18 世纪哲学家的天城》，何兆武译，生活·读书· 新知三联书店 2001 年版。

［美］卡罗尔·佩特曼：《参与和民主理论》，陈尧译，上海人民出版社 2006 年版。

［美］凯利：《卢梭的榜样人生——作为政治哲学的〈忏悔录〉》，黄群等 译，华夏出版社 2009 年版。

［美］列奥·施特劳斯：《迫害与写作艺术》，刘峰译，华夏出版社 2012 年版。

［美］列奥·施特劳斯：《政治哲学史》，李天然译，河北人民出版社 1993 年版。

［美］列奥·施特劳斯：《自然权利与历史》，彭刚译，生活·读书·新知

三联书店 2003 年版。

[美] 罗伯特·达尔、爱德华·塔夫特：《规模与民主》，唐皇凤、刘晔译，上海人民出版社 2013 年版。

[美] 马斯特：《卢梭的政治哲学》，胡兴建、黄涛等译，华东师范大学出版社 2013 年版。

[美] 迈克尔·戴维斯：《哲学的自传——卢梭的〈孤独漫步者的遐思〉》，曹聪、刘振译，华夏出版社 2011 年版。

[美] 曼瑟尔·奥尔森：《集体行动的逻辑》，陈郁译，上海人民出版社 2006 年版。

[美] 欧文·白壁德：《卢梭与浪漫主义》，孙宜学译，河北教育出版社 2003 年版。

[美] 普拉特纳：《卢梭的自然状态——〈论不平等的起源〉释义》，尚兴建、余灵灵译，华夏出版社 2008 年版。

[美] 乔万尼·萨托利：《民主新论》，冯克利、阎克文译，上海人民出版社 2008 年版。

[美] 乔治·萨拜因：《政治学说史》，邓正来译，上海人民出版社 2008 年版。

[美] 威廉·布兰查德：《卢梭与反叛精神——一项心理学研究》，王英译，中央编译出版社 2012 年版。

[美] 伊恩·夏皮罗：《民主理论的现状》，王军译，中国人民大学出版社 2012 年版。

[美] 约翰·邓恩：《让人民自由：民主的历史》，尹钛译，新星出版社 2010 年版。

[美] 约瑟夫·熊彼特：《资本主义、社会主义与民主》，吴良键译，商务印书馆 1999 年版。

[美] 茱迪·史珂拉：《政治思想与政治思想家》，左高山等译，上海人民出版社 2009 年版。

[以] 塔尔蒙：《极权主义民主的起源》，孙传钊译，吉林人民出版社 2004 年版。

[以] 耶尔·塔米尔：《自由主义的民族主义》，陶东风译，上海人民出版社 2005 年版。

［意］马基雅维里：《论李维》，冯克利译，上海人民出版社 2005 年版。

［英］A. H. Birch：《代表：政治学的基本概念之一》，朱坚章译，幼狮文化事业公司 1978 年版。

［英］J. S. 密尔：《代议制政府》，汪瑄译，商务印书馆 1984 年版。

［英］阿克顿：《法国大革命讲稿》，姚中秋译，商务印书馆 2012 年版。

［英］伯克：《法国革命论》，何兆武等译，商务印书馆 1998 年版。

［英］戴维·赫尔德：《民主的模式》，燕继荣译，中央编译出版社 1998 年版。

［英］霍布斯：《利维坦》，黎思复、黎廷弼译，商务印书馆 1986 年版。

［英］霍布斯：《论公民》，应星、冯克利译，贵州人民出版社 2003 年版。

［英］罗素：《西方哲学史》，何兆武、李约瑟译，商务印书馆 1982 年版。

［英］洛克：《论宗教宽容》，吴云贵译，商务印书馆 1996 年版。

［英］洛克：《政府论》（下篇），叶启芳、瞿菊农译，商务印书馆 1996 年版。

［英］以赛亚·伯林：《自由论》，胡传胜译，译林出版社 2011 年版。

## 二　中文论文

B. 伯纳迪：《主权、公民资格、评议：论卢梭思想的一种构成性张力》，《世界哲学》2012 年第 5 期。

曹卫东：《卢梭是个保守主义者》，《读书》2002 年第 1 期。

陈炳辉：《卢梭民主思想新论》，《厦门大学学报》（哲学社会科学版）2013 年第 5 期。

陈端洪：《人民必得出场——卢梭官民矛盾论的哲学图式与人民制宪权理论》，《北大法律评论》2010 年第 1 期。

陈端洪：《人民主权的观念结构重读卢梭〈社会契约论〉》，《中外法学》2007 年第 3 期。

陈端洪：《政治法的平衡结构——卢梭〈社会契约论〉中人民主权的建构原理》，《政法论坛：中国政法大学学报》2006 年第 5 期。

陈涛：《主权者：从主人到代表者——霍布斯的主权理论的发展》，《北大法律评论》2013 年第 2 期。

陈涛：《自我保存与公意——卢梭作为一个霍布斯主义者》，《政治思想史》2012 年第 3 期。

陈维纲:《评卢梭人民主权论的专制主义倾向——读〈社会契约论〉》,《读书》1986 年第 12 期。

陈永鸿:《人民主权理论的演进及其启示》,《武汉大学学报》(哲学社会科学版) 2007 年第 2 期。

陈肇新:《对卢梭政治哲学的再思考——兼评〈"立法者"的远航:卢梭政治哲学研究〉》,《人大法律评论》2013 年第 2 期。

陈志瑞:《伯克、卢梭与法国大革命》,《史学月刊》1997 年第 5 期。

崇明:《卢梭思想中的世界主义和普遍意志》,《中国人民大学学报》2011 年第 4 期。

储建国:《卢梭的民主混合制思想》,《法国研究》2004 年第 1 期。

崔之元:《卢梭新论》,《读书》1996 年第 7 期。

戴晖:《语言的创造性——纪念卢梭诞辰 300 周年》,《哲学研究》2012 年第 8 期。

戴木茅:《从众意到公意:民主的进路——以卢梭的公意论为视角》,《哲学动态》2009 年第 12 期。

傅正:《两种自由,两种启蒙》,《读书》2015 年第 9 期。

高力克:《卢梭的公民观》,《浙江学刊》2004 年第 4 期。

高毅:《法国革命文化与 20 世纪初中国革命崇拜的确立》,《历史教学问题》2000 年第 1 期。

高毅:《法国革命文化与现代中国革命》,《浙江学刊》2006 年第 4 期。

侯小丰:《卢梭的"公意"与形而上学自由观的奠基》,《人文杂志》2015 年第 11 期。

胡翠娥:《自然人性论与道德人性论的交锋——重论鲁迅与梁实秋关于卢梭的论争》,《南开学报》(哲学社会科学版) 2013 年第 2 期。

胡兴建:《漫步者抑或立法者:卢梭的身份难题及其后世影响——纪念卢梭诞辰 300 周年》,《西南政法大学学报》2013 年第 2 期。

胡云乔:《洛克和卢梭的契约政府理论比较》,《北京大学学报》(哲学社会科学版) 2001 年第 6 期。

黄璇、任剑涛:《解读"公意":道德制高点的面纱——以卢梭〈社会契约论〉为文本依据》,《学术研究》2009 年第 8 期。

黄裕生：《论卢梭的"自然状态"及其向社会过渡的环节》，《浙江学刊》
　　2014 年第 6 期。

黄裕生：《社会契约的公式与主权的限度——论卢梭的主权理论》，《浙江
　　学刊》2012 年第 6 期。

汲喆：《论公民宗教》，《社会学研究》2011 年第 1 期。

康子兴：《立法者与公民的复调：一位社会学家眼中的卢梭》，《社会》
　　2014 年第 4 期。

拉尼·吉尼尔：《超越选主：反思作为陌生权贵的政治代表》，《北大法律
　　评论》2012 年第 2 期。

李福岩：《卢梭政治哲学何以走上大革命的前台》，《读书》2013 年第
　　5 期。

李宏图：《祖国·公民·美德——卢梭思想研究之一》，《华东师范大学学
　　报》（哲学社会科学版）1995 年第 1 期。

李华川：《晚清知识界的卢梭幻象》，《中国比较文学》1998 年第 3 期。

李剑鸣：《从代表制到代表制政体——再论美国革命时期民主概念的演
　　变》，《清华大学学报》（哲学社会科学版）2015 年第 5 期。

李剑鸣：《美国革命时期关于代表制的分歧与争论》，《史学月刊》2014 年
　　第 11 期。

李力东：《寻求人民主权与代议制民主的平衡——试论卢梭的民主思想》，
　　《电子科技大学学报》（社会科学版）2009 年第 1 期。

李石：《霍布斯论"代表"》，《哲学动态》2013 年第 11 期。

李石：《卢梭的自由理论：批评与辩护》，《政治思想史》2011 年第 2 期。

李武林、李光耀：《评卢梭论科学：艺术进步与道德堕落》，《文史哲》
　　2000 年第 4 期。

利普斯坦·阿瑟：《卢梭的公意》，《政治思想史》2012 年第 1 期。

林启彦：《严复与章士钊——有关卢梭〈民约论〉的一次思想论争》，《汉
　　学研究》2002 年第 1 期。

林壮青：《对卢梭公意概念的一个尝试性解读》，《政治思想史》2012 年第
　　2 期。

林壮青：《卢梭的公意等同于公共物品之谬误——曲解卢梭的私意》，《福
　　建论坛》（人文社会科学版）2010 年第 8 期。

林壮青：《卢梭的共和构想与宗教》，《哲学研究》2014 年第 10 期。

刘国栋：《论卢梭的平等思想》，《政治思想史》2013 年第 1 期。

刘时工：《专制的卢梭还是自由的卢梭——对〈社会契约论〉的一种解读》，《华东师范大学学报》（哲学社会科学版）2014 年第 1 期。

刘小枫：《卢梭与启蒙自由派》，《中国人民大学学报》2012 年第 3 期。

刘小枫：《如何认识百年共和的历史含义》，《开放时代》2013 年第 5 期。

吕宏山：《语言与政治——论卢梭的语言观》，《江汉论坛》2015 年第 7 期。

马寅卯：《自由为何不可让渡？——卢梭〈论人类不平等的起源〉的自由问题》，《浙江学刊》2012 年第 6 期。

梅谦立：《卢梭和政治参与》，《世界哲学》2012 年第 5 期。

聂露：《从人民主权理论到自由主义民主观念：法国现代共和政体原理的形成》，《教学与研究》2015 年第 10 期。

聂露：《人民主权理论述评》，《开放时代》2002 年第 6 期。

彭刚：《论卢梭公民美德的人性基础》，《政治思想史》2012 年第 2 期。

钱福臣：《洛克与卢梭人民主权学说比较研究》，《上海政法学院学报：法治论丛》2005 年第 4 期。

秦前红、武立强：《人民主权：卢梭与贡斯当之比较》，《法学评论》2003 年第 4 期。

尚杰：《卢梭的问题——纪念卢梭〈论科学与艺术〉发表 260 周年》，《世界哲学》2010 年第 5 期。

石烁：《现代命运——施特劳斯论卢梭》，《天府新论》2014 年第 6 期。

苏光恩、高力克：《曼德维尔对卢梭自然状态学说的影响》，《浙江大学学报》（人文社会科学版）2014 年第 2 期。

谈火生：《"直接民主"抑或"代议民主"？——卢梭民主理论初探》，《政治思想史》2012 年第 1 期。

唐丰鹤：《卢梭正当性理论探究》，《浙江学刊》2012 年第 6 期。

佟德志：《卢梭命题与西方宪政民主理论的逻辑困境》，《政治学研究》2005 年第 2 期。

汪炜：《如何理解卢梭的基本概念 amour-propre》，《哲学动态》2015 年第 10 期。

王培培:《道德理想国的覆灭——卢梭政治伦理观述评》,《道德与文明》
　　2013 年第 1 期。

王绍光:《超越选主:对当代民主的反思》,《北大法律评论》2012 年第
　　2 期。

王宪明、舒文:《近代中国人对卢梭的解释》,《近代史研究》1995 年第
　　2 期。

王元化:《谈社约论书》,《开放时代》1998 年第 4 期。

吴雅凌:《卢梭〈社会契约论〉的汉译及其影响》,《现代哲学》2009 年
　　第 3 期。

夏中义:《卢梭在当代中国的回响(上)——从思想史看王元化重估〈社
　　会契约论〉》,《探索与争鸣》2011 年第 1 期。

夏中义:《卢梭在当代中国的回响(下)——从思想史看王元化重估〈社
　　会契约论〉》,《探索与争鸣》2011 年第 3 期。

夏中义:《卢梭在当代中国的回响(中)——从思想史看王元化重估〈社
　　会契约论〉》,《探索与争鸣》2011 年第 2 期。

萧高彦:《立法家、政治空间与民族文化》,《政治科学论丛》2001 年第
　　4 期。

徐嘉:《卢梭〈论科学与艺术〉中的"伦理的理性主义"》,《学海》2007
　　年第 6 期。

颜德如:《卢梭与晚清革命话语》,《学海》2005 年第 1 期。

杨健潇:《试论卢梭的三种自然状态与两种社会契约——卢梭政治哲学的
　　一致性问题》,《求是学刊》2014 年第 4 期。

袁贺:《试论卢梭政治形象的争议及研究新路向》,《历史教学》2004 年第
　　10 期。

袁贺:《一个人的卢梭——评朱学勤的卢梭研究》,《开放时代》2004 年第
　　1 期。

袁贺:《自由的社会理性跃迁及社会对自由的背叛——对卢梭政治理论的
　　社会基础之考察》,《政治思想史》2013 年第 4 期。

袁贺、谈火生:《卢梭的中国面孔——中国卢梭研究百年述评》,《政治思
　　想史》2011 年第 1 期。

曾誉铭:《民主是现代社会的真正基础》,《江苏大学学报》(社会科学版)

2015 年第 4 期。

曾誉铭：《启蒙的自我批判：论卢梭与启蒙运动》，《江苏大学学报》（社会科学版）2013 年第 3 期。

曾誉铭：《诠释路径、历史图景与心灵机制：对卢梭社会思想的一种哲学诠释》，《江苏社会科学》2010 年第 2 期。

曾誉铭：《政治社会与人性还原：卢梭政治—社会共同体的可能性及其前提》，《江苏大学学报》（社会科学版）2014 年第 4 期。

翟小波：《人民主权原则的规范逻辑与实践技艺——以卢梭的〈社会契约论〉为根据》，《北大法律评论》2010 年第 1 期。

张宝梅：《从"人民主权"论卢梭的民族主义理论》，《世界民族》2011 年第 2 期。

张国旺：《必须保卫社会生活：重新界定卢梭思想的问题域》，《学术交流》2015 年第 8 期。

张国旺：《公意、公民宗教与民情——卢梭论立法者的科学与技艺》，《政治思想史》2014 年第 4 期。

张国旺：《趣味、思虑与身体：卢梭论民情与现代个体的关系》，《社会学研究》2014 年第 4 期。

张国旺：《自然状态的困境与人性研究的新范式——卢梭的现代人性论》，《北大法律评论》2012 年第 2 期。

张龑：《多元一统的政治宪法结构——政治宪法学理论基础的反思与重建》，《法学研究》2015 年第 6 期。

张龑：《没有社会的社会契约——对卢梭公意理论与传统民意观的批判性考察》，《清华法学》2012 年第 6 期。

赵林：《试析卢梭政治学说中的极权主义暗流》，《学术研究》2004 年第 6 期。

赵霞：《卢梭：作为一种乌托邦的童年》，《山东社会科学》2014 年第 2 期。

郑伟：《卢梭政治哲学的悖论及其求解》，《山东社会科学》2006 年第 2 期。

郑伟：《试论卢梭的公意学说》，《法国研究》1996 年第 1 期。

周采：《论西方卢梭研究的历史演进》，《南京师大学报》（社会科学版）

2011 年第 1 期。

## 三　英文文献

Affeldt S. G. , "The Force of Freedom Rousseau on Forcing to Be Free", *Political Theory*, Vol. 27, No. 3, 1999.

Anderson W. , "Is the General Will Anonymous: Rousseau, Robespierre, Condorcet", *MLN*, Vol. 126, No. 4, 2011.

Ankersmit F. , "Pygmalion: Rousseau and Diderot on The Theater and on Representation", *Rethinking History*, Vol. 7, No. 3, 2003.

Beiner R. , "Machiavelli, Hobbes, and Rousseau on Civil Religion", *The Review of Politics*, Vol. 55, No. 4, 1993.

Berman M. , "Liberal and Totalitarian Therapies in Rousseau: A Response to James M. Glass", *Political Theory*, Vol. 4, No. 2, 1976.

Bertram C. , "Rousseau's Legacy in Two Conceptions of the General Will: Democratic and Transcendent", *The Review of Politics*, Vol. 74, No. 3, 2012.

Blanchard W. H. , "Rousseau and the Modern Radical", *Studies in Romanticism*, Vol. 10, No. 4, 1971.

Bovens L. , Beisbart C. , "Factions in Rousseau's Du Contract Social and Federal Representation", *Analysis*, Vol. 67, No. 1, 2007.

Brunner J. , "From Rousseau to Totalitarian Democracy: The French Revolution in J. L. Talmon's Historiography", *History and Memory*, Vol. 3, No. 1, 1991.

Canivez P. , "Jean-Jacques Rousseau's Concept of People", *Philosophy & Social Criticism*, Vol. 30, No. 4, 2004.

Cobban A. , "New Light on the Political Thought of Rousseau", *Political Science Quarterly*, Vol. 66, No. 2, 1951.

Cobban A. ed. , *Rousseau and the Modern State*, London: George Allen and Unwin, 1964.

Cohen J. , "Fralin R, Gildin H. Reflections on Rousseau: Autonomy and Democracy", *Philosophy & Public Affairs*, Vol. 15, No. 3, 1986.

Conroy P. V. , "Rousseau's Organic State", *South Atlantic Bulletin*, Vol. 44, No. 2, 1979.

Cook T. I. , "The Influence of the Protestant Atmosphere of Geneva on the Character and Writings of Rousseau", *Economic*, No. 4, 1928.

Crocker L. G. ed. , *Rousseau's Social Contract an Interpretive Essay*, West Side Ecumenical Ministry: The Press of Case Western Reserve University, 1968.

De Jouvenel B. , "Rousseau the Pessimistic Evolutionist", *Yale French Studies*, No. 28, 1961.

Dodge ed. , *Jean-Jacques Rousseau: Authoritarian or Libertarian?*, Minneapolis: Heath & Company, 1971.

Douglass R. , "Rousseau's Critique of Representative Sovereignty: Principled or Pragmatic?", *American Journal of Political Science*, Vol. 57, No. 3, 2013.

Echeverria D. , "The Pre-Revolutionary Influence of Rousseau's Contract Social", *Journal of the History of Ideas*, Vol. 33, No. 4, 1972.

Fireside H. F. , "The Concept of the Legislator in Rousseau's Social Contract", *The Review of Politics*, Vol. 32, No. 2, 1970.

Fourny D. , "Rousseau's Civil Religion Reconsidered", *The French Review*, Vol. 60, No. 4, 1987.

Fralin R. , "The Evolution of Rousseau's View of Representative Government", *Political Theory*, Vol. 6, No. 4, 1978.

Fralin R. ed. , *Rousseau and Representation: a Study of the Development of His Concept of Political Institutions*, New York: Columbia University Press, 1978.

Gaus G. , "Does Democracy Reveal the Voice of the People? Four Takes on Rousseau", *Australasian Journal of Philosophy*, Vol. 75, No. 2, 1997.

Gourevitch V. , "Review: Recent Work on Rousseau", *Political Theory*, Vol. 26, No. 4, 1998.

Griswold C. L. , "Liberty and Compulsory Civil Religion in Rousseau's Social Contract", *Journal of the History of Philosophy*, Vol. 53, No. 3, 2015.

Grofman B. , "Feld S L. Rousseau's General Will: a Condorcetian Perspective", *American Political Science Review*, Vol. 82, No. 2, 1988.

Hanley R. P. , "Enlightened Nation Building: The 'Science of the Legislator' in Adam Smith and Rousseau", *American Journal of Political Science*, Vol. 52, No. 2, 2008.

Hiley D. R. , "The Individual and the General Will: Rousseau Reconsidered", *History of Philosophy Quarterly*, Vol. 7, No. 2, 1990.

Inston K. , "Representing the Unrepresentable: Rousseau's Legislator and the Impossible Object of the People", *Contemporary Political Theory*, Vol. 9, No. 4, 2010.

Kain P. J. Rousseau, "the General Will, and Individual Liberty", *History of philosophy quarterly*, Vol. 7, No. 3, 1990.

Kang J. I. , "Reexamining Political Participation in Rousseau's Political Thought: Does Citizens' Political Participation Include Public Discussions and Debates?", *Interpretation of Political Philosophy*, Vol. 39, No. 2, 2012.

Kelly C. , "To Persuade without Convincing: The Language of Rousseau's Legislator", *American Journal of Political Science*, Vol. 31, No. 2, 1987.

Lewis H. D. , "Freedom and Authority in Rousseau", *Philosophy*, Vol. 53, No. 205, 1978.

Macdonald J. ed. , *Rousseau and the French Revolution*: 1762 - 1791, London: Athlone Press, 1965.

Maloy J. S. , "The Very Order of Things: Rousseau's Tutorial Republicanism", *Polity*, Vol. 37, No. 2, 2005.

Mara G. M. , "Rousseau's Two Models of Political Obligation", *The Western Political Quarterly*, Vol. 33, No. 4, 1980.

Marini F. , "Popular Sovereignty but Representative Government: The Other Rousseau", *Midwest Journal of Political Science*, Vol. 11, No. 4, 1967.

Melzer, A. M. ed. , *The Natural Goodness of Man: On the System of Rousseau's Thought*, Chicago: The University of Chicago Press, 1990.

Melzer A. M. , "Rousseau's Moral Realism: Replacing Natural Law with the General Will", *American Political Science Review*, Vol. 77, No. 3, 1983.

Miller J. ed. , *Rousseau: Dreamer of Democracy*, Indiana: Hackett Publishing, 1984.

Nisbet R. A. , "Rousseau and Totalitarianism", *The Journal of Politics*, Vol. 5, No. 2, 1943.

Noone J. B. , "Rousseau's Theory of Natural Law as Conditional", *Journal of the History of Ideas*, Vol. 33, No. 1, 1972.

Noone J. B. , "The Social Contract and the Idea of Sovereignty in Rousseau", *The Journal of Politics*, Vol. 32, No. 3, 1970.

Nussbaumer C. C. , "Locating Rousseau's Legislator in the Social Contract", *The Macalester Review*, Vol. 1, No. 1, 2011.

Pitkin H. F. , "Representation and Democracy: Uneasy Alliance", *Scandinavian Political Studies*, Vol. 27, No. 3, 2004.

Pitkin H. F. ed. , *The Concept of Representation*, California: University of California Press, 1967.

Plamenatz J. ed. , *Man and Society: a Critical Examination of Some Important Social and Political Theories from Machiavelli to Marx*, London: Longmans, 1963.

Putterman E. , "Realism and Reform in Rousseau's Constitutional Projects for Poland and Corsica", *Political Studies*, Vol. 49, No. 3, 2001.

Putterman E. , "Rousseau on Agenda-setting and Majority Rule", *American Political Science Review*, Vol. 97, No. 3, 2003.

Putterman E. , "Rousseau on the People as Legislative Gatekeepers, not Framers", *American Political Science Review*, Vol. 99, No. 1, 2005.

Putterman E. ed. , *Rousseau, Law and the Sovereignty of the People*, Cambridge: Cambridge University Press, 2010.

Riley P. , "A Possible Explanation of Rousseau's General Will", *American Political Science Review*, Vol. 64, No. 1, 1970.

Riley P. , "Rousseau as a Theorist of National and International Federalism", *Publius*, Vol. 3, No. 1, 1973.

Riley P. , "Rousseau's General Will: Freedom of a Particular Kind", *Political Studies*, Vol. 39, No. 1, 1991.

Riley P. , "The General Will Before Rousseau", *Political Theory*, Vol. 6, No. 4, 1978.

Riley P. ed. , *The Cambridge Companion to Rousseau*, Cambridge: Cambridge University Press, 2001.

Rosenblatt H. ed. , *Rousseau and Geneva: From the First Discourse to the Social Contract*, 1749 – 1762, Cambridge: Cambridge University Press, 2007.

Saccamano N. , "Rhetoric, Consensus, and the Law in Rousseau's Contract Social", *MLN*, Vol. 107, No. 4, 1992.

Schaeffer D. , "Attending to Time and Place in Rousseau's Legislative Art", *The Review of Politics*, Vol. 74, No. 3, 2012.

Schaeffer D. , "Realism, Rhetoric and the Possibility of Reform in Rousseau's Considerations on the Government of Poland ", *Polity*, Vol. 42, No. 3, 2010.

Schwartzberg M. , "Voting the General Will Rousseau on Decision Rules", *Political Theory*, Vol. 36, No. 3, 2008.

Scott J. T. , "Politics as the Imitation of the Divine in Rousseau's Social Contract", *Polity*, Vol. 26, No. 3, 1994.

Scott J. T. , "Rousseau's Anti-Agenda-Setting Agenda and Contemporary Democratic Theory", *American Political Science Review*, Vol. 99, No. 1, 2005.

Shklar J. , "Rousseau and the Republican Project", *French Politics and Society*, Vol. 7, No. 2, 1989.

Shklar J. N. , "Rousseau's Images of Authority", *American Political Science Review*, Vol. 58, No. 4, 1964.

Shklar J. N. , "Rousseau's Two Models: Sparta and the Age of Gold", *Political Science Quarterly*, Vol. 81, No. 1, 1966.

Shklar J. N. ed. , *Men and Citizens: A Study of Rousseau's Social Theory*, Cambridge: Cambridge University Press, 1969.

Simon J. , "Singing Democracy: Music and Politics in Jean-Jacques Rousseau's Thought", *Journal of the History of Ideas*, Vol. 65, No. 3, 2005.

Skinner Q. , "Hobbes on Representation", *European Journal of Philosophy*, Vol. 13, No. 2, 2005.

Smith J. A. , "Nationalism, Virtue, and the Spirit of Liberty in Rousseau's Government of Poland", *The Review of Politics*, Vol. 65, No. 3, 2003.

Smith J. A. , "Nature, Nation-building, and the Seasons of Justice in Rousseau's Political Thought", *The Review of Politics*, Vol. 68, No. 1, 2006.

Starobinski J. , "The Illness of Rousseau", *Yale French Studies*, No. 28, 1961.

Stone R. , "Rousseau's General Will: Totalitarian Perception of a Virtuous Ideal", *Ephemeris*, No. 1, 2013.

Strauss L. , "On the Intention of Rousseau", *Social Research*, Vol. 14, No. 4, 1947.

Trachtenberg ed. , *Making Citizens: Rousseau's Political Theory of Culture*, New York: Routledge, 2003.

Urbinati N. , "Rousseau on the Risks of Representing the Sovereign", *Politische Vierteljahresschrift*, Vol. 53, No. 4, 2012.

Urbinati N. ed. , *Representative Democracy: Principles and Genealogy*, Chicago: University of Chicago Press, 2006.

Vaughan C. E. ed. , *The Political Writings of Jean Jacques Rousseau*, Cambridge: Cambridge University Press, 1915.

Wade I. O. R. , "usseau and Democracy", *The French Review*, Vol. 49, No. 6, 1976.

Ward L. , "Gods Would Be Needed to Give Men Laws: Rousseau on the Modern Republican Legislator", *Perspectives on Political Science*, Vol. 43, No. 1, 2014.

Warner J. H. , "The Reaction in Eighteenth-century England to Rousseau's two Discourse", *Publications of the Modern Language Association of America*, Vol. 2, 1933.

Willhoite F. H. , "Rousseau's Political Religion", *The Review of Politics*, Vol. 27, No. 4, 1965.

Williams D. L. , "Justice and the General Will: Affirming Rousseau's Ancient Orientation", *Journal of the History of Ideas*, Vol. 66, No. 3, 2005.

Williams D. L. , "Modern Theorist of Tyranny? Lessons from Rousseau's System of Checks and Balances", *Polity*, Vol. 37, No. 4, 2005.

Wokler R. , "Rousseau's Pufendorf: Natural Law and the Foundations of Commercial Society", *History of Political Thought*, Vol. 15, No. 3, 1994.

Wokler R. ed. , *Rousseau and Liberty*, Manchester: Manchester University Press, 1995.

# 后　记

　　本书是在我博士学位论文基础上修改而成。它记录着我博士生涯的学术历程，也是我多年政治思想史研究努力思考的成果。在书稿付梓之时，心中充满激动，但也伴随着忐忑不安之情。激动之情尚易理解，忐忑不安又是为何？原因有二：一是本书作为卢梭政治理论的重新解读著作，岂敢用"新论"一词来标新立异、吸人眼球；二是在当前量化研究成为显学的学术氛围下，政治思想史研究的价值与意义何在。上述的疑问，实在本书撰写之前我已有预料，但也实在轻视上述种种质疑给我带来的心理压力。我既非狂妄，也非愚痴，更非朽木，选取政治思想史研究作为方向，选择卢梭作为研究主题，实是出于本人的研究成长经历，契合本人的学术兴趣。

　　我成长于农村家庭，自幼不爱读书，认为课堂生活不亚于是一种对人身的禁锢，逃课、打架不由成为生活的常态。每每从课堂逃离之时，感到的不是一种内疚之情、悔恨之意，而是自由之感，山林中的穿梭、田野中的嬉笑，在我视来是自然的复归，书本、知识不过是现代文明强加于己身的束缚。故此，在初识卢梭之时，不由产生一种性情相契之感，他的思想不仅是对现代文明的反思，更是一部对人性历史的探究。卢梭虽反对专制、反对现代文明，但其文章中无不流露出他对人的关注。然而，性情的相契，并不意味着可以选他为研究对象，中西文化的差异，近代与现代人性的变迁，让研究者对卢梭产生了一种时代的距离感，这份距离感更因卢梭语言的独特和模糊而拉大。因此，我虽早已对卢梭心向往之，却从未敢认真钻研卢梭之著作，更不敢提及读懂、解读卢梭之思想。然而，博士学位论文的压力使得我必须做出选择，是选择任一主题而作之，还是重拾信心去挑战自我，以卢梭为研究对象实现对卢梭的敬意。卢梭思想之复杂、领域之广阔，对其研究著述之多，研究之初就让我心生胆怯。乳臭未干之徒，尚未进入学术之领域，怎敢选择如此之难题，挑战前人之研究。当时心境真是身未战、心已怯。

怯弱之心态下，为契合专业研究，我开始了卢梭政治思想之解读。当本书研究完结之时，如释重负。然而，过上些时日再阅读文稿，失望心情油然而生。尚且不提某些主题探讨、论证之薄弱，本书对卢梭政治思想解读仍然有浮于表面之弊，带有以卢梭说卢梭之感，而终有片面解读之意。倘若再给我以时间，此书会有大改，以穷未写之辞。但时不待人，只能以此书对我的一段研究生涯进行总结。

凡事感恩。行文至最后，虽不免俗套，但感谢之辞还是须有，论文的完成虽然是一己之力，但是过程中不缺师长、家人的支持。我最想感谢我那已不在人世的母亲，她虽无丝毫文化和知识，却是我学生生涯的最大支持者。斯人已逝，纵有万般孝心却已无补，只能妄求有所成就以告她在天之灵。

感谢博士生导师陈炳辉教授。厦门大学博士四年学习过程中，陈老师对我的支持尤为重要。作为国内政治思想史和民主理论研究的重要学者，陈老师给予我充足的包容去大胆挑战卢梭政治理论和人民主权研究，他的真知灼见与不辞辛苦的鞭策让我的论文得以完成。最重要的是，陈老师用他的一言一行和学术态度教会我如何将学术作为一种志业。

感谢江西师范大学蒋贤斌教授，是他将我带入学术之途。每当生活与思想陷入困顿之时，与他的深谈都能够让我重拾初心，鞭策我继续前行。

感谢我的妻子耿旭，是她在我人生最颓废、困顿的时候给予我无限的支持，让我能够顺利完成学业。感谢我的岳父岳母对我家庭生活的无私奉献和精神支持，有了他们的帮助方能让我夫妻二人在学术道路上携手同行。

值此，我谨向所有曾经给予我支持和帮助的老师、同仁、朋友及家人，表示衷心的感谢！

刘华云

2021 年 5 月 12 日